¡Acción!

LEVEL 1

VICKI GALLOWAY

DOROTHY JOBA

ANGELA LABARCA

GLENCOE
Macmillan/McGraw-Hill

New York, New York   Columbus, Ohio   Mission Hills, California   Peoria, Illinois

Send all inquiries to:
Glencoe Division, Macmillan/McGraw-Hill
15319 Chatsworth Street
P.O. Box 9609
Mission Hills, CA 91346-9609

ISBN 0-02-635301-6 (Student Edition)
ISBN 0-02-635302-4 (Teacher's Wraparound Edition)

4 5 6 7 8 9 96 95 94 93 92

Acknowledgments

The authors and editors would like to express their deep appreciation to the numerous Spanish teachers throughout the United States who advised us in the development of these teaching materials. Their suggestions and recommendations were invaluable. We wish to give special thanks to the educators whose names appear below.

Program Consultant

C. Ben Christensen
San Diego State University
San Diego, California

Educational Reviewers

Marilyn V.J. Barrueta
Yorktown High School
Arlington, Virginia

D. H. Bell
Nogales Unified School District #1
Nogales, Arizona

Mary M. Carr
Lawrence North High School
Indianapolis, Indiana

Gail B. Heffner Charles
Walnut Ridge High School
Columbus, Ohio

Desa Dawson
Del City Senior High School
Del City, Oklahoma

Irma Díaz de León
San Antonio Independent
  School District
San Antonio, Texas

Linda Erdman
Huntington Beach Union High
  School District
Huntington Beach, California

Janet Ghattas
Weston Public Schools
Weston, Massachusetts

Paula Hirsch
Windward School
Los Angeles, California

Margarita Esparza Hodge
Northern Virginia
  Community College
Alexandria, Virginia

Anne G. Jensen
Campbell Union High
  School District
San Jose, California

Nancy Kilbourn
Simi Valley Unified
Simi Valley, California

María A. Leinenweber
Glendale Unified School District
Glendale, California

Myriam Met
Montgomery County
  Public Schools
Rockville, Maryland

Cheryl Montana-Sosa
Oakdale Bohemia Junior High
Oakdale, New York

VeAnna Morgan
Portland Public Schools
Portland, Oregon

John Nionakis
Hingham Public Schools
Hingham, Massachusetts

Gail R. Pack
McKinney Independent
  School District
McKinney, Texas

Marilynn Pavlik
Lyons Twp. High School
La Grange, Illinois

Carol F. Robison
Hingham High School
Hingham, Massachusetts

Bonnie S. Schuster
Fairfax County
Reston, Virginia

Mary Thomas
Northside Independent
  School District
San Antonio, Texas

María J. Treviño
Northside Independent
  School District
San Antonio, Texas

María Elena Villalba
Miami Palmetto Senior High
Miami, Florida

María Elena Watkins
Edgewood Independent
  School District
San Antonio, Texas

Rosanne Webster
Minerva-DeLand School
Fairport, New York

Rosemary Weddington
Franklin County High School
Frankfort, Kentucky

Janet M. Wohlers
Weston Public Schools
Weston, Massachusetts

Contents

CAPÍTULO 1

¡Bienvenidos a San Antonio!

CAPÍTULO 2

Mis compañeros en San Antonio

....

CAPÍTULO 3

¡Vamos a España!

CAPÍTULO 4

¿Cómo son los españoles?

C A P Í T U L O 5

¡Me gusta vivir en Miami!

· ·

CAPÍTULO 6

De visita en Miami

México y La América Central

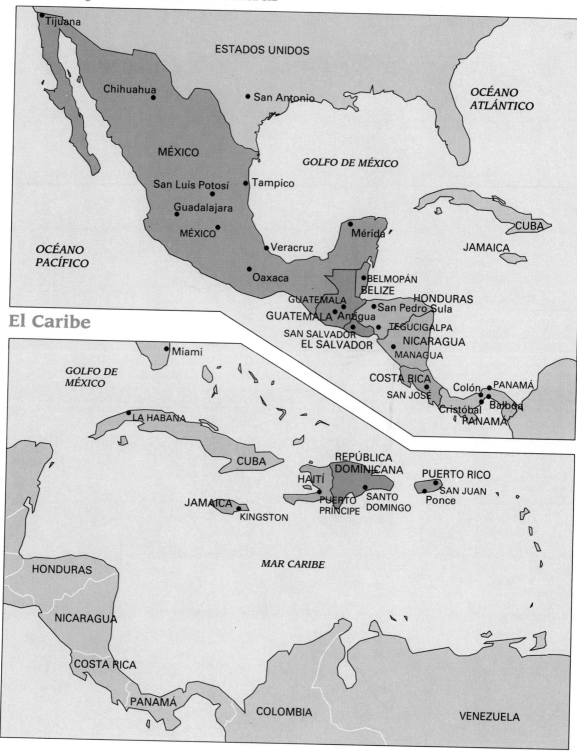

Tijuana

ESTADOS UNIDOS

OCÉANO ATLÁNTICO

Chihuahua

San Antonio

MÉXICO

GOLFO DE MÉXICO

San Luis Potosí

Tampico

Guadalajara

MÉXICO

Mérida

CUBA

Veracruz

JAMAICA

OCÉANO PACÍFICO

Oaxaca

BELMOPÁN
BELIZE

HONDURAS

GUATEMALA

San Pedro Sula

GUATEMALA Antigua

TEGUCIGALPA

SAN SALVADOR

NICARAGUA

EL SALVADOR

MANAGUA

COSTA RICA

Colón PANAMÁ

SAN JOSÉ

Balboa

Cristóbal

PANAMÁ

El Caribe

Miami

GOLFO DE MÉXICO

LA HABANA

CUBA

REPÚBLICA DOMINICANA

PUERTO RICO

HAITÍ

SAN JUAN

JAMAICA

PUERTO PRÍNCIPE

SANTO DOMINGO

Ponce

KINGSTON

HONDURAS

MAR CARIBE

NICARAGUA

COSTA RICA

PANAMÁ

COLOMBIA

VENEZUELA

La América del Sur

MAR CARIBE

Barranquilla

CARACAS

VENEZUELA

GEORGETOWN
PARAMARIBO

OCÉANO
ATLÁNTICO

Medellín

GUYANA

CAYENA

BOGOTÁ

Cali

SURINAM

GUAYANA
FRANCESA

COLOMBIA

QUITO

Río Amazonas

ECUADOR

Guayaquil

PERÚ

BRASIL

LIMA

Cuzco

BOLIVIA

BRASÍLIA

Arequipa

LA PAZ

Sucre

PARAGUAY

CHILE

Rio de Janeiro

ASUNCIÓN

San Miguel
de Tucumán

Valparaíso

Córdoba

Rosario

URUGUAY

OCÉANO
PACÍFICO

SANTIAGO

MONTEVIDEO

BUENOS AIRES

OCÉANO
ATLÁNTICO

Concepción

ARGENTINA

Mar del Plata

CORDILLERA DE LOS ANDES

España

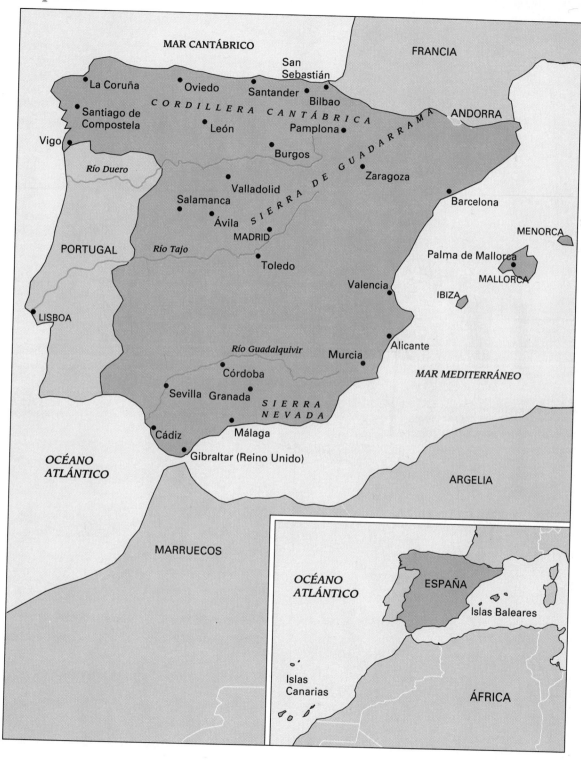

MAR CANTÁBRICO

FRANCIA

San Sebastián

La Coruña

Oviedo

Santander

Bilbao

Santiago de Compostela

CORDILLERA CANTÁBRICA

León

Pamplona

ANDORRA

Vigo

Burgos

SIERRA DE GUADARRAMA

Río Duero

Zaragoza

Valladolid

Barcelona

Salamanca

MENORCA

Ávila

Palma de Mallorca

MADRID

PORTUGAL

Río Tajo

MALLORCA

Toledo

Valencia

IBIZA

LISBOA

Alicante

Río Guadalquivir

Murcia

MAR MEDITERRÁNEO

Córdoba

Sevilla Granada

SIERRA NEVADA

Cádiz

Málaga

Gibraltar (Reino Unido)

OCÉANO ATLÁNTICO

ARGELIA

MARRUECOS

OCÉANO ATLÁNTICO

ESPAÑA

Islas Baleares

Islas Canarias

ÁFRICA

1

¡Bienvenidos a San Antonio!

CAPÍTULO 1

Lección 1

Hola, ¿qué tal?

¡A comenzar!

The following are some of the things you will be learning to do in this lesson.

When you want to . . .

1. greet friends or family
2. say what your name is
3. ask someone your age his or her name
4. acknowledge an introduction
5. ask where someone your age is from
6. say where you are from
7. answer "yes" to a question

You use . . .

- Hola, ¿qué tal?
- Me llamo + name.
- ¿Cómo te llamas?

- Mucho gusto.
- ¿De dónde eres?

- Soy de + place.
- Sí.

Now find examples of the above words and phrases in the following conversation.

In San Antonio, Chris Pearson meets a new exchange student, David, as they enter school.

CHRIS: **Hola, ¿qué tal?**

DAVID: **Hola.**

CHRIS: **Me llamo Chris Pearson. ¿Cómo te llamas?**

DAVID: **David Vargas. Mucho gusto.**

CHRIS: **¿De dónde eres, David?**

DAVID: **Soy de Costa Rica, de San José. ¿Eres de aquí, de San Antonio?**

CHRIS: **Sí, soy de aquí.**

Actividad preliminar

Greet and introduce yourself to a person sitting next to you. Find out his or her name.

Por ejemplo:

ESTUDIANTE A

(1) Hola, ¿qué tal?

(3) Me llamo Mónica. ¿Cómo te llamas?

(5) Mucho gusto.

ESTUDIANTE B

(2) Hola.

(4) Me llamo David. Mucho gusto.

Vocabulario

¿Qué tal?

muy bien

bien

no muy bien

regular

Actividades

A **¿Y tú?** Ask three classmates how they are.

Por ejemplo:

ESTUDIANTE A
Hola, ¿qué tal?

ESTUDIANTE B
Bien (No muy bien, Regular).

B **¿Qué tal?** Respond to the following questions in Spanish.

1. Hola, ¿qué tal?
2. ¿Cómo te llamas?
3. ¿Eres de California?
4. ¿De dónde eres?

Las tres Américas

People from the United States call themselves Americans. However, there are actually three Americas: **América del Norte, América Central,** and **América del Sur.** Spanish is spoken in eighteen countries in the Americas, as well as in Puerto Rico, areas of the United States, and Spain.

Actividades

A Introduce yourself to the class. Tell where you are from originally. If you have always lived in your area, say **Soy de aquí.**

Por ejemplo:

> **Me llamo Eva. Soy de los Estados Unidos, de Miami.**

B Form groups of three to five students. Each member of the group will write the name of a Spanish-speaking country on a slip of paper and turn it over. The students in your group will try to guess where you are from by asking **sí / no** questions. First, they will ask what general area you are from.

Por ejemplo:

> **¿Eres de América Central?**

Then they will guess your country. For each wrong guess, say **No, no soy de...** When they guess correctly, say **¡Sí! Soy de...**

See if your group can guess the country of origin of each group member before the other groups do.

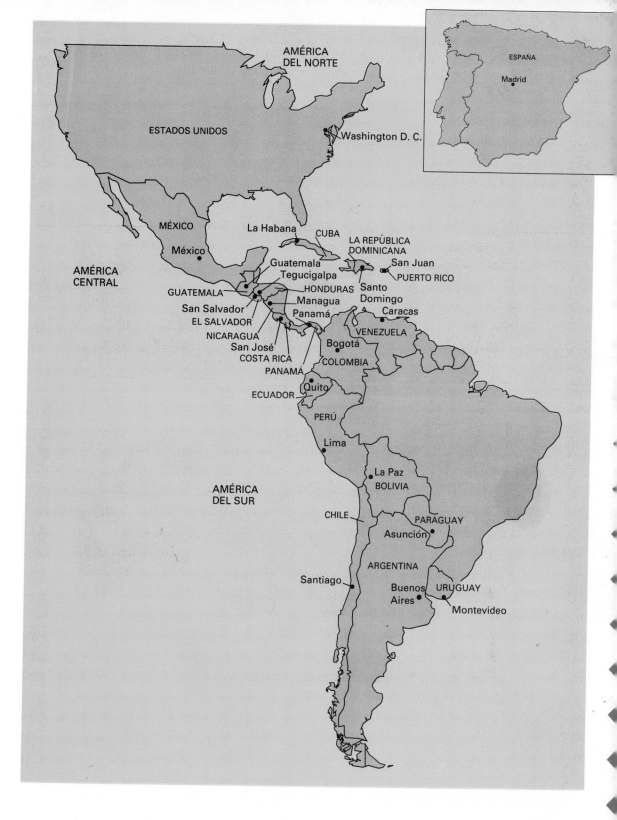

AMÉRICA
DEL NORTE

ESPAÑA

Madrid

ESTADOS UNIDOS

Washington D. C.

MÉXICO

La Habana

CUBA

LA REPÚBLICA
DOMINICANA

México

San Juan
PUERTO RICO

AMÉRICA
CENTRAL

Guatemala
Tegucigalpa

Santo
Domingo

GUATEMALA

HONDURAS

San Salvador

Managua

Caracas

EL SALVADOR

Panamá

NICARAGUA

VENEZUELA

San José

Bogotá

COSTA RICA

PANAMÁ

COLOMBIA

ECUADOR

Quito

PERÚ

Lima

La Paz
BOLIVIA

AMÉRICA
DEL SUR

CHILE

PARAGUAY

Asunción

ARGENTINA

Santiago

Buenos
Aires

URUGUAY

Montevideo

C Some students from Central and South America are visiting the U.S. How would they introduce themselves and say where they are from?

Por ejemplo:

Carlos / Perú
Hola. Me llamo Carlos.
Soy de Perú.

1. Alicia/Venezuela

2. Julia/Argentina

3. Juana/Nicaragua

4. Norma/Uruguay

5. Ricardo/Chile

6. Enrique/Costa Rica

D The people in activity **C** are from the capital of their countries. What city will each say he or she is from?

Por ejemplo:

Carlos / Perú
Soy de Lima.

Finalmente

Situaciones

A conversar Working in groups of four, use the following cues to converse in Spanish.

1. On the first day of school you introduce yourself to three students who are talking together.
2. Find out the name of each of the students and where each is from.
3. They will ask you where you are from.

Repaso de vocabulario

PREGUNTAS (Questions)

¿Cómo te llamas?
¿De dónde eres?
¿Eres de (aquí)?
¿Qué tal?

SALUDOS (Greetings)

Hola.
Me llamo...
Mucho gusto.

OTRAS PALABRAS (Other words)
Y EXPRESIONES

bien
muy bien
no muy bien
regular
Sí.
Soy de (aquí).

Lección 2

¿Qué quieres hacer?

¡A comenzar!

The following are some of the things you will be learning to do in this lesson.

When you want to . . .	You use . . .
1. invite a friend to do something	• ¿Quieres + activity?
2. say you want to do something	• Quiero + activity.
3. accept an invitation	• Cómo no.
4. thank someone	• Gracias.

Now find examples of the above words and phrases in the following conversation.

Chris and David continue their conversation.

DAVID: ¿Quieres hablar inglés o español?
CHRIS: Bueno, español. Quiero practicar. ¿Quieres tomar algo?
DAVID: ¿Dónde?
CHRIS: En la cafetería.
DAVID: Sí, cómo no. Gracias.

Actividad preliminar

Ask a classmate if he or she wants to do the following things. He or she will respond **Sí, cómo no** or **No, gracias**.

Por ejemplo:

practicar el tenis

ESTUDIANTE A
¿Quieres practicar el tenis?

ESTUDIANTE B
Sí, cómo no. (No, gracias).

1. hablar español
2. tomar algo en la cafetería
3. hablar inglés
4. estudiar

Vocabulario

¿Qué quieres hacer?
Quiero...

leer libros

comprar algo

ir a casa

escuchar discos *compactos*

escuchar la radio

leer revistas

ver la tele

ver películas

ver el partido

hablar con el maestro

hablar por teléfono

hablar con la maestra

estudiar

nadar

comer algo

montar en bicicleta

dar un paseo

hacer la tarea

tomar algo

descansar

practicar deportes

jugar béisbol

jugar fútbol

jugar tenis

jugar baloncesto

jugar fútbol americano

bailar

andar en monopatín

jugar videojuegos

correr

visitar amigos

Actividades

A **Quiero...** What are your choices for doing things after school? Use the words and expressions in the **Vocabulario** on pages 14 and 15 and write each activity in one of two columns: things you want to do **(Quiero...)** and things you don't want to do **(No quiero...).** Contrast these with the word **pero** *(but)*. Report back to the class.

Quiero...   No quiero...

Por ejemplo:

> Quiero escuchar discos pero no quiero hacer la tarea.

B **Actividades.** As a counselor at a summer camp, you are in charge of scheduling the daily activities. List five activities you want your campers to do each day.

C **¿Qué quieres hacer?** Ask a classmate what he or she wants to do after school. Your classmate then asks another student the same question.

Por ejemplo:

ESTUDIANTE A	ESTUDIANTE B
¿Qué quieres hacer, Ana?	Quiero jugar baloncesto.

¡Bienvenidos a San Antonio!

La Villita is a small historic area in the heart of San Antonio. It was originally settled in the 1700s near the mission of **San Antonio de Valero,** known today as **El Álamo.** The Hispanic heritage of San Antonio is evident in the street names of **La Villita,** such as Hidalgo Walk and Guadalupe Walk. Today many citizens of San Antonio are bilingual, that is, they are able to function in two languages: Spanish and English. Over half of greater San Antonio's one million people are Mexican Americans. More than half of the city's state legislative representatives and the city council are Hispanic.

Actividad

Tell one place you want to see in San Antonio.

Por ejemplo:

> Quiero ver El Álamo.

El Álamo.

La Villita.

El Zoológico.

Estructura

. . . .

How to Talk about What You Want to Do

Quiero/quieres

1. To say that you want to do something, say **Quiero** + activity.

   Yo   **Quiero tomar algo.**

2. To say what you don't want to do, say **No quiero** + activity.

   No quiero nadar.

3. When you want to ask if someone wants to do something, say **¿Quieres** + activity?

   ¿Quieres jugar béisbol?

4. To ask someone what he or she wants to do, say **¿Qué quieres hacer?**

5. If you don't want to do anything, say **No quiero hacer nada.**

Actividades

A **Quiero... No quiero...** Say what you want to do and what you don't want to do in each of the following places.

Por ejemplo:

   en la biblioteca
   En la biblioteca quiero leer algo.
   No quiero hacer la tarea.

1. en el parque

2. en casa

3. en la fiesta

4. en la clase

B **No, gracias.** Invite three classmates to do different activities listed in the **Vocabulario** on pages 14 and 15. Your classmates will politely refuse. You then ask what each wants to do instead.

Por ejemplo:

ESTUDIANTE A

(1) **Carlos, ¿quieres jugar tenis?**

(3) **Entonces** (then)**, ¿qué quieres hacer?**

ESTUDIANTE B

(2) **No, gracias.**

(4) **Quiero descansar.**

La herencia española en los Estados Unidos

Many parts of the present-day United States were settled by Spanish speakers who arrived at least a hundred years before the first English settlers. The Europeans who discovered and explored the present-day southern states of Florida, Georgia, North Carolina, South Carolina, Tennessee, Alabama, Mississippi, Arkansas, and Louisiana were Spanish. In the West, the Spanish were the first to explore and settle the states of California, Texas, New Mexico, Colorado, and Arizona.

Actividad

Look at this map of the United States. Your teacher will pronounce the names of the cities shown, which were settled by Spaniards. Listen to how they sound in Spanish, then repeat. Can you think of any other places in the U.S. with Spanish names?

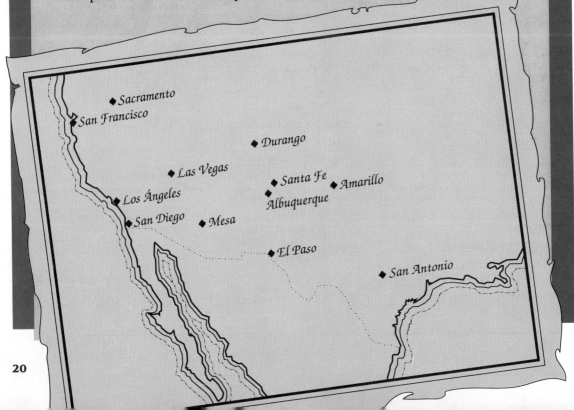

Finalmente

Situaciones

A conversar Use the following cues to converse with a classmate in Spanish.

1. On the first day of school, you introduce yourself to a new student and say "Pleased to meet you." Your classmate will do the same.
2. Find out where each other is from.
3. Invite your classmate to do something. He or she says yes or no and thanks you.

Repaso de vocabulario

PREGUNTAS (Questions)

¿Qué quieres hacer?
¿Quieres...?

ACTIVIDADES Y EXPRESIONES

andar en monopatín
bailar
comer algo
comprar algo
correr
dar un paseo
descansar
escuchar discos
    la radio
estudiar
hablar con el maestro
    con la maestra
    por teléfono
hacer la tarea
ir a casa

jugar baloncesto
    béisbol
    fútbol
    fútbol americano
    tenis
    videojuegos
leer libros
    revistas
montar en bicicleta
nadar
practicar deportes
tomar algo
ver el partido
    películas
    la tele
visitar amigos

OTRAS PALABRAS (other words) **Y EXPRESIONES**

Gracias.
No, gracias.
No quiero hacer nada.
Quiero...
Sí, cómo no.

Lección 3

¡Buenos días!

¡A comenzar!

The following are some of the things you will be learning to do in this lesson.

When you want to . . .	You use . . .
1. greet someone formally	• Buenos días (Buenas tardes, Buenas noches).
2. ask how someone is: informally formally	• ¿Cómo estás? ¿Cómo está usted?
3. say how you are	• Estoy (No estoy) bien.
4. give the time an event takes place	• a las + hour

Now find examples of the above words and phrases in the following conversation.

THOMAS JEFFERSON HIGH SCHOOL

SAN ANTONIO, TEXAS

COURSE - TITLE	PERIOD	ROOM	INSTRUCTOR
ESTUDIOS SOCIALES			
Historia de los Estados Unidos	9	203	Bradford
Historia europea	10	114	Chávez
Geografía mundial	3	229	Friedman
Gobierno/Economía	1	25	Wong
MÚSICA Y ARTE			
Banda sinfónica	10	301	Smithers
Orquesta	11	102	Logan
Conjunto instrumental	8	117	García
Conjunto vocal	4	205	Jones
Coro de concierto	4	61	López
Arte	7	224	Jones
IDIOMAS EXTRANJEROS			
Francés I			

David meets with Señora Kaplan, his guidance counselor, to explain a problem with his schedule.

SRA. KAPLAN: **Buenos días, David. Soy la señora Kaplan.**

DAVID: **Buenos días, señora. ¿Cómo está usted?**

SRA. KAPLAN: **Estoy muy bien, gracias. Y tú, ¿cómo estás?**

DAVID: **Muy bien, pero sólo tengo cinco clases y necesito tomar seis.**

SRA. KAPLAN: **Entonces, quieres otra clase.
¿A qué hora?**

DAVID: **A las diez.**

Actividades preliminares

A To greet the following people in the morning, would you say:
Buenos días, ¿cómo está usted? or **Hola, ¿cómo estás?**

1. a classmate
2. your Spanish teacher
3. a guidance counselor
4. an exchange student
5. the parent of a classmate

B Greet the person sitting next to you and, using the following as a guide, find out how he or she is.

ESTUDIANTE A
Hola, ¿cómo _____?

ESTUDIANTE B
Muy _____. ¿Y tú?

C Now greet your teacher.

ESTUDIANTE
Buenos días. ¿Cómo _____?

MAESTRO(A)
Buenos días. Muy _____. ¿Y tú?

Vocabulario

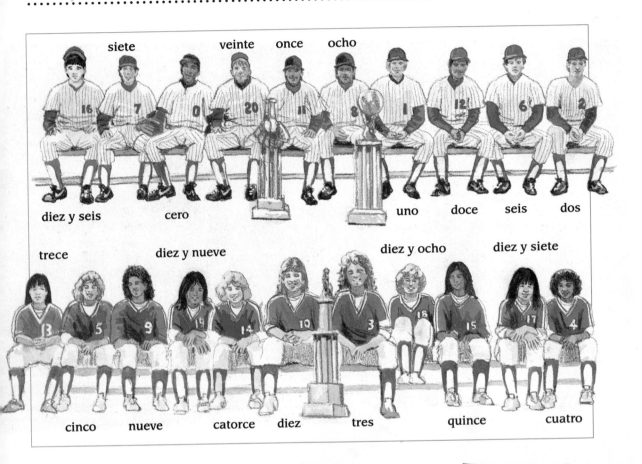

siete   veinte   once   ocho

diez y seis   cero   uno   doce   seis   dos

trece   diez y nueve   diez y ocho   diez y siete

cinco   nueve   catorce   diez   tres   quince   cuatro

Actividades

A **Números de teléfono.** David needs to call the classmates listed here. Tell him what number to dial, based on what he has written in his notebook.

Por ejemplo:

> Mónica
> *Cuatro, tres, dos, seis, ocho, cuatro, siete.*

1. Mark   2. Patricia   3. Marta   4. Robert

Patricia Acosta
423-9781
Mark Cohen
298-5002
Mónica Ocampo
432-6847
Robert Salinas
597-0564
Marta Varela
238-7013

B **Quiero comprar algo.** The school's drama club is having a sale to raise money. Below are the items for sale and their prices. To support the club, many teachers have made purchases. You are the cashier. Tell them how much they owe.

periódicos $2.00

libros $6.00

discos $8.00

revistas $3.00

Por ejemplo:

> señorita Díaz / tres libros
> *Diez y ocho dólares, señorita Díaz.*

1. señora Martínez / dos discos
2. señor Pérez / seis revistas
3. señor Olmos / cinco revistas
4. señorita Vargas / diez periódicos
5. señora Camacho / tres libros
6. señorita Vilas / una revista, un libro y un periódico
7. señora Morelos / tres libros y un periódico

9013

C **En San Antonio.** With a partner, look at the brochure from San Antonio. You want to do several things and need to make phone calls for more information. Your partner will be the operator and give you the number you need.

Por ejemplo:

ir a La Villita

ESTUDIANTE A

Quiero ir a La Villita.

1. comer en la Plaza del Mercado
2. ir a El Álamo
3. escuchar música en el Teatro Arneson del Río

ESTUDIANTE B

299-8610.

4. ver los animales en el Zoológico
5. ir a la Catedral de San Fernando
6. ver la exhibición en el Instituto Cultural Mexicano

LUGARES DE INTERÉS EN SAN ANTONIO

La Villita

Villita y Álamo. Tel. 299-8610. Tiendas de artesanías, galerías de arte, restaurantes. Abierta todos los días.

El Álamo

Plaza de El Álamo. Tel. 225-1391. La misión más famosa de Texas donde cayeron sus 188 defensores el 6 de marzo de 1836. Abierta diariamente.

La Catedral de San Fernando

115 Main Plaza. Tel. 227-1297. La catedral fue el centro geográfico y social de la ciudad hasta 1900. Abierta todos los días de 9 a 5.

El Zoológico

Más de 3,500 especimenes de 800 especies. Abierto diariamente de 9:00 a 5:00. Tel. 555-7693.

El Zoológico

El Palacio del Gobernador Español

Plaza del Mercado

514 W. Commerce. Tel. 299-8600. Tiendas, restaurantes. Modelo tradicional de los antiguos mercados mexicanos. Abierta diariamente.

El Teatro Arneson del Río

En la Villita. música de jazz, mariachis, "country", flamenco, ópera, bailes folklóricos. Tel. 226-4651.

Instituto Cultural Mexicano

600 Plaza HemisFeria. Tel. 227-0123. Exhibición de arte contemporáneo de artistas mexicanos. Museo que contiene más de 3000 años de la cultura mexicana.

Señor, señora, señorita

In Spanish, you address a person either formally or informally. Generally, you address strangers and people you call by their last names formally. For example, **señor Martín, señora Vargas, señorita Olmos.** You use **señora** for a married woman, and **señorita** for an unmarried woman.

You address informally your friends, people your own age or younger, and other people you call by their first names. To greet someone informally, say **Hola** and **¿Qué tal?** or **¿Cómo estás?**

To greet someone you address formally, you generally do not say **Hola** but rather **Buenos días** (in the morning), **Buenas tardes** (in the afternoon), or **Buenas noches** (in the evening). Then you would ask **¿Cómo está usted?**

FORMAL: **Buenos días, señora Martínez. ¿Cómo está usted?**
INFORMAL: **¡Hola, David! ¿Cómo estás? (¿Qué tal?)**

The titles **señor, señora,** and **señorita** are often abbreviated when followed by the person's last name: **Sr. Vilas, Sra. Kaplan, Srta. Ríos.** These words are capitalized when they are abbreviated but not when written out in full: **Buenos días, señora. ¿Cómo está usted, señorita?**

4.

3.

Actividades

A What do the following abbreviations stand for?

Sra.   Srta.   Sr.

B To greet the following people in the morning, would you say **Hola, ¿qué tal?** or **Buenos días. ¿Cómo está usted?**

2.

1.

Estructura

How to Ask at What Time Something Takes Place

¿A qué hora es...?

1. To ask at what time an event happens, say **¿A qué hora es...?**

   ¿A qué hora es el partido?
   ¿A qué hora es la clase?

2. To say at what time an event happens, say **Es a las...** and give the hour.

   El partido es a las dos.

   La película es a las ocho.

3. To say that something happens at one o'clock, you say **a la una.**

   El picnic es a la una.

4. To say that something takes place at half past the hour, you add **y media.**

   La clase de español es a la una y media.

   La fiesta es a las siete y media.

5. To show the difference between A.M. and P.M., you add **de la mañana** (in the morning), **de la tarde** (in the afternoon), or **de la noche** (after sunset).

El partido es a las diez de la mañana.

La clase es a la una de la tarde.

El baile es a las ocho de la noche.

Actividades

A **¿A qué hora?** Chris and David have a lot of things planned for today. But Chris can't remember at what time each activity is scheduled so he asks David. Play the roles with a classmate.

Por ejemplo:

el picnic

ESTUDIANTE A

¿A qué hora es el picnic?

1. la fiesta
2. la clase de tenis
3. el programa de español
4. el concierto
5. el partido de fútbol

ESTUDIANTE B

A las dos de la tarde.

> 11:30 AM el programa de español
> 1:00 PM la clase de tenis
> 2:00 PM el picnic
> 3:30 PM el partido de fútbol
> 5:30 PM la fiesta
> 9:00 PM el concierto

B **Después de las clases.** Tell six activities you want or need to do after school and say at what time you will do them.

Por ejemplo:

Quiero ver la tele a las cuatro.
Necesito jugar tenis a las cuatro y media.

CULTURA VIVA 2

Las misiones de San Antonio

San Antonio has its roots in the 1700s, when the Spanish created missions along the San Antonio River to teach the local Indians their European religion, culture, and methods of agriculture. The role of the missions declined in the 1800s, but their influence remained. They were instrumental in the settlement of today's American Southwest.

At one time, there were thirty-six Spanish missions in Texas, along what is referred to as the "Mission Trail." The most famous of these is San Antonio's **Misión San Antonio de Valero,** which later became known as **El Álamo.**

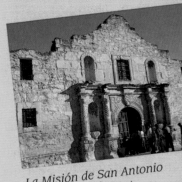

La Misión de San Antonio de Valero (El Álamo).

La Misión Concepción.

Actividad

If you were in charge of maintaining the missions, which of the following signs would you put up to make sure visitors took good care of the property?

SILENCIO

PROHIBIDO COMER

PROHIBIDO JUGAR

NO TIRAR BASURA

PROHIBIDO FUMAR

La Misión de San José.

Finalmente

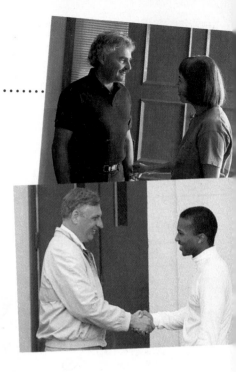

Situaciones

A conversar Use the following cues to converse with a classmate in Spanish.

1. You and a friend have decided to spend Saturday together. When you arrive at your friend's home, you greet his or her mother and ask how she is.
2. Your friend asks if you want something to eat or drink.
3. Then the two of you agree upon three things you will do that day and at what time you will do each activity.

Repaso de vocabulario

PREGUNTAS

¿A qué hora es... (la clase)?
¿Cómo está usted?
¿Cómo estás?

SALUDOS

Buenas noches.
Buenas tardes.
Buenos días.

PERSONAS

el señor (Sr.)
la señora (Sra.)
la señorita (Srta.)
usted

LOS NÚMEROS

cero
uno
dos
tres
cuatro
cinco
seis
siete
ocho
nueve
diez
once
doce
trece
catorce
quince
diez y seis
diez y siete
diez y ocho
diez y nueve
veinte

LA HORA

a la(s) + hour
de la mañana
de la noche
de la tarde
y media

CAPÍTULO 1

Lección 4

¿Qué te gusta estudiar más?

¡A comenzar!

The following are some of the things you will be learning to do in this lesson.

When you want to . . .	You use . . .
1. name one of your classes	• **la clase de** + subject
2. find out what a friend likes to do	• **¿Te gusta** + activity?
3. make sure what you said is correct	• **¿no?** at the end of your statement
4. say what you like to do	• **Me gusta** + activity.
5. say good-bye	• **Adiós. Hasta luego.**
6. ask a friend what he or she needs to do	• **¿Necesitas** + activity?
7. indicate that you didn't catch what someone said	• **¿Cómo?**
8. offer a choice	• ... o...

Now find examples of the above words and phrases in the following conversation.

David Vargas López				0260358	
STUDENT NAME				STUDENT NO.	
PERIOD	DAYS	SEQ.	COURSE TITLE		R(
8:00			inglés		
9:00			biología		
10:00					
11:00			álgebra		
12:00			almuerzo		
1:00			historia		
2:00			educación física		

Señora Kaplan helps David with his schedule.

SRA. KAPLAN: A ver..., tú eres David López, ¿no?
DAVID: Bueno, soy David Vargas López.
SRA. KAPLAN: ¿Cómo? ¿Vargas López?
DAVID: Sí, señora.
SRA. KAPLAN: ¡Ay, perdón!... A ver, necesitas tomar otra clase a las diez.
DAVID: Sí, señora.
SRA. KAPLAN: ¿Qué te gusta estudiar más, música, drama o geografía?
DAVID: Pues, música. Me gusta mucho tocar la guitarra.
SRA. KAPLAN: Entonces, música a las diez.
DAVID: Gracias, señora.
SRA. KAPLAN: De nada, David. Adiós. Hasta luego.

Actividades preliminares

A Respond to the following questions. Then ask a classmate the same questions.

1. ¿Qué te gusta más, correr o nadar?
2. ¿Qué te gusta más, bailar o descansar?
3. ¿Qué te gusta más, ver la tele o estudiar?

B Tell when each of David's classes meets.

Por ejemplo:

La clase de inglés es a las ocho.

C How well do you know your classmates? Ask a classmate three things you think he or she likes to do.

Por ejemplo:

ESTUDIANTE A
Te gusta correr, ¿no?

ESTUDIANTE B
Sí, me gusta.

Vocabulario

¿Qué te gusta estudiar?
Me gusta estudiar...

historia

inglés

francés

español

idiomas

matemáticas

biología

química

ciencias

geometría

álgebra

música

arte

educación física

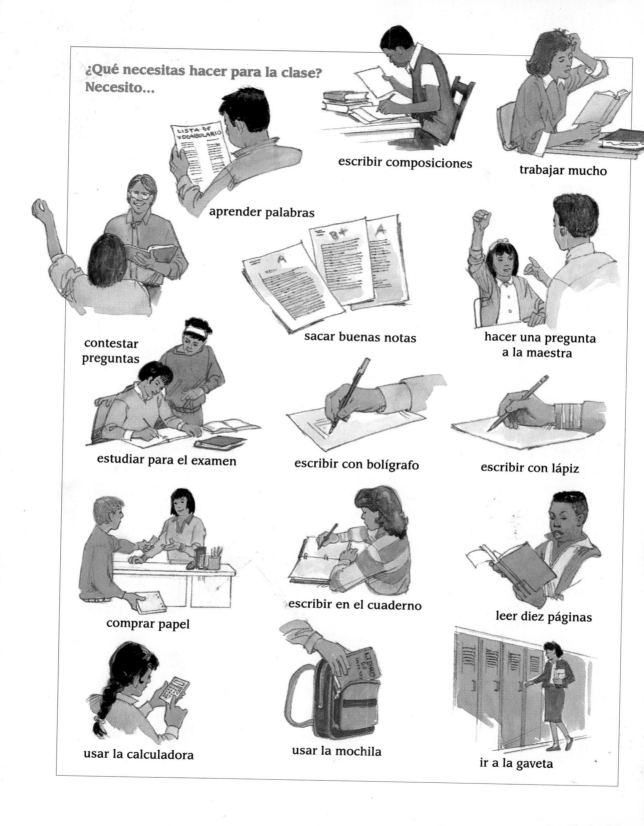

¿Qué necesitas hacer para la clase?
Necesito...

aprender palabras

escribir composiciones

trabajar mucho

contestar preguntas

sacar buenas notas

hacer una pregunta a la maestra

estudiar para el examen

escribir con bolígrafo

escribir con lápiz

comprar papel

escribir en el cuaderno

leer diez páginas

usar la calculadora

usar la mochila

ir a la gaveta

Actividades

A **Preferencias.** Using the list of classes in the **Vocabulario** on pages 34 and 35, say whether or not you want to study each.

Por ejemplo:

> Quiero estudiar geometría.
> No quiero estudiar química.

Now find out from three of your classmates what their preferences are.

Por ejemplo:

ESTUDIANTE A

¿Qué quieres estudiar?

ESTUDIANTE B

Quiero estudiar español, arte...

B **Las clases.** Write out a schedule of the classes you are taking, using the Spanish names of the subjects. Your teacher will tell you the names in Spanish of any subjects you are taking that do not appear in the **Vocabulario**.

Por ejemplo:

> inglés
> historia

Then you and a classmate will exchange schedules. Ask if your classmate likes to study each subject listed.

Por ejemplo:

ESTUDIANTE A

¿Te gusta estudiar inglés?

ESTUDIANTE B

Sí, me gusta. (No, no me gusta).

C **¿Fácil o difícil?** Tell whether the following are easy (**fácil**) or difficult (**difícil**) for you.

Por ejemplo:

> Es fácil (difícil) _____ en la clase de _____.

1. sacar buenas notas
2. escribir composiciones
3. contestar preguntas
4. aprender palabras
5. estudiar para exámenes
6. leer libros

Curso de Cultura Norteamericana

Precio: $31.25 (más una cuota de inscripción de $25.00*). Esta cuota cubre un curso de 15 horas de clase. Sin crédito. 1.5 CEU's.

Los estudiantes que se inscriben en un curso de cultura deben tener un nivel correspondiente al curso Advanced English 1, por lo menos.

Lunes y Miér

CE 751-1 Introduction to American Culture, Part 1 (sesión I)   11:00-12:2

CE 752-2 Introduction to American Culture, Part 2 (sesión II)   11:00-12:

CE 753-3 Introduction to American Culture, Part 3 (sesión III)   11:00-12

Cursos Regulares de Inglés Para Hispanohab

Precio: $85.00 (más una cuota de inscripción de $25.00 Esta cuota cubre un 45 horas de clase. Sin crédito. 4.5

Lunes y

CLASES VESPERTINAS

CE 110-1 English for Spanish Speakers I   6:00
CE 410-1 English for Spanish Speakers IV   6:00
CE 510-2 English for Spanish Speakers V   7:30
CE 610-2 English for Spanish Speakers VI   7:30

Martes

CE 310-3 English for Spanish Speakers III   6:0
CE 710-3 Advanced English I   6:
CE 750-4 Introduction to American Culture   7:3
CE 210-4 English for Spanish Speakers II   7:
CE 110-4 English for Spanish Speakers I   7:

CLASE EN SÁBADO

Esta clase cubre lo mismo que los cursos regulares, pero en una sola sesión.

CE 210-7 English for Spanish Speakers II   9

D **En la clase.** Which of the following activities do you need to do to get ready for Spanish class? Which do you not need to do?

Por ejemplo:

> hacer la tarea
> *Necesito hacer la tarea.*

1. andar en monopatín
2. estudiar
3. hablar con los compañeros
4. usar la calculadora
5. leer revistas
6. cantar
7. preparar las lecciones
8. ver películas
9. jugar fútbol
10. sacar fotos
11. comprar papel y bolígrafos
12. ir a mi gaveta
13. usar la mochila

E **En las clases.** Tell what you need to do in each of the following classes.

Por ejemplo:

> la clase de historia
> *Necesito escribir composiciones y leer libros.*

1. la clase de español
2. la clase de educación física
3. la clase de matemáticas
4. la clase de inglés
5. la clase de historia

F **Excusas.** Your parents want you to do a chore that you hate doing. Try to postpone it by telling them that you have too much homework. Think of as many assignments as possible.

Por ejemplo:

> Necesito escribir dos composiciones para la clase de inglés. También necesito aprender quince palabras para la clase de español y...

Apellidos

In the Spanish-speaking world, people use two family names (**apellidos**): their father's family name followed by their mother's maiden name. In David's case there was confusion on the part of Sra. Kaplan over his family name. Which of David's names is that of his father's family? In the United States, many Spanish-speaking people do as David does and use only one family name, their father's.

Actividades

A In the Hispanic world, since the father's family name is the main one, it is the one used to list people alphabetically. Below are the names of some exchange students from Latin America in Chris's school. Say them in alphabetical order.

Julio Ramos Olivera

Carmen Morelos Imán

Alejandro Dávila Monroy

Hernán Luján Muñoz

María Trujillo Romero

Pedro Cervantes Tejeda

B The librarian has received several best-selling novels by Spanish and Latin American authors. But she doesn't know under what name to catalogue them. Give the name under which each of the following cards should be filed.

TÍTULO	AUTOR
El amor en los tiempos del cólera	Gabriel García Márquez
La guerra del fin del mundo	Mario Vargas Llosa
Tiempo de silencio	Luis Martín Santos
Las cortes de Coquaya	Ángela García Roldán

Estructura 1

....

How to Say What You Like   **Me gusta/te gusta**
and Don't Like to Do

1. When you want to tell someone what you like to do, say **Me gusta** + activity.

    Me gusta jugar béisbol.

2. When you want to tell someone what you don't like to do, say **No me gusta** + activity.

    No me gusta montar en bicicleta.

3. To ask a friend if he or she likes to do something, say **¿Te gusta** + activity?

    ¿Te gusta nadar?

4. Your friend will respond with either **Sí, me gusta** or **No, no me gusta.**

5. To ask a friend what he or she likes to do, say **¿Qué te gusta hacer?**

Actividades

A **¿Qué te gusta hacer?** Write down five of your favorite weekend activities. Then write five things you don't like to do on weekends.

Por ejemplo:

   Me gusta descansar. No me gusta estudiar.

Then ask a classmate about his or her list.

ESTUDIANTE A
¿Qué te gusta hacer?

ESTUDIANTE B
Me gusta ver la tele. No me gusta leer revistas.

B **¡Ay, Bruno!** Bruno spends too much time on recreation and not enough time on schoolwork. Ask Bruno if he likes to do the following activities. Your partner will answer for him.

Por ejemplo:

hacer la tarea

ESTUDIANTE A

¿Te gusta hacer la tarea?

ESTUDIANTE B (Bruno)

No, no me gusta.

1. usar la calculadora
2. hablar por teléfono
3. comer
4. descansar
5. escuchar discos
6. trabajar
7. leer diez páginas de tarea
8. jugar béisbol
9. escribir en el cuaderno
10. comprar discos
11. contestar preguntas
12. aprender palabras
13. hacer preguntas en clase

¿Cómo? No entiendo.

If you didn't hear or didn't catch what someone said and you want it repeated, say **¿Cómo?**

If you heard, but you didn't understand, say **No entiendo.**

If someone uses a word you don't understand, you can ask to have it explained by saying **¿Qué quiere decir...?**

Actividad

What would you say in the following situations: **¿Cómo?, No entiendo,** or **¿Qué quiere decir...?**

Estructura 2

How to Talk about One Thing or More Than One   El / la los / las

1. The names for persons and things in Spanish fall into one of two categories: **el** words (often referred to as "masculine" words) or **la** words (often referred to as "feminine" words). In dictionaries these categories are abbreviated as *m.* and *f.*

2. Most names of things or people that end with the letter **-o** are masculine. To talk about one thing or person, use the word **el** before it. To talk about more than one, use **los** and add **-s** to the end of the word.

One person or thing (singular)	Several persons or things (plural)
el maestro	**los maestros**
el partido	**los partidos**
el libro	**los libros**

3. Most names of things or people that end with the letter **-a** are feminine. With these words, to talk about one thing or person, you use the word **la** before it. To talk about more than one, use **las** and add an **-s** to the end of the word.

One person or thing (singular)	Several persons or things (plural)
la señorita	**las señoritas**
la tarea	**las tareas**
la nota	**las notas**

4. Some words don't end in either **-o** or **-a**. For these you must learn if they are **el** words or **la** words the first time you see them.

la clase	**el tenis**
la tele	**el fútbol**

5. If a word does not end in **-a, -o,** or **-e,** you add **-es** when you want to talk about more than one person or thing.

el señor	**los señores**
el papel	**los papeles**
el examen	**los exámenes**
el lápiz	**los lápices**

6. There are some words that are exceptions.

el problema	la foto	el álgebra
el idioma	la radio	el día

7. When you want to refer to something or someone more specifically, use **de**. For example, to say "the Spanish book" instead of just "the book," say **el libro de español.**

the algebra test	**el examen de álgebra**
the English class	**la clase de inglés**
the baseball game	**el partido de béisbol**

Actividades

A **¿Cómo se dice. . .?** Give the Spanish name for the following people and things.

Por ejemplo:

el cuaderno

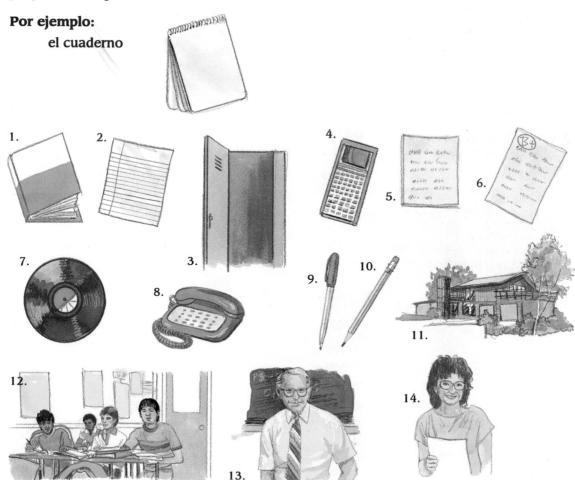

B **¿Qué necesitas?** Your classmate is having trouble getting ready for class. Ask if he or she needs the following items.

Por ejemplo:

ESTUDIANTE A	ESTUDIANTE B
¿Necesitas el lápiz?	Sí, gracias. (No, gracias).

   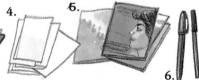

1. 2. 3. 4. 5. 6.

C **En mi escuela.** Give two specific examples of the following.

Por ejemplo:

estudiantes
Estudiantes de español y estudiantes de biología.

1. libros   2. clases   3. partidos

D **El club de español.** The Spanish Club is selling some used items to raise money. Support the club by buying three of the items below. Your partner will play the role of cashier and tell the amount you must pay.

Por ejemplo:

ESTUDIANTE A	ESTUDIANTE B
Quiero comprar los bolígrafos, las revistas y la película.	Entonces, necesitas catorce dólares.

3 dólares

5 dólares

6 dólares

4 dólares

5 dólares   3 dólares   2 dólares   6 dólares

Finalmente

Situaciones

A conversar Use the following cues to converse with a classmate in Spanish.

1. Find out what activities your partner likes to do.
2. Invite your partner to do one of these activities after school **(después de las clases).**
3. Your partner accepts but **(pero)** tells what he or she needs to do for homework first.
4. Ask your partner at what time he or she wants to do the activity you have decided upon.
5. Agree on a time and say good-bye.

Repaso de vocabulario

PREGUNTAS

¿Qué te gusta más?
¿Te gusta...?

CLASES

el álgebra
el arte
la biología
las ciencias
la educación física
el español
el francés
la geometría
la historia
el idioma
el inglés
las matemáticas
la música
la química

COSAS (Things)

el bolígrafo
la calculadora
la clase
la composición
el cuaderno
el examen
     (los exámenes)
la gaveta
el lápiz (los lápices)
la mochila
la nota
la página
la palabra
el papel
la pregunta

ACTIVIDADES

aprender
contestar

escribir
hacer una pregunta
sacar buenas notas
trabajar
usar

DESPEDIDAS (Saying Good-bye)

Adiós.
Hasta luego.

OTRAS PALABRAS

¿Cómo?
¿no?
o

EXPRESIONES

estudiar para un examen
Me gusta + activity.
Necesito (Necesitas) + activity.

Lección 5

¿Sabes hablar español?

¡A comenzar!

The following are some of the things you will be learning to do in this lesson.

When you want to . . .	You use . . .
1. describe what you know how to do	• **Sé** + activity.
2. tell a friend what he or she knows how to do	• **Sabes** + activity.
3. ask a friend where he or she wants to go	• **¿Quieres ir** + place?
4. give a reason or explain why	• **porque**

Now find examples of the above words and phrases in the following conversation.

David wants to sign up for an after-school activity. Chris Pearson is helping him decide which one.

CHRIS: **Bueno... ¿quieres estudiar fotografía?**
DAVID: **Pues no, porque ya sé sacar fotos.**
CHRIS: **Claro, ya sabes sacar fotos. A ver, entonces... ¿arte?**
DAVID: **Bueno, sí. Me gusta dibujar.**
CHRIS: **Oye, también te gusta el fútbol, ¿no?**
DAVID: **Sí, claro.**
CHRIS: **¿Quieres ir al partido?**
DAVID: **No sé. ¿A qué hora?**
CHRIS: **A las cuatro.**
DAVID: **Sí, cómo no.**

Actividades preliminares

A Say whether you already know how **(Ya sé)** or don't know how **(No sé)** to do the following.

Por ejemplo:

> hablar francés
> *Ya sé (No sé) hablar francés.*

1. nadar
2. jugar tenis
3. hablar español
4. montar en bicicleta
5. jugar baloncesto
6. andar en monopatín

B Tell whether you like to do the following activities.

Por ejemplo:

> dibujar
> *Me gusta (No me gusta) dibujar.*

1. hablar por teléfono
2. jugar fútbol americano
3. estudiar
4. comer en la cafetería

Vocabulario

Hola,
¿qué tal?

¿Qué sabes hacer?
Sé...

cocinar

hablar español

sacar fotos

tocar la guitarra

patinar

manejar un coche

patinar sobre hielo

usar la
computadora

dibujar

cantar

esquiar

montar a caballo

¿Adónde quieres ir?
Quiero ir...

al parque

al partido

al cine

al campo

al estadio

al restaurante

al baile

al centro comercial

a la playa

a la cafetería

a la escuela

a la piscina

a la tienda

a la biblioteca

a la ciudad

a la fiesta

Actividades

A **¿Sabes...?** Name four things you know how to do, choosing from the **Vocabulario** on pages 48 and 49. Then name four things you don't know how to do.

Por ejemplo:

> Sé dibujar. No sé cocinar.

B **¿Quieres ir?** Tell whether or not you want to, like to, or need to go to each of the places listed in the **Vocabulario**.

Por ejemplo:

> al partido
> *Quiero (Me gusta, Necesito) ir al partido.*

C **El tiempo.** Make a list of five places for you and a friend to go when the weather is good **(si hace buen tiempo)**. Then make a list of five other places you can go if the weather is bad **(si hace mal tiempo)**. Invite a classmate to do one of the activities from your list, according to what the weather is like today.

Por ejemplo:

Si hace buen tiempo	**Si hace mal tiempo**
la piscina	**el cine**

D **Lugares.** Tell where you need to go when you want to do the following activities.

Por ejemplo:

> montar a caballo
> *Si quiero montar a caballo, necesito ir al campo (al parque).*

1. usar la computadora
2. bailar
3. ver la tele
4. ver películas
5. patinar sobre hielo
6. hablar español
7. cocinar
8. leer libros
9. comprar algo
10. practicar deportes
11. hacer la tarea
12. nadar

Las notas

The grading scale varies throughout the Spanish-speaking world. Scales of 1–5, 1–7, 1–10, 1–20 and even 1–100 are used. Generally, students have many required courses (including Spanish and a foreign language) and few electives. Foreign languages are considered important and many students take two. English and French are the most popular languages, followed by German and Italian. Latin and sometimes classical Greek are also usually offered. Here's a typical grading scale from Colombia.

10 = **sobresaliente**
9 = **distinguido**
8 = **bueno**
6–7 = **aprobado**
1–5 = **no aprobado**

Boletín de evaluación

Alumno: Tatiana Blanco Rodríguez

Materias

Biología II	8,7	bueno
Álgebra y Geometría	7,7	aprobado
Educación religiosa	8,6	bueno
Ciencias sociales	8,4	distinguido
Cívica	10	sobresaliente
Geografía	10	sobresaliente
Historia	9,6	distinguido
Español (literatura)	7,2	aprobado
Inglés	7,7	aprobado
Educación estética	8,0	bueno
Ed. fís., rec. y deporte	9,0	distinguido
Actividades vocacionales	8,5	bueno
Hogar	10	sobresaliente
Comercio	6,0	aprobado

Actividades

A Based on Tatiana's grades, would she say she likes or dislikes the following classes?

Por ejemplo:

biología
Me gusta estudiar biología.

1. cívica
2. geografía
3. álgebra y geometría
4. educación física, recreación y deporte
5. inglés

B Rate yourself according to the scale above in the following subjects. Use the ratings of **sobresaliente** to **aprobado**.

1. español
2. educación física
3. ciencias
4. arte y música
5. matemáticas
6. inglés
7. historia

Estructura 1

....

How to Talk about Things You Know How to Do
Sé / sabes

1. To say you know how to do something, use **Sé** + activity.

   Sé montar a caballo.

2. To say you don't know how to do something, use **No sé** + activity.

   No sé dibujar.

3. To say you already know how to do something, use **Ya sé** + activity.

   Ya sé usar la computadora.

4. To ask a friend if he or she knows how to do something, you use **¿Sabes** + activity?

   ¿Sabes esquiar?

Actividades

A **¿Quién sabe...?** Make a list of five activities. Survey your classmates and for each activity find at least one person who knows how to do it very well.

Por ejemplo:

   esquiar

ESTUDIANTE A
¿Sabes esquiar?

ESTUDIANTE B
Sí, sé esquiar muy bien. (No, no sé esquiar).

B **¿No quieres estudiar?** Bruno's guidance counselor is advising him on next semester's classes. He rejects each suggestion and explains why. Play the roles of Bruno and his counselor with a classmate.

Por ejemplo:

  francés

ESTUDIANTE A

¿Quieres estudiar francés?

ESTUDIANTE B (Bruno)

No, porque ya sé hablar francés. (No, no me gusta estudiar idiomas).

1. arte
2. música
3. fotografía
4. literatura
5. dibujo técnico
6. ciencias domésticas

C **Quiero ser miembro.** Tell whether or not you want to join the following clubs. Be sure to tell why.

Por ejemplo:

  Sí, quiero ser miembro porque me gusta esquiar. (No, no quiero ser miembro porque no sé esquiar).

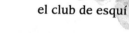
el club de esquí

4. el club de computadoras

3. el club de fotografía

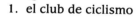
1. el club de ciclismo

2. el club de español

5. el club de arte

6. el club de música

Arte y música del suroeste

The Spanish-speaking influence, particularly Mexican, is a principal element of the music and art of San Antonio and other cities in the Southwest, including El Paso, Los Angeles, and San Diego. No festival would be complete, for example, without **mariachis**, musical groups that entertain with traditional songs of Mexico. The **mariachi** tradition of the Southwest is often maintained through the family.

Murals, or wall paintings, are a traditional art form in the Spanish-speaking world. In San Antonio, local artists, as well as internationally known artists like Juan O'Gorman, make vivid statements on buildings in both commercial and residential areas.

Actividad

Ask a classmate if he or she knows how to do the following activities related to art and music.

1. dibujar
2. pintar
3. tocar la guitarra (el saxofón, el piano, el clarinete, la trompeta)
4. cantar
5. bailar

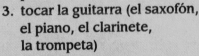

Estructura 2

How to Say Where You Want to Go The infinitive ir

1. To say you want to go somewhere, say **Quiero ir.**

2. To say you don't want to go, say **No quiero ir.**

3. To invite someone to go, say **¿Quieres ir?**

4. To ask a friend where he or she wants to go, say **¿Adónde quieres ir?**

5. To say where you want to go using feminine **(la)** words, you say **Quiero ir a la** + place.

   > **Quiero ir a la fiesta.**   **No quiero ir a la piscina.**

6. To say where you want to go using masculine **(el)** words, you say **Quiero ir al** + place (**a** + **el** = **al**).

   > **¿Quieres ir al partido?**   **No, quiero ir al cine.**

7. To say you want to go home, you simply say **Quiero ir a casa.**

8. To say you don't want to go anywhere, say **No quiero ir a ningún lugar.**

Actividades

A **Después de las clases.** Ask two classmates where each wants to go after school. Each classmate will tell you where and at what time.

Por ejemplo:

ESTUDIANTE A	ESTUDIANTE B
¿Adónde quieres ir?	Quiero ir a la piscina a las tres.

¿Te gusta escuchar discos y bail

¿Quieres ir a una fiesta?

La fiesta es mañana a las och en mi casa.

¡Hasta pronto!

Margarita Espronceda
Teléfono 686-9021

B **¿Por qué?** Tell why you do or don't want to go to the following places.

Por ejemplo:

> (No)Quiero ir al restaurante porque (no) quiero comer.

1. al parque
2. a la fiesta
3. a la tienda
4. al estadio
5. al campo
6. a la playa
7. a la biblioteca
8. a casa

C **Lugares.** Name the places you like to go in the following situations.

Por ejemplo:

> cuando (when) **quieres ver una película**
> *Cuando quiero ver una película, me gusta ir al cine "Fox".*

1. cuando quieres comer
2. cuando quieres jugar fútbol
3. cuando quieres leer
4. cuando quieres bailar
5. cuando quieres nadar
6. cuando quieres patinar
7. cuando quieres descansar
8. cuando quieres comprar algo
9. cuando quieres estudiar

D **Invitaciones.** You have met a new student. Find out what this person likes to do, and invite him or her to go to the appropriate place, choosing from the list below.

a casa	al baile	al estadio
a la piscina	al campo	al parque
a la playa	al centro comercial	al restaurante
a la tienda	al cine	

Por ejemplo:

> nadar

ESTUDIANTE A

(1) ¿Te gusta nadar?
(3) ¿Quieres ir a la piscina?

1. jugar videojuegos
2. ver la tele
3. bailar
4. ver películas

ESTUDIANTE B

(2) Sí, me gusta.
(4) Sí, cómo no.

5. comprar discos
6. ver el partido de fútbol
7. nadar

Finalmente

Situaciones

A conversar Invite a classmate to go someplace at a specific time after school. He or she will either accept your invitation or politely refuse and give a reason.

A escribir Write a note to a classmate.

1. Introduce yourself.
2. Tell what you like and don't like to do and places you like to go.
3. Say what you know how to do.
4. Then ask your classmate about the same topics.

Repaso de vocabulario

PREGUNTAS

¿Adónde quieres ir?
¿Sabes + activity?

ACTIVIDADES

cantar
cocinar
dibujar
esquiar
manejar un coche
montar a caballo
patinar
patinar sobre hielo
sacar fotos
tocar la guitarra

LUGARES

el baile
la biblioteca
la cafetería
el campo
el centro comercial
el cine
la ciudad
la escuela
el estadio
la fiesta
el parque
la piscina
la playa
el restaurante
la tienda

OTRAS PALABRAS

el coche
la computadora
la foto
porque

EXPRESIONES

No quiero ir a ningún lugar.
(Ya) Sé + activity.

CAPÍTULO 1

Lección 6

Me gusta San Antonio

···

¡A comenzar!

The following are some of the things you will be learning to do in this lesson.

When you want to . . .

1. give your likes and dislikes
2. ask the likes and dislikes of a friend
3. express reactions
4. express contrast or difference
5. express similarity

You use . . .

- **(No) me gusta(n)** + object(s).
- **¿Te gusta(n)** + object(s)?

- **¡Qué** + descriptive word!
- **pero**
- **y también**

Now find examples of the above words and phrases in the following conversation.

Graciela, a friend of Chris Pearson's, has heard about David and introduces herself.

GRACIELA: ¡Hola! Me llamo Graciela. Soy amiga de Chris.
DAVID: Hola. Mucho gusto. Me llamo David Vargas.
GRACIELA: ¿Vargas? ¿No eres David López?
DAVID: Bueno, me llamo David Vargas López pero...
GRACIELA: Pero aquí eres David Vargas, claro.
DAVID: Pues, sí.
GRACIELA: ¿Te gustan las clases de aquí, David?
DAVID: Sí, me gustan mucho. Y también me gusta San Antonio.
GRACIELA: ¡Qué bueno!

Actividad preliminar

Compare two of your classes. If you like both of them, connect them with **y también**. If you like one but not the other, connect them with **pero**.

Por ejemplo:

la clase de historia / la clase de inglés
Me gusta la clase de historia y también me gusta la clase de inglés.

la clase de ciencias / la clase de álgebra
Me gusta la clase de ciencias pero no me gusta la clase de álgebra.

Vocabulario

¡Qué divertido!
how fun

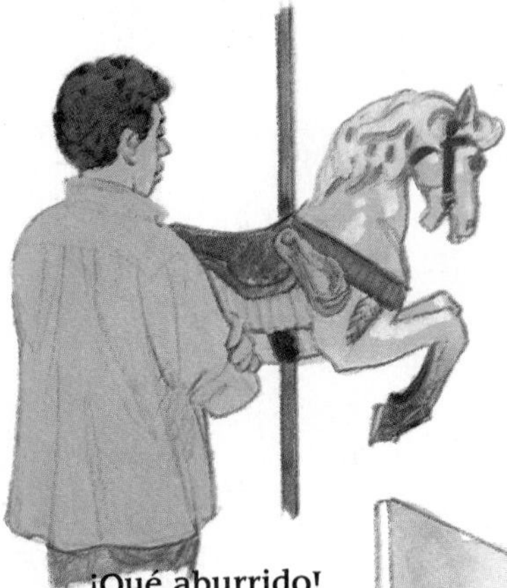

¡Qué aburrido!
how boring

¡Qué raro!
strange

¡Qué difícil!

¡Qué fácil!

¡Qué suerte!
how lucky

¡Qué pena!
how sad

¡Qué va!
no way (not used)

¡No me digas!
you don't say

¡Qué bueno!
How good

¡Qué horror!
¡Qué desastre!

Actividades

A **¡Qué raro!** Respond to the following situations using an expression from the **Vocabulario**.

1.

2.

3.

4.

5.

6.

B **¡No me digas!** Several of Graciela's classmates say the following things. How would you react to what they say?

Por ejemplo:

> No me gustan las fiestas.
> ¡Qué pena! (¡Qué raro!)

1. No sé nadar.
2. Quiero estudiar biología avanzada.
3. No quiero estudiar.
4. Ya sé hablar español.
5. Necesito leer dos páginas de historia.
6. No sé leer francés.
7. Necesito escribir tres composiciones.
8. Quiero ir a la fiesta de Mariví.
9. Sé bailar muy bien.
10. Me gusta usar la computadora.

Pues, bueno, a ver

In several lessons in this chapter, you have seen a few words like **pues, bueno,** and **a ver.** Spanish-speaking people use these words as "hesitation words" or "space fillers," the way we in English might say "well," "then," or "OK."

Actividad

Match each question below with the best response.

1. ¿Quieres tomar algo?
2. ¿A qué hora es el programa?
3. Hola, ¿cómo estás?
4. ¿Qué quieres hacer?

a. Bueno, ¿quieres dar un paseo?
b. Sí, cómo no.
c. Pues, no muy bien.
d. A ver... a las cinco o a las cinco y media.

"Bueno, ¿qué te gusta hacer?"

A ver, ¿adónde quieres ir?

Estructura 1

....

How to Talk about What You Like or Dislike — Gusta / gustan + object(s)

1. To say you like something, say **Me gusta** + **el / la** + object.

   Me gusta el fútbol.   **Me gusta la playa.**

2. To say you don't like something, say **No me gusta** + **el / la** + object.

   No me gusta la clase de arte.

3. To say you like more than one thing, say **Me gustan** + **los / las** + objects.

   Me gustan los discos.

4. To say you don't like more than one thing, say **No me gustan** + **los / las** + objects.

   No me gustan las revistas.

5. To ask a friend if he or she likes one thing or more than one thing, say **¿Te gusta** + **el / la** + object? or **¿Te gustan** + **los / las** + objects?

   ¿Te gusta el álgebra?   **¿Te gustan las fiestas?**

Actividades

A **Preferencias.** Which of the following do you like more?

Por ejemplo:

> Si quieres nadar, ¿qué te gusta más, la playa o la piscina?
> *Me gusta más la playa. (Me gusta más la piscina).*

1. Si quieres leer algo, ¿qué te gustan más, las revistas o los libros?
2. ¿Qué te gusta más, la tele o el cine?
3. En la escuela, ¿qué te gustan más, las clases o los deportes?
4. ¿Qué te gustan más, las ciencias o las matemáticas?
5. ¿Qué te gustan más, los bailes o las fiestas en casa?
6. ¿Qué te gustan más, los conciertos o los partidos?

B | **Me gusta la escuela, pero...** David likes some things about school, but he doesn't like other things. Following is his list of likes and dislikes.

sí, ...	pero	no, ...
1. la clase de inglés		los exámenes
2. los maestros		las tareas
3. las clases		la historia
4. el tenis		el fútbol americano
5. las fiestas		la cafetería

How would David say what he likes and dislikes? Make four statements.

Por ejemplo:

> Me gusta la clase de inglés, pero no me gustan los exámenes.

Saludos y despedidas

In countries where Spanish is spoken, people usually shake hands when they greet and say good-bye to each other. Men often greet each other by shaking right hands and placing their left hands on each other's upper arms. Men who are good friends or relatives will give each other a hug, **un abrazo**. Men sometimes kiss women on the cheek, and two women will often kiss each other on the cheek or simply touch cheeks.

Actividad

How would you greet the following people?

1. your good friend Graciela
2. your good friend Carlos
3. your uncle
4. your favorite cousin David

con la mano

con un abrazo

con un beso

Estructura 2

How to Spell in Spanish   The Spanish alphabet

The Spanish alphabet contains thirty letters. It includes four letters that are not found in English: **ch, ll, ñ,** and **rr.** The letters **k** and **w** are used only to spell words from other languages, such as **kilo** and **Washington.**

To learn the names of the letters and their order, do as Spanish-speaking students do and chant them in rhythm. Say the name of the last letter on each line louder than the others.

¡a, b, c, ch;   ñ, o, p, q;
d, e, f, g;   r, rr, s, t;
h, i, j, k;   u, v, w;
l, ll, m, n;   x, y, z!

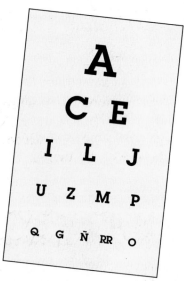

Actividades

A **El examen.** How good are your eyes? Can you read the letters from this eye chart?

B **¿Cómo? No entiendo.** Ask four classmates their names. When each answers, say you don't understand. Then they will spell their last name out for you.

Por ejemplo:

ESTUDIANTE A

(1) ¿Cómo te llamas?

(3) ¿Cómo?

ESTUDIANTE B

(2) **Me llamo Enrique Gómez.**

(4) **Enrique Gómez. G-ó-m-e-z.**

C **Nombre y número.** You want to talk with David Vargas, but no one is home and the answering machine is on. Leave a message so he can return your call.

1. Identify yourself.
2. Spell your last name.
3. Give your phone number. **(Mi número de teléfono es...)**

Finalmente

Situaciones

A conversar Use the following cues to converse with a partner in Spanish.

1. You and your partner are going to spend Saturday together. Ask your partner where he or she wants to go. Your partner responds that he or she doesn't know.
2. Find out what your partner likes to do. Then invite him or her to go someplace or do something.
3. Your partner accepts your invitation and asks at what time you want to do the activity. Give the time you will meet.
4. Thank your partner and say good-bye.

A escribir Your friends have been wondering what to buy you for your birthday. Write down your likes and dislikes (**Me gusta[n]... pero no me gusta[n]...**). Include sports, leisure activities, places, classes, and school activities.

Repaso de vocabulario

PREGUNTA
¿Te gusta(n)...?

REACCIONES
¡No me digas!
¡Qué...
    aburrido!
    bueno!
    desastre!
    difícil!
    divertido!
    fácil!
    horror!

    pena!
    raro!
    suerte!
    va!

OTRAS PALABRAS
a ver
bueno
pero
pues
también
y

Lectura

Look at the telephone book advertisements below. You will be able to figure out many of the words from the context in which they appear or because they look like English words that have similar meanings.

Actividad

Chris Pearson's Mexican pen pal is in charge of ordering trophies for her school's sports banquet.

1. Tell her the name and number of the stores in the phone book on page 68 that sell trophies.
2. Then tell the name and number of those stores that might give special rates to schools.

Capítulo 1   Repaso

¿Recuerdas?

Do you remember how to do the following things, which you learned in **Capítulo 1?**

LECCIONES 1 a 3

1. greet people formally and informally (pp. 4, 22)
2. ask someone's name (p. 4)
3. say how you feel (p. 6)
4. say who you are (p. 4)
5. say where you are from (p. 4)
6. ask where someone is from (p. 4)
7. acknowledge an introduction (p. 4)
8. invite a friend to do something (p. 12)
9. accept or decline an invitation (pp. 12, 18)
10. thank someone (p. 12)
11. say what you want and do not want to do (p. 18)
12. greet someone formally (pp. 22, 27)
13. ask someone to whom you speak formally how he or she is (pp. 22, 27)
14. ask a friend how he or she is (p. 22)
15. use numbers 0 to 20 (p. 24)
16. ask and tell the time something takes place (p. 28)

LECCIONES 4 a 6

1. say good-bye (p. 32)
2. say what you need to do (p. 35)
3. say what you like and don't like to do (p. 39)
4. ask a friend what he or she likes to do (p. 39)
5. indicate that you don't understand (p. 41)
6. talk about one thing or more than one (pp. 42, 43)
7. explain why (p. 46)
8. say what you know how and don't know how to do (p. 52)
9. ask someone what he or she knows how to do (p. 52)

10. say where you want to go (p. 55)
11. invite someone to go somewhere (p. 55)
12. say what things you like and dislike (p. 63)
13. ask someone what he or she likes and dislikes (p. 63)
14. spell your name in Spanish (p. 66)

Actividades

A **El vocabulario de la escuela.** On a sheet of paper, list all the words or phrases you can think of related to school, based on the following questions.

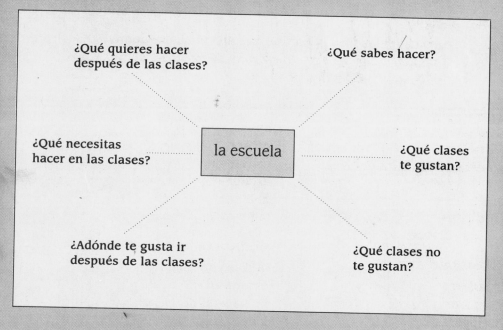

¿Qué quieres hacer después de las clases?

¿Qué sabes hacer?

¿Qué necesitas hacer en las clases?

la escuela

¿Qué clases te gustan?

¿Adónde te gusta ir después de las clases?

¿Qué clases no te gustan?

B **Presentaciones.** In three sentences, tell who you are, where you are from, and what you like to do.

C **El periódico de la escuela.** As a reporter for the school newspaper, you want to interview David. Prepare five questions to ask him about his background and his reaction to his new school in San Antonio.

D **Reacciones.** A classmate invites you to do six things. Accept or reject them, and give an explanation.

Por ejemplo:

ESTUDIANTE A

¿Quieres jugar béisbol?

ESTUDIANTE B

Sí, cómo no. Me gusta jugar béisbol. (No, gracias. ¡Qué aburrido!)

E **Me gusta porque...** Tell whether you like or want to do the following things, and explain why.

Por ejemplo:

Me gustan las fiestas porque me gusta bailar y comer. También me gusta escuchar discos. Pero no sé cantar y no me gustan los videojuegos.

LA MÚSICA

tocar instrumentos
cantar
escuchar música de ____

EL ARTE

dibujar
ir a museos

LOS DEPORTES

correr
nadar
jugar ____
montar a caballo
montar en bicicleta
andar en monopatín

LAS FIESTAS

bailar
comer
cantar
escuchar discos
hablar
jugar videojuegos

LA ESCUELA

la clase de ____
el maestro de ____
la maestra de ____
leer ____
estudiar ____
aprender ____

F **Nuevos amigos.** At a Spanish Club meeting, you were asked to take down names of new members. Arrange the names on the top of page 73 alphabetically by family name.

1. Aurelio Casas Torres
2. Mónica Esquivel Lema
3. José Manzanares Villa
4. Maricarmen Llorens Parga
5. Arturo Rodríguez Zepeda
6. Miguel Olivares Río
7. Estela Díaz Álvarez
8. Ángela Chávez Hernández
9. María Herrera Pinto
10. Enrique Colón García

G **La nota.** Bruno and Alicia were caught exchanging a note during class and their teacher tore it up. Reconstruct the message by putting the pieces in order.

No, gracias. Quiere descansar en casa.

¿Qué tal? ¿Quieres ir al partido?

Bueno, ¿a qué hora es la fiesta?

Entonces, ¿quieres ir a la fiesta de Chris?

No sé cuándo es, pero sé que te gusta bailar

H **¡Prohibido!** Below are some signs from San Antonio. Match each sign with a place you would probably find it.

Por ejemplo:

en la ciudad

PROHIBIDO JUGAR

NO CORRER

NO ESTACIONAR

PROHIBIDO ENTRAR

PROHIBIDO COMER

NO TIRAR BASURA

PROHIBIDO FUMAR

Bienvenidos a San Antonio

SILENCIO

1. en el museo
2. en la tienda
3. en la cafetería
4. en la piscina
5. en la escuela
6. en el parque
7. en el cine
8. en la playa
9. en la biblioteca
10. en el restaurante
11. en la ciudad

Mis compañeros en San Antonio

Lección 1

Los compañeros de clase

¡A comenzar!

The following are some of the things you will be learning to do in this lesson.

When you want to . . .	You use . . .
1. thank someone for something	• **Gracias por** + object.
2. say "You're welcome"	• **De nada.**
3. identify or describe one person or thing	• **Es...**
4. identify or describe several persons or things	• **Son...**
5. find out where people are from	• **¿Son de** + place?

Now find examples of the above words and phrases in the following conversation.

Invitación

¿*A qué?* a un picnic

¿*Dónde?* en el parque Olmos

¿*Qué día?* el domingo, cinco de octubre

¿*A qué hora?* a las dos de la tarde

Chris has invited some exchange students from several schools to a picnic. Mariví is from Caracas, Venezuela.

MARIVÍ: **¡Hola, Chris! ¡El picnic es sensacional! Gracias por la invitación.**

CHRIS: **De nada.**

MARIVÍ: **¡Qué amables son los muchachos! ¿Son de tu escuela?**

CHRIS: **Sí, son compañeros de clase.**

Actividades preliminares

A Thank a classmate for the following.

Por ejemplo:
  el libro

ESTUDIANTE A
Gracias por el libro.

ESTUDIANTE B
De nada.

1. el lápiz
2. la invitación
3. el videojuego
4. las fotos

B Describe your classmates, using the following words.

Por ejemplo:
  puntuales
  Mis compañeros de clase (no) son puntuales.

1. elegantes
2. inteligentes
3. populares
4. impacientes
5. puntuales
6. sociables

Vocabulario

¿Qué es? Es...

cantante

estudiante

artista

deportista

guitarrista

músico

música

político

política

actor

actriz

bailarín

bailarina

escritor

escritora

¿Cómo es? Es...

$$\frac{a^4-81b^4}{a^2c-6abc+9b^2c} \cdot \frac{a+3b}{a^2+9b^2}$$
$$\div \frac{a^2+6ab+9b^2}{(a-3b)^2} =$$

popular   emocionante   formidable   elegante   inteligente

interesante   excelente   amable   arrogante

horrible   deprimente   increíble   diferente

Actividades

A **¿Qué hacen?** Your guidance counselor wants to make sure you understand what people with the following occupations do. Choose from the list of activities on the right.

Por ejemplo:

cantantes: cantar

1. estudiantes
2. guitarristas
3. bailarines
4. deportistas
5. políticos
6. músicos
7. artistas
8. escritores
9. actores

a. hablar en público
b. practicar deportes
c. actuar en dramas
d. escribir libros y artículos
e. dibujar y pintar
f. bailar
g. tocar la guitarra
h. tocar instrumentos
i. leer y aprender

B **Quiero ser...** Choosing from the professions in the **Vocabulario** on pages 78–79, tell your guidance counselor what you want to be and don't want to be.

Por ejemplo:

Quiero ser cantante. No quiero ser político.

C **¿Qué quieres ser?** Choosing from the professions in the **Vocabulario** on pages 78 and 79, ask three classmates what they would like to be.

Por ejemplo:

ESTUDIANTE A
Anita, ¿qué quieres ser?

ESTUDIANTE B
Quiero ser bailarina. Y tú, Juan, ¿qué quieres ser?

D **Porque me gusta.** The students on page 81 have decided what they want to be and they explain why. Tell what they say, using the suggestions below.

bailar
cantar
dibujar

escribir
escuchar música
estudiar drama

leer
practicar deportes
tocar la guitarra

Por ejemplo:

Quiero ser artista porque me
gusta dibujar.

1.

2.

3.

4.

5.

6.

8.

9.

7.

E **¿Cómo es?** David Vargas wants to know your opinions of the
following. Write down your responses.

Por ejemplo:

la música "rock"
La música "rock" es formidable.

1. la música clásica
2. la playa
3. la tarea
4. el fútbol americano
5. la música de (singer / group)

6. la escuela
7. la televisión
8. el amigo ideal
9. mi actor favorito
10. mi actriz favorita

María

Chris's friend is named **Mariví**. The most common girl's name in Hispanic countries is **María**, which is often combined with another name. A shortened form of these combined names is commonly used.

Actividades

A Below, on the left are some popular combinations with **María**. Match them with their shortened forms on the right.

1. María del Pilar
2. María de la Luz
3. María de los Ángeles
4. María Isabel
5. María Elena
6. María del Carmen
7. María Teresa
8. María Soledad
9. María Victoria

a. Mariluz, Marilú
b. Mariví
c. Marité, Maité
d. Marisol
e. Maripili
f. Maribel, Marisa
g. Maricarmen
h. Mariángel
i. Malena, Manena

B Do you know anyone with a combined first name? Does he or she also use a shortened form?

Estructura 1

....

How to Identify and Describe People and Things

Soy / eres / es

To identify people, places, and things, use forms of the verb **ser,** "to be."

1. To identify yourself, use **soy** to say:
   - who you are   **Soy Maribel.**
   - what you are   **Soy estudiante.**
   - where you are from   **Soy de Costa Rica.**

2. To identify someone or something, use **es.**

   Chris es estudiante también. Es de San Antonio. San Antonio es muy divertido.

3. To question someone you speak to informally, use **eres.**

   Eres David, ¿no?
   ¿Eres estudiante?
   ¿De dónde eres?

   Remember that you speak informally to a friend, someone you call by his or her first name, or someone your age or younger.

4. When speaking to someone who is older, or whom you don't know very well, or to whom you must show respect, use the formal **¿Es usted...?** or **Usted es.... Usted** can be abbreviated in written form as **Ud.**

¿Eres Joaquín?

Sí, soy Joaquín Ramos.

¿Es usted el señor Ramos?

Sí, soy el papá de Joaquín.

Es guitarrista, ¿no?

No, soy cantante.

Notice that in the third illustration **usted** is not used with **es**. Although **es** can mean "he is, she is, it is," or "you are," you don't need to use **usted** in this case because **es** clearly means "you are."

5. When you speak about someone whom you call **señor, señora,** or **señorita,** you must include an **el** or **la.** When you talk directly to that person, you omit the **el** or **la.**

> **La señora Olmos es cantante. El señor Vilas es artista.**
>
> **Señora Olmos, ¿cómo está usted? Y usted, señor Vilas, ¿cómo está?**

6. When you want to ask what someone or something is like, you say **¿Cómo es?**

> **¿Cómo es Mariví?**   **Es muy popular.**
>
> **¿Cómo es el picnic?**   **Es sensacional.**

Actividades

A   **Estimada señora Kaplan.**   Read the following note Bruno has written to Mrs. Kaplan, his guidance counselor.

> Estimada Sra. Kaplan:
> No me gusta la clase de álgebra. ¡Es horrible! Sé que el álgebra es importante, pero es muy difícil. La tarea es increíble. No soy paciente ni inteligente y no me gusta estudiar. Tampoco soy muy responsable. Pero en la clase de arte soy diferente. Para mí, la clase de arte es formidable. El maestro es sensacional, muy amable. Sé que no soy artista, pero me gusta dibujar.
>
> *Bruno*

Now write down five things or people Bruno describes in his note. Then list the words Bruno uses to describe each one.

Por ejemplo:

> álgebra: *horrible, importante...*

B **Las familias.** Relatives of several exchange students are visiting in the U.S. Ask them what they do and where they are from, using the information below. Play the roles with a classmate.

El señor López
Perú

Por ejemplo:

El señor López / Perú

ESTUDIANTE A

(1) ¿Es usted artista, señor López?

(3) Soy estudiante. ¿De dónde es usted?

(5) Soy de aquí.

ESTUDIANTE B

(2) Sí, soy artista. ¿Y tú?

(4) Soy de Perú. ¿Y tú?

1. La señora García
Guatemala

2. El señor Pérez
Argentina

3. La señorita del Valle
España

4. La señora Nieves
México

5. El señor Morales
Venezuela

6. El señor Martínez
Costa Rica

C **Para mí, es fácil.** Use the example below to make a chart in which you rate at least eight activities from easiest to hardest. Then report to the class about yourself.

muy fácil	*fácil*	*difícil*	*muy difícil*
nadar	hablar español	esquiar	escribir libros

Por ejemplo:

Para mí, es muy fácil nadar. Es fácil hablar español. Es difícil esquiar. Es muy difícil escribir libros.

Hispanos famosos

Spanish-speaking countries have produced leaders in many fields including government, entertainment, athletics, and the arts. There are also many well-known Hispanic-Americans in this country. How many of the following prominent Hispanics do you know?

Julio Iglesias

María Conchita Alonso

Nancy López

Jimmy Smits

Gloria Estefan

Mary Jo Fernández

Gabriel García Márquez

Keith Hernández

Actividad

Identify the people above by their occupations.

Por ejemplo:

Emilio Estévez
Emilio Estévez es actor.

Emilio Estévez

Estructura 2

....

How to Identify and Describe People and Things

Son / somos

The following are forms of **ser** to use when you want to talk about more than one person or thing.

1. To identify yourself and someone else ("we"), use **somos**.

   Marité y yo somos estudiantes. Somos de aquí.
   Soy escritor y mi amiga es actriz. Somos de Miami.

2. To identify more than one person or thing ("they"), use **son**.

   Chris y Graciela son fenomenales. Son de San Antonio.

3. To tell or ask the identity of more than one person you are talking to ("both of you" or "you all"), use **ustedes son** or **¿son ustedes? Ustedes** can be abbreviated in written form as **Uds.**

   Son can mean "they are" or "you are." If the meaning is clearly "you are," you do not need to add **ustedes**.

¿De dónde son ustedes?	**Somos de Nueva York.**
Son estudiantes, ¿no?	**Pues, sí. También somos músicos.**

4. You can use **ser** following **quiero, me gusta,** and **necesito** to tell what you want, like, and need to be.

   Quiero ser músico.
   Me gusta ser popular.
   Necesito ser muy paciente.

5. The following is a summary of all the forms of the verb **ser.**

SINGULAR	PLURAL
soy	somos
eres	sois*
es	son

*This form is rarely used in the Spanish-speaking world, except for Spain.

6. To ask what people or things are like, say **¿Cómo son?**

> **¿Cómo son los deportistas?**   **Son fenomenales.**

Notice that to describe more than one person or thing, you must change the descriptive word. If it ends in **-e,** you add **-s.** If it ends in a consonant, you add **-es.**

> **Mariví es muy paciente.**
>
> **Chris y David son pacientes también.**
>
> **La clase de inglés es fácil.**
>
> **Las clases de español y álgebra son fáciles también.**

Actividades

A **¡Qué amables!** David admires many of the people he has met in San Antonio. What would he say to the following individuals?

Por ejemplo:

> el Sr. López / inteligente
> *Señor López, ¡qué inteligente es usted!*

1. la Sra. Kaplan / paciente
2. Bárbara y Carmen / interesantes
3. la Sra. Pérez / inteligente
4. Julia y Javier / amables
5. la Srta. Fernández / responsable

B **¿Cómo son?** A new student in your school asks your opinions about the following. Tell him what you think.

Por ejemplo:

> mi escuela / las escuelas en general
> *Mi escuela es excelente. Las escuelas en general son difíciles.*

1. la clase de español / las clases en general
2. mi amigo (amiga) / los compañeros de clase
3. el coche Porsche / los coches en general
4. el presidente de los Estados Unidos / los políticos en general

C **Los compañeros y yo.** What do you and your friends have in common? Make five statements about yourselves.

Por ejemplo:

> Somos deportistas. También somos muy amables...

Finalmente

Situaciones

A conversar

1. Invite a classmate to see a movie.
2. Your classmate asks what the movie is like.
3. Describe it. Include in your description something about the actors, actresses, dancers, or singers.
4. Your classmate will react to your choice of movie and accept or decline your invitation.

Eduardo James Olmos

A escribir Write a note to a classmate about your impressions of the school year so far.

1. Tell which classes and teachers you like. Add an exclamation indicating your reaction to each (**¡Qué...!**).
2. Also tell which classes you dislike. Add appropriate exclamations.
3. Finally, ask your classmate what classes he or she likes and what the teachers are like.

Julie Carmen

Repaso de vocabulario

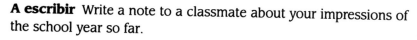

PREGUNTAS

¿Qué eres / es / son?
¿Es usted...?
¿Cómo es / son?

PERSONAS

el actor
la actriz
el / la artista
el bailarín
la bailarina
el / la cantante

el compañero de clase
la compañera de clase
el / la deportista
el escritor
la escritora
el / la estudiante
el / la guitarrista
la música
el músico
la política
el político
ustedes (Uds.)

CORTESÍA

De nada.
Gracias por...

DESCRIPCIONES

ser +
    amable
    arrogante
    deprimente
    diferente
    elegante
    emocionante

excelente
formidable
horrible
increíble
inteligente
interesante
popular

Lección 2

¿Cómo es David?

¡A comenzar!

The following are some of the things you will be learning to do in this lesson.

When you want to . . .

1. describe what someone or something is like
2. describe what a mixed group of people is like
3. say what you plan to do
4. When you want to ask who someone is

You use . . .

- **es** + adjective ending in **-o** (masculine) or **-a** (feminine)
- **son** + adjective ending in **-os**

- **Pienso** + activity.
- **¿Quién es?**

Now find examples of the above words and phrases in the following conversation.

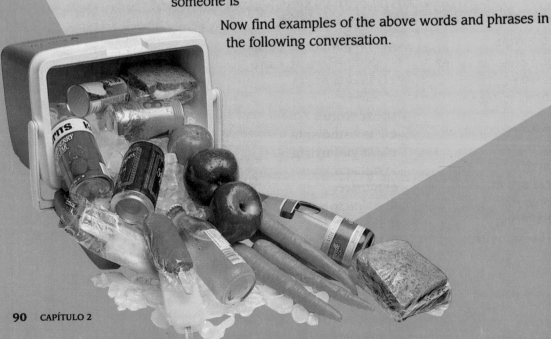

At Chris's picnic, Mariví asks Graciela about David, who has not yet arrived.

GRACIELA: **¡Hola, Mariví! La fiesta es muy divertida, ¿no?**

MARIVÍ: **Sí, los compañeros de Chris son simpáticos. Y el muchacho de Costa Rica, ¿quién es?**

GRACIELA: **David. Es fantástico... muy listo y ¡qué guapo!**

MARIVÍ: **¿Está aquí?**

GRACIELA: **Todavía no, no sé por qué.**

MARIVÍ: **Pues, ya es tarde. Son casi las cuatro y media.**

GRACIELA: **Ya sé. Pienso ir a casa a las cinco. David es muy simpático pero necesita ser más puntual.**

Actividad preliminar

Describe the following people or things using the descriptive word that follows each.

Por ejemplo:

> Tom Cruise /¿guapo?
> Sí. Tom Cruise es guapo. (No, no es guapo).

1. Janet Jackson /¿guapa?
2. el director de la escuela /¿listo?
3. la clase de español /¿divertida?
4. los compañeros de clase /¿simpáticos?
5. los partidos de béisbol (fútbol americano, baloncesto, etc.) / ¿fantásticos?
6. las muchachas de la escuela /¿simpáticas?
7. los muchachos de la escuela /¿divertidos?

Vocabulario

¿Cómo es? Es...

guapo(a) feo(a)

gordo(a) delgado(a)

bajo(a) alto(a)

perezoso(a)

aplicado(a)

joven viejo(a)

grande pequeño(a)

antipático(a)   simpático(a)

malo(a)   bueno(a)

divertido(a)   aburrido(a)

listo(a)   tonto(a)

generoso(a)   tacaño(a)

Es un poco gordo.   Es bastante gordo.   ¡Es muy gordo!   ¡Es demasiado gordo!

Actividades

A **¿Cómo son?** React to the following illustrations using the expression ¡Qué...!

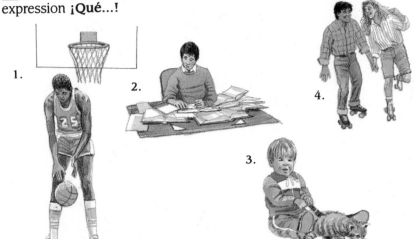

5.

6.

B **Descripciones.** David wants to know what you think of the following. Describe each item.

Por ejemplo:

> Nueva York
> *Nueva York es grande.*

1. el libro de matemáticas
2. el presidente de los Estados Unidos
3. el señor Scrooge
4. Freddy (de la calle Elm)
5. Chris
6. Frankenstein
7. mi disco favorito

7.

C **¿Qué necesito hacer?** Tell what some of Chris's friends need to do to improve themselves. Choose your suggestions from the column on the right.

Por ejemplo:

> Eva: Soy un poco gorda.
> *Eva, necesitas nadar o practicar deportes.*

1. Yolanda: Quiero ser más divertida.
2. Bruno: No soy muy aplicado.
3. Anita: Quiero ser más generosa.
4. Miguel: Soy bastante perezoso.
5. Carlos: Soy demasiado delgado.

a. comer más
b. prestar (lend) revistas y discos a los amigos
c. estudiar y hacer la tarea
d. correr o jugar tenis
e. hablar con los amigos de algo cómico

Los ademanes

Gestures, like words, differ from culture to culture. The following are some common gestures that accompany conversations in Spanish.

tacaño(a)

tonto(a)

adiós

no

listo(a)

Actividad

Make one of the above gestures. Your classmates will guess the word you are illustrating.

Estructura 1

How to Describe People and Things

Adjectives ending in -o / -a

You have already used some descriptive words (adjectives) in Spanish.

> **David es interesante. Mariví es interesante también.**
> **David no es puntual. Mariví y Graciela son puntuales.**
> **David es amable. Los compañeros de clase son amables también.**

1. Many adjectives end in **-o** or **-a,** depending on the person or thing you are describing. If you want to describe a male or a masculine word (**el** words), the adjective ends in **-o**. If you want to describe a female or a feminine word, the adjective ends in **-a**.

   > **David es simpático.**
   > **Graciela es guapa.**
   > **El deportista es simpático.**
   > **La deportista es demasiado delgada.**
   > **El libro es muy bueno.**
   > **La fiesta es bastante aburrida.**

2. To describe more than one person or thing, add **-s** to the adjective.

   > **Los libros son aburridos.**
   > **Las fiestas son divertidas.**

3. When you want to describe more than one person or thing, but some of them are masculine and some are feminine, use the masculine plural form of the noun and the adjective ending **-os.**

   > **Mis compañeros de clase son simpáticos.**
   > **¡Qué generosos son mis amigos!**
   > **David y Graciela son muy aplicados.**

Actividades

A **Mi amigo Bruno.** Below is a description of Bruno. Make two lists, **Es** and **No es.** Place words that describe him in the **Es** list and those that don't in the **No es** list.

> Bruno es aburrido, un poco feo y demasiado gordo. No es muy responsable pero es paciente y bastante popular. Y no es muy aplicado. Por ejemplo, no sabe hablar inglés muy bien porque no quiere practicar ni estudiar.

B **La amiga de Bruno.** Bruno's girlfriend Alicia is not like Bruno at all. She's just the opposite. List her characteristics.

Por ejemplo:

> Alicia es divertida. (No es aburrida)...

C **Los estudiantes de intercambio.** The photos on the right are of next year's two exchange students. Say at least four things to describe each of them.

Adela, la muchacha de Perú

D **¿Cómo eres?** Rate yourself based on the following characteristics. Answer on a scale of: **un poco, bastante, muy,** or **demasiado.**

Por ejemplo:

> ¿Eres perezoso(a)?
> Carlos: *Soy un poco perezoso.*
> María: *Soy muy perezosa.*

1. ¿Eres simpático(a)?
2. ¿Eres listo(a)?
3. ¿Eres generoso(a)?
4. ¿Eres aplicado(a)?
5. ¿Eres alto(a)?
6. ¿Eres divertido(a)?
7. ¿Eres viejo(a)?
8. ¿Eres bueno(a)?

E **Gente.** List two people who fit each of the following categories.

Carlos, el muchacho de España

Por ejemplo:

> actores viejos
> *Paul Newman es viejo.*

1. escritores interesantes
2. cantantes buenos
3. maestros simpáticos
4. deportistas altos

Los estudiantes de intercambio

David is a student from Costa Rica studying for a school year in the United States. He is one of many thousands of high school students throughout the world who have chosen to study in a foreign country. Many high schools across the United States have programs in which American students study abroad, and students from abroad come to study in American schools.

Many new experiences await David during his year in the United States. All his classes are in English; he learns to play American sports that are not played commonly in his native land—baseball and football, for example; he lives with an American family who treats him as a son and brother. And in addition to learning English, he also learns how to live in another culture—skills that will be of invaluable use throughout his entire life.

Actividad

Imagine that you are an exchange student in Costa Rica. Answer the following questions that a Costa Rican classmate asks you.

1. ¿De dónde eres?
2. ¿Qué clases te gustan más?
3. ¿Cómo es la escuela en los Estados Unidos?
4. ¿Cómo son tus compañeros de clase?
5. ¿Qué te gusta hacer?

Now ask your classmate two questions about life in Costa Rica.

Estructura 2

How to Say What You Plan to Do

Pienso / piensas + the infinitive

To say what you want or need to do, you have used **Quiero** and **Necesito** + activity.

> **Quiero ver la tele pero necesito hacer la tarea.**

To ask a friend if he or she wants or needs to do something, you have used **¿Quieres?** and **¿Necesitas?** + activity.

> **¿Quieres ir a casa?**
> **¿Necesitas comprar algo?**

1. To say what you plan to do, say **Pienso** + activity.
   > **Pienso ir al cine.**

2. To ask a friend if he or she plans to do something, say **¿Piensas + activity?**
   > **¿Piensas estudiar?**

3. To ask a friend what he or she plans to do, say **¿Qué piensas hacer?**

4. To say you don't plan to do anything, say **No pienso hacer nada.**

5. In the examples above, the word that names the activity is called an "infinitive" (to do, to buy, to be, to go). Infinitives end in **-ar**, **-er**, or **-ir**. So far, you have used infinitives to ask and say several things. Find the infinitives in the following sentences.

¿Qué quieres hacer?	**Quiero tomar algo.**
¿Te gusta jugar fútbol?	**No, me gusta jugar baloncesto.**
¿Sabes esquiar?	**Ya sé esquiar muy bien.**
¿Necesitas hacer la tarea?	**Sí, necesito estudiar álgebra.**
¿Qué piensas hacer?	**Pienso comprar discos.**

Actividades

A ¿Qué piensas hacer? School is canceled for tomorrow. What five things do you plan to do?

Por ejemplo:

> Si no necesito ir a la escuela, pienso ver películas...

B Quiero ir a casa. You're at a boring party and you want to leave. Give five reasons why you need to go home.

Por ejemplo:

> Quiero ir a casa porque necesito hacer la tarea.

C ¿Y tus compañeros? Find out what three classmates plan to do this weekend.

Por ejemplo:

ESTUDIANTE A

(1) ¿Qué piensas hacer?

ESTUDIANTE B

(2) Pienso descansar y hablar por teléfono. ¿Y tú?

(3) Pienso comprar discos.

D El fin de semana. Complete the following sentences to write about your plans for the weekend.

Por ejemplo:

> Quiero...
> *Quiero jugar videojuegos, andar en monopatín y ver la tele.*

1. Pienso...
2. No pienso...
3. Necesito...
4. No necesito...
5. Quiero...
6. No quiero...

Finalmente

Situaciones

A conversar Use the following cues to converse with a classmate about plans for Saturday.

1. Ask your partner what he or she plans to do.
2. Your partner will say that he or she is planning to go to the movies and will say with whom **(con Carlos, con Mónica, etc.).**
3. Ask what that person is like. Your partner will respond saying three or four things.
4. Ask what movie your partner is going to see.
5. Give your reaction to the movie. **(¡Qué...!).**

A escribir Write a letter of introduction to a new pen pal.

1. Start with **Estimado(a)...** Tell who you are and where you are from.
2. Describe your appearance and personality. Use the words **muy, bastante, un poco,** and **demasiado.**
3. Then tell what you like to do and where you like to go in your spare time. Finish your letter **Tu amigo(a),** and your name.

Repaso de vocabulario

PREGUNTAS

¿Qué piensas hacer?
¿Quién es?

DESCRIPCIONES

ser +
   aburrido(a)
   alto(a)
   antipático(a)
   aplicado(a)
   bajo(a)
   bueno(a)

delgado(a)
divertido(a)
feo(a)
generoso(a)
gordo(a)
grande
guapo(a)
joven
listo(a)
malo(a)
pequeño(a)

perezoso(a)
simpático(a)
tacaño(a)
tonto(a)
viejo(a)

PERSONAS

la muchacha
  (la chica)
el muchacho
  (el chico)

OTRAS PALABRAS

bastante
demasiado
un poco

EXPRESIÓN

Pienso (Piensas)
+ activity.

Lección 3

¿Tarde o temprano?

¡A comenzar!

The following are some of the things you will be learning to do in this lesson.

When you want to . . .	You use . . .
1. find out where a friend is going	• ¿Adónde vas?
2. say where you are going	• Voy a + place.
3. explain what you are going to do	• Voy a + activity.
4. find out what a friend is going to do	• ¿Qué vas a hacer?
5. put events in sequence: now, then, afterward	• ahora, luego, después
6. talk about what belongs to someone	• object + de + person
7. excuse yourself	• Con permiso.

Now find examples of the above words and phrases in the following conversation.

David finally arrives at the picnic. He sees Graciela, who is about to leave.

DAVID: ¡Hola, Graciela! ¿Qué tal?

GRACIELA: David, ¡por fin! ¡Qué elegante!

DAVID: ¿Yo? ¿Elegante?

GRACIELA: Bueno, David, hasta luego.

DAVID: Pero, ¿adónde vas?

GRACIELA: Pues, ahora voy a casa. Voy a comer.

DAVID: Pero es muy temprano. Y ¿qué vas a hacer después de comer?

GRACIELA: Luego voy a la casa de Mariví. Bueno, ya es tarde. Con permiso.

DAVID: Pero, Graciela...

GRACIELA: Adiós, David.

DAVID: Ay, ¡qué mala suerte!

Actividad preliminar

It's 3:00 P.M. on a school day. Tell three places that you are going, choosing from the list on the right. Use **ahora, luego,** and **después** to tell the order in which you are going to the three places.

Por ejemplo:

Ahora voy al gimnasio. Luego... Después...

Ahora...   voy a la biblioteca.
Luego...   voy al gimnasio.
Después...   voy a casa.
                  voy al centro comercial.
                  voy al cine.
                  voy a la casa de mi amigo(a).

Vocabulario

¿Adónde vas ahora?

Primero voy al gimnasio.

Luego voy a la cafetería.

Después voy al trabajo.

Entonces voy al centro.

¿Qué vas a hacer?

Voy a hacer ejercicio.

Voy a hablar con los amigos.

Voy a ganar dinero.

Voy a buscar un regalo.

También voy al parque. Voy a correr.

Voy al concierto.
Voy a ver a mi conjunto favorito.

Voy al cine. Voy a ver una película.

Mañana voy
a limpiar mi
habitación.

Mañana voy
a leer el
periódico.

Voy a ir de vacaciones. Voy a la playa.

Actividades

A **Después de las clases.** Tell five things you plan to do after school and the order in which you're going to do them.

Por ejemplo:

> Primero voy a buscar un regalo. Luego voy a hacer ejercicio. Después...

B **¿Adónde vas?** Write down whether you're going to go to the following places. Then list what you're going to do in each place. Report back to the class.

Por ejemplo:

> la biblioteca
> *Voy a la biblioteca. Voy a hacer la tarea.*
> *(Voy a leer el periódico, etc.). (No voy a la biblioteca).*

1. el parque
2. el cine
3. el centro
4. el centro comercial
5. el trabajo
6. la casa de (nombre de un amigo)

7. el gimnasio
8. la piscina
9. la playa
10. el campo
11. el concierto

C **Mañana.** Converse with a classmate about your plans for tomorrow. Use the following expressions: **Voy a..., Necesito..., Quiero..., Pienso...**

Por ejemplo:

ESTUDIANTE A

(1) ¿Adónde vas mañana?

(3) ¿Qué vas a hacer?

ESTUDIANTE B

(2) Primero voy a la biblioteca.

(4) Necesito escribir una composición. Y tú, ¿qué piensas hacer?

(5) Voy al trabajo. Necesito ganar dinero.

¡Qué elegante!

In Hispanic countries, people dress up to go out in public, especially if they expect to meet someone or be introduced. In a restaurant or at a party, people of all ages tend to dress more formally than people in the U.S. Casual clothing is worn only at home, for working outdoors, or for recreation.

Actividad

Tell how you would dress to go to each of the following places, using:

a) **muy elegante**
b) **bastante elegante**
c) **un poco elegante**
d) **nada elegante**

Por ejemplo:

> al estadio: nada elegante

1. al concierto
2. al centro
3. a la escuela
4. a la playa
5. al pueblo, de vacaciones
6. al trabajo
7. a la fiesta
8. al restaurante

Estructura 1

. . . .

How to Say or Ask Where Someone Is Going or What Someone Is Going to Do

The verb ir

1. To talk about going someplace, use the verb **ir**.

SINGULAR	PLURAL
voy	**vamos**
vas	**vais***
va	**van**

*This form is rarely used in the Spanish-speaking world, except for Spain.

2. To ask people where they are going, use **adónde** and the appropriate form of **ir**.

   • To ask where a friend is going:
   ¿Adónde vas, Anita?   **Voy al trabajo.**

   • To ask more than one friend:
   ¿Adónde van ustedes?   **Vamos a la piscina.**

   • To ask about other people:
   ¿Adónde van Chris y David?   **Van al centro.**

3. To suggest to a friend that you both go somewhere, say **¿Por qué no vamos a** + place?

   ¿Por qué no vamos al cine?

4. To say that you are not going anywhere, say **No voy a ningún lugar.**

5. To talk about what you or others are going to do, use a form of **ir** + **a** + infinitive.

   ¿Vas a limpiar la habitación?   **No, ahora voy a correr.**
   ¿Qué van a hacer ustedes?   **Vamos a trabajar.**

6. To say that you aren't going to do anything, say **No voy a hacer nada.**

7. You don't need to make separate statements to tell where you are going and what you are going to do there. You may combine the two thoughts in one sentence in the following way.

> **Vamos al centro a buscar un regalo.**
> **¿Vas a la piscina a nadar?**
> **José va a casa a limpiar la habitación.**

Actividades

A **Lugares.** The following are things you like, want, need, or plan to do. Tell where you go to do them.

Por ejemplo:

> **Me gusta correr.**
> *Voy al parque (al campo, a la playa, etc.).*

1. **Me gusta ganar dinero.**
2. **Pienso jugar fútbol.**
3. **Necesito limpiar la habitación.**
4. **Quiero tomar algo.**
5. **Quiero comer.**
6. **Quiero ver una película.**
7. **Pienso andar en monopatín.**
8. **Me gusta montar a caballo.**
9. **Necesito buscar una revista.**

B **Un fin de semana muy ocupado.** Plan a busy and exciting weekend. Make two columns: in one column write five places you will go; in the other write the things you will do there. Report back to the class.

Por ejemplo:

> Primero voy al centro comercial.
>
> Voy a buscar un regalo.
>
> Después voy al gimnasio.
>
> Voy a hacer ejercicio.

C **Preguntas.** A classmate will ask you about your weekend in activity **B**.

ESTUDIANTE A	ESTUDIANTE B
(1) ¿Adónde vas?	(2) Primero voy a la casa de Todd.
(3) ¿Qué vas a hacer?	(4) Vamos a escuchar discos.

D **Entre todos.** Compare your plans from activity **B** with those of a classmate. First tell what you are going to do, then tell your class-mate's plans. If both of you have similar plans, compare them using **y.** If your plans are different, contrast them with **pero.**

Por ejemplo:

> Voy al campo y Anita va al campo también.
> (Voy al campo pero Anita va a la ciudad).

E **¿Por qué no vamos?** A classmate drops some hints about things to do. For each, make an appropriate invitation.

Por ejemplo:

ESTUDIANTE A	ESTUDIANTE B
Necesito estudiar.	¿Por qué no vamos a la biblioteca entonces?

1. Necesito comprar algo.	6. Me gusta bailar.
2. Quiero dar un paseo.	7. Me gustan las películas de terror.
3. Necesito hacer ejercicio.	8. Quiero comer algo.
4. Sé nadar muy bien.	
5. Me gustan los partidos de fútbol.	

F **Excusas.** Suggest four different places to which you and a classmate can go. Your classmate will say no to each and give a reason.

Por ejemplo:

ESTUDIANTE A
¿Por qué no vamos al parque a jugar béisbol?

ESTUDIANTE B
No, gracias. El béisbol es muy aburrido. (No me gusta jugar béisbol. Necesito limpiar la habitación, etc.).

G **¿Y ustedes?** Ask two classmates the following questions about their after-school plans. Take notes. Report back to the class.

1. ¿Adónde van?
2. ¿A qué hora?
3. ¿Qué van a hacer?

Por ejemplo:

Matt y Meg van al gimnasio. Matt va a hacer ejercicio pero Meg va a ver el partido de baloncesto. Meg va a las dos y media. Matt va a las cuatro.

H **¿Adónde van?** Tell where you and your friends go on a typical day. Then tell a place you don't go.

1. Primero vamos a...
2. Luego vamos a...
3. Después...
4. Entonces...
5. También...
6. No vamos a...

Ay, perdón

When you want to excuse yourself for something you said or did (such as bumping into someone), say **Perdón.** If you need to excuse yourself for something you are going to do (such as interrupt or walk in front of someone), say **Con permiso.**

Actividad

What should you say in each of the following situations?

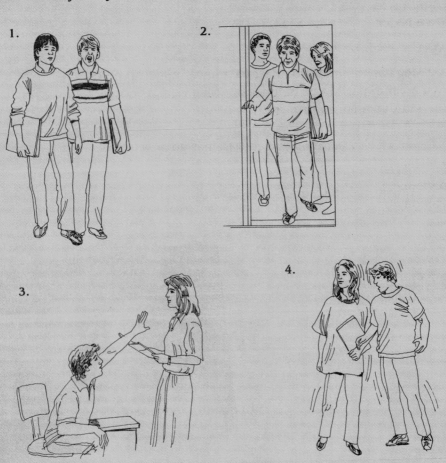

1.

2.

3.

4.

Estructura 2

· ·

How to Talk about What Belongs to Others

De *for possession*

1. To talk about other people's things, use the word **de** + person.

   > **La habitación de Mariví es grande y bonita.**
   > **Las fiestas de David son muy divertidas.**
   > **¿Son difíciles los exámenes de la maestra de español?**

2. When **de** is followed by the word **el**, the contraction **del** is formed (**de** + **el** = **del**).

   > **Es el coche del maestro de historia.**
   > **Las tareas del señor López son bastante fáciles.**

3. To ask to whom something belongs, say **¿De quién es?** To ask to whom more than one object belongs, say **¿De quién son?**

   > **¿De quién es el dinero?**   **Es del señor Varela.**
   > **Y ¿de quién son las fotos?**   **Son de Jaime.**

Actividades

A **En San Antonio.** Name several things or persons for each of the following categories.

Por ejemplo:

> **las clases de David Vargas**
> *Música, inglés, historia...*

1. **las clases de tu amigo(a)**
2. **los amigos de Chris Pearson**
3. **los cantantes favoritos de tu mamá (papá)**
4. **los discos favoritos de tus amigos**

B **¿Cómo es?** Identify each item below by saying that it belongs to either one of your classmates or a teacher. Then describe the item.

Por ejemplo:

> el coche
> *El coche del señor Vilas es nuevo. (El coche de Kim es muy viejo).*

1. la clase
2. el libro
3. los exámenes
4. los discos
5. la tarea

C **¿De quién es?** The people below have lost things at school. Ask your classmate to whom each of the following objects belongs. Your classmate will guess, based on the person's talents.

Por ejemplo:

> el libro de química / el Sr. Arias: maestro de ciencias

ESTUDIANTE A

¿De quién es el libro de química?

1. la guitarra
2. los lápices de colores
3. la composición de francés

ESTUDIANTE B

Es del Sr. Arias. Es maestro de ciencias.

4. la calculadora
5. las cámaras
6. la raqueta de tenis

el Sr. Arias

Mónica

Pedro

Sonia

Oscar

David

la Srta. Núñez

Finalmente

Situaciones

A conversar Your parent is lending you the car for the first time. Play the roles with a classsmate.

1. Your parent asks where you are going.
2. Tell three places you plan to go (**Ahora..., luego..., después...**). Also tell what you are going to do in each place.
3. Finally, your parent asks at what time you plan to return home (**regresar**).
4. Be sure to thank your parent for the car.

A escribir Someone you hardly know invites you to go to his or her house on Saturday. You don't care to go, but you don't want to be rude.

1. Write a note thanking him or her for the invitation (**la invitación**).
2. Say how busy you will be, telling all the places you need to go on Saturday.
3. Tell what time you need to go to each place.
4. Then tell the things you're going to do in each place.

Repaso de vocabulario

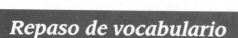

LUGARES

el centro
el gimnasio
la habitación
el pueblo
el trabajo

ACTIVIDADES

buscar
ir
ir de vacaciones

ganar
hacer ejercicio
limpiar

COSAS

el concierto
el conjunto
el dinero
el ejercicio
el periódico
el regalo

las vacaciones

OTRAS PALABRAS Y EXPRESIONES

ahora
el / la amigo(a)
con permiso
de
del
después
entonces

favorito(a)
luego
mañana
primero

PREGUNTAS

¿Adónde vas?
¿De quién es / son...?
¿Por qué no vamos al (a la)...?
¿Qué vas a hacer?

Lección 4

¿Qué pasa?

¡A comenzar!

The following are some of the things you will be learning to do in this lesson.

When you want to . . .	**You use . . .**
1. inquire about a friend's routine actions	• -as on the end of -ar verbs; -es on the end of -er verbs
2. talk about your routine actions	• -o on the end of verbs
3. say it doesn't matter	• **No importa.**
4. get a friend's attention	• **Oye.**

Now find examples of the above words and phrases in the following conversation.

Graciela García
20 San Pedro
San Antonio
555-4830

Chris finally sees David and wants to know what happened.

CHRIS: **David... ¡Por fin! Son las cinco de la tarde. ¿Qué pasa?**

DAVID: **Pues, nada. ¿Por qué?**

CHRIS: **¿No llegas un poco tarde?**

DAVID: **¿Tarde? ¿A las cinco? ¡Qué va!**

CHRIS: **Bueno, no importa. ¿Juegas béisbol?**

DAVID: **Pues, no juego muy bien pero me gusta.**

CHRIS: **¿Vamos a jugar entonces?**

DAVID: **Bueno. Oye, necesito hablar con Graciela esta noche. ¿Sabes su número de teléfono?**

Actividades preliminares

A Tell which sports you play. Then tell one sport you don't like to play.

Por ejemplo:

> **Juego béisbol y baloncesto pero no me gusta jugar fútbol americano.**

B Answer the following questions about whether you're punctual or not. You might wish to use **a veces** *(sometimes)* to answer.

Por ejemplo:

> **¿Llegas tarde o temprano a la escuela?**
> *A veces llego tarde.*

1. **¿Llegas tarde o temprano a las fiestas?**
2. **¿Llegas tarde o temprano a la clase de español?**
3. **¿Llegas tarde o temprano al cine?**
4. **¿Llegas tarde o temprano a los partidos?**

Vocabulario

¿Cuándo?

15 de octubre

esta mañana
- 8
- 9
- 10
- 11
- 12

esta tarde
- 1
- 2
- 3
- 4
- 5
- 6

esta noche
- 7
- 8
- 9
- 10
- 11

← Hoy

16 de octubre

(mañana) por la mañana
- 8
- 9
- 10
- 11
- 12

(mañana) por la tarde
- 1
- 2
- 3
- 4
- 5
- 6

(mañana) por la noche
- 7
- 8
- 9
- 10
- 11

← Mañana

Actividades

A **Hoy y mañana.** Tell three things you want, plan, or need to do today. Then tell the same for tomorrow.

Por ejemplo:

> Hoy quiero (pienso, necesito)... Mañana...

B **¿Qué vas a hacer?** Tell two things you are going to do today for each of the time categories below.

esta mañana   **esta tarde**   **esta noche**

Por ejemplo:

> esta mañana
> *Esta mañana voy a ir a la biblioteca.*

C **¿Cuándo?** Tell whether you do the following activities **por la mañana, por la tarde,** or **por la noche.**

Por ejemplo:

> Nado...
> *Nado por la tarde.*

1. Hago la tarea...
2. Hago ejercicio...
3. Juego béisbol (fútbol, etc.)...
4. Llego a la escuela...
5. Estudio español...
6. Estudio matemáticas...
7. Como en la cafetería...
8. Hablo por teléfono...
9. Veo películas...
10. Limpio la habitación...
11. Voy al concierto...

D **¿Qué haces hoy?** It's Saturday and you have many plans for the day. Your partner asks about your plans for the following times. Then he or she guesses where you will go.

Por ejemplo:

>ahora /hacer ejercicio

ESTUDIANTE A

(1) ¿Qué haces ahora?

(3) Entonces, vas al gimnasio, ¿no?

ESTUDIANTE B

(2) Quiero (Voy a, Necesito, Pienso) hacer ejercicio.

1. por la mañana /correr
2. luego /leer revistas
3. por la tarde /nadar
4. después /jugar baloncesto
5. entonces /comprar algo
6. por la noche /comer algo
7. luego /ver una película

Puntualidad

All cultures have different ideas of late and early. How late you can be without being considered rude depends on the activity. In David's culture, it is not considered poor manners to arrive two or three hours after the announced time for a party.

Actividad

How late can you be to the following events in the United States without being impolite? (**¿Cinco minutos, quince minutos, media hora, una hora?**)

1. **una fiesta**
2. **una cita** (appointment)
3. **una clase**
4. **un partido**
5. **una película**

GRAN FIESTA DE FIN DE AÑO
1990 - 1991
CON
Los Ramblers

LUNES 31 DE DICIEMBRE
Hora: 7:00 pm. Valor: $35.00
Local: Saint John Parish Hall

Cupo Limitado

Información: 826-6700 • 252-0859

Mariano Santana Quiñones
Lilia Rodríguez de Santana
tienen el honor de invitarle
a la boda de su hija
Olga Lilia Santana
con
Carlos Adalberto Román
el sábado, veintitrés de junio
a las dos y media de la tarde
Capilla de San Judas Tadeo
130 S. San Augustine
San Antonio, Texas

Estructura 1

How to Talk about Routines   **"Yo"** *form of* **-ar** *and*
                                    -er *verbs*

1. To say that you generally or typically do something, replace the
   -ar or **-er** ending of most infinitives with **-o**. The **-o** indicates
   "I" **(yo)**.

trabajar	**Trabajo mucho en las clases.**
comer	**Como en la cafetería con mis amigos.**

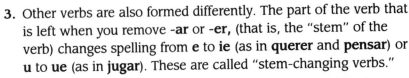

2. Some verbs are formed differently.

ver	veo	**Veo la tele por la noche.**
hacer	hago	**No hago nada.**
saber	sé	**Ya sé esquiar.**
ir	voy	**No voy a la cafetería hoy.**
ser	soy	**Soy bastante alta.**
dar	doy	**Doy un paseo por el campo.**

3. Other verbs are also formed differently. The part of the verb that
   is left when you remove **-ar** or **-er**, (that is, the "stem" of the
   verb) changes spelling from **e** to **ie** (as in **querer** and **pensar**) or
   u to **ue** (as in **jugar**). These are called "stem-changing verbs."

querer	quiero	**Quiero ir al cine.**
pensar	pienso	**No pienso hacer nada**
jugar	juego	**Juego tenis por la tarde.**

   In the future, when you see stem-changing verbs, the infinitive will
   be followed by the letters that indicate the stem change.

pensar (ie)	**entender (ie)**
jugar (ue)	**querer (ie)**

4. To talk about when you do various activities, you may use the
   words **siempre** *(always)*, **a veces** *(sometimes)*, and **nunca**
   (never).

   Siempre hago mi tarea por la noche.
   A veces me gusta escuchar música cuando estudio.
   Nunca estudio en la biblioteca.

Actividades

A **¿Sí o no?** Which of the following things do you do? Which don't you do?

Por ejemplo:

> Comprar muchos discos.
> *(No) Compro muchos discos.*

1. descansar por la noche
2. jugar fútbol
3. escuchar música clásica
4. hablar español en casa
5. ganar dinero
6. leer el periódico
7. hacer ejercicio
8. ver películas de terror
9. dar paseos
10. hacer la tarea por la tarde

B **Autobiografía.** Tell how often you do each of the activities below, using **siempre, a veces,** or **nunca.**

Por ejemplo:

> cantar
> *A veces canto.*

1. nadar
2. bailar
3. limpiar mi habitación
4. escuchar música
5. jugar béisbol
6. ir al cine

C **Cuando voy al centro.** Tell what you do when you go to the following places.

Por ejemplo:

> al centro
> *Cuando voy al centro compro regalos.*

1. a la escuela
2. a casa
3. al campo
4. a la playa
5. a la biblioteca
6. al gimnasio
7. a la casa de mi amigo (amiga)

D **Me gusta pero...** Name six things you like to do but don't do very often.

Por ejemplo:

> nadar
> *Me gusta nadar pero no nado mucho.*

El béisbol

At the picnic, Chris asks David if he plays baseball. Although baseball is not commonly played in many Spanish-speaking countries, it is the most popular sport in the Caribbean nations and players of Hispanic descent have made major contributions to the sport.

La República Dominicana, for example, has contributed more players to U.S. teams than any other country of its size in the world. When the World Series is over in the United States, baseball season begins in the Caribbean, and Latin American players on U.S. teams return to their home countries for the winter baseball season. A popular gift for children there is **el bate, el guante y la pelota** (bat, glove, and ball).

Actividad

On the right are the U.S. major league teams as they are known in Spanish. Which is your favorite baseball team? Describe it.

Por ejemplo:

> Mi equipo favorito: los Dodgers de Los Ángeles. Son formidables.

LIGA AMERICANA

División del este	*División del oeste*
Orioles de Baltimore	Ángeles de California
Medias Rojas de Boston	Medias Blancas de Chicago
Indios de Cleveland	Reales de Kansas City
Tigres de Detroit	Mellizos de Minnesota
Cerveceros de Milwaukee	Atléticos de Oakland
Yanquis de Nueva York	Marineros de Seattle
Azulejos de Toronto	Rangers de Texas

LIGA NACIONAL

División del este	*División del oeste*
Cachorros de Chicago	Bravos de Atlanta
Expos de Montreal	Rojos de Cincinnati
Mets de Nueva York	Astros de Houston
Filis de Filadelfia	Dodgers de Los Ángeles
Piratas de Pittsburgh	Padres de San Diego
Cardenales de San Luis	Gigantes de San Francisco

Estructura 2

. . . .

How to Ask about a Friend's Routine

"Tú" forms of -ar and -er verbs

1. To ask a friend what he or she does or is currently doing, replace the **-ar** or **-er** ending of the infinitive with either **-as** (for infinitives ending in **-ar**) or **-es** (for infinitives ending in **-er**). The **-as** and **-es** endings indicate "you" when speaking to someone your age or a relative.

   Oye, ¿tocas la guitarra?   No, toco el saxofón.
   ¿Qué lees, Miguel?   Leo una revista.

2. You have seen that **ser** and **ir** are formed differently.

   Eres David Vargas, ¿no?
   ¿Adónde vas esta noche?

3. Remember that certain verbs have a spelling change in the part of the verb that remains when you remove **-ar** and **-er** (the "stem" of the verb).

pensar	piensas	¿Qué piensas hacer hoy?
querer	quieres	¿Quieres practicar deportes?
jugar	juegas	¿Juegas tenis?

4. When you want to ask a friend what he or she is doing, say **¿Qué haces?**

   ¿Qué haces?   Pues, no hago nada.

Actividades

A **¿Sí o no?** Ask a classmate if he or she does the following activities.

Por ejemplo:

  cocinar

ESTUDIANTE A

¿Cocinas?

ESTUDIANTE B

Sí, cocino. (No, no cocino).

1. cantar
2. practicar deportes
3. bailar
4. correr
5. dibujar
6. leer muchas revistas

7. estudiar álgebra
8. ver muchas películas
9. jugar (tenis, béisbol, fútbol, etc.)
10. hacer ejercicio

B **Por todas partes.** Ask a classmate what he or she does at the following places.

Por ejemplo:

  en el parque

ESTUDIANTE A

¿Qué haces en el parque?

ESTUDIANTE B

En el parque corro.

1. en casa
2. en el cine
3. en la clase de español
4. en el gimnasio

5. en el centro comercial
6. en la playa
7. en el campo
8. en la biblioteca

C **Quiero saber.** Write a list of questions to ask a classmate about himself or herself using the following question words.

Por ejemplo:

  ¿qué?
  ¿Qué haces por la noche? (¿Qué lees? ¿Qué estudias? etc.)

1. ¿qué?
2. ¿cuándo?
3. ¿a qué hora?
4. ¿adónde?

Finalmente

. . . .

Situaciones

A conversar Converse with a classmate using the following cues.

1. Greet your partner and ask what sports he or she plays.
2. Invite your partner to an appropriate sports event tomorrow night. Your partner says he or she wants to go, but mentions all the things he or she needs to do.
3. Say something terrific about the team **(equipo)**.
4. Your partner accepts the invitation and tells you what time he or she needs to return home **(regresar)**.

A escribir An exchange student from Chile, Antonio, is going to spend his first weekend in the U.S. at your house. He writes to you, asking how you spend your weekends. Write back telling him all the things you usually do and places you usually go on Saturdays **(los sábados)** and Sundays **(los domingos)**. Divide your activities into the categories of morning, afternoon, and evening. Start your letter **"Estimado Antonio,"** and end with **"Tu amigo(a),"** and your name.

Repaso de vocabulario

PREGUNTA

¿Cuándo?
¿Qué haces?
¿Qué pasa?

EXPRESIONES DE TIEMPO

a veces
esta mañana
esta noche
esta tarde

hoy
nunca
por la mañana
por la noche
por la tarde
siempre
tarde
temprano

ACTIVIDAD

llegar (a)

OTRAS EXPRESIONES

No importa.
oye

Lección 5

El Día de la Raza

¡A comenzar!

The following are some of the things you will be learning to do in this lesson.

When you want to . . .

1. report or ask about routine actions of someone else
2. report or ask about routine actions of others
3. ask if what you've said is correct
4. ask why
5. suggest that a friend do something

You use . . .

- -a on the end of -ar verbs
  -e on the end of -er verbs
- -an on the end of -ar verbs
  -en on the end of -er verbs
- ¿verdad?

- ¿Por qué?
- ¿Por qué no + activity?

Now find examples of the above words and phrases in the following conversation.

David and Graciela are talking on the way home from school.

DAVID: Oye, Graciela, el domingo celebran el Día de la Raza aquí en San Antonio, ¿verdad?

GRACIELA: Sí, ¿por qué?

DAVID: Pues, ¿qué hacen?

GRACIELA: Bueno, depende. Muchas personas visitan a los amigos o hacen un picnic.

DAVID: Y tú, ¿qué haces?

GRACIELA: Pues, en mi casa mi mamá prepara una comida especial. ¿Quieres venir?

DAVID: Gracias, pero por la tarde voy con Chris al parque a jugar fútbol.

GRACIELA: Bueno, primero van al parque, pero después, ¿por qué no celebras el día en mi casa con mi familia? ¿Quieres?

DAVID: ¡Qué buena idea! Gracias.

Actividades preliminares

A Do people in your area do the following things to celebrate Thanksgiving? Answer **sí** or **no**.

1. Celebran el día en casa.
2. Hacen un picnic.
3. Van al restaurante por la noche.
4. Comen con la familia.
5. Ven la tele por la tarde.
6. Ven una película por la mañana.

B How well do you know your classmates? Make guesses about what three classmates like to do, using **¿verdad?** to ask if you're right.

Por ejemplo:

ESTUDIANTE A
Amy, te gusta cocinar, ¿verdad?

ESTUDIANTE B
Sí, es verdad. (No, ¡qué va!)

Vocabulario

Para el desayuno, ¿qué comidas te gustan? **¿Y para el almuerzo?**

las papas fritas

el cereal

la ensalada de
lechuga y tomate

la mantequilla

la hamburguesa

la mermelada

los huevos

el pan
tostado

el sandwich de jamón y queso

Quieres comer en la casa Esta Noche

Actividades

A **¿Te gusta?** Tell five things you like to eat or drink. Then tell
five you don't like.

Por ejemplo:

>Me gusta el pollo, la ensalada...
>No me gusta el café...

B **¿Qué sabes preparar?** Tell three things you know how to make.
Then tell two things you'd like to learn how to (**aprender a**) make.

Por ejemplo:

>Sé preparar ensaladas.
>Quiero aprender a preparar pasteles.

Y ¿qué vas a preparar para la cena?

la sopa de legumbres

el pollo

la carne

el arroz con frijoles

el pescado

Para el postre me gusta(n)...

los pasteles

el helado

la fruta

¿Qué bebidas te gustan?

la gaseosa

la leche

el té

el jugo

el agua

el café

el refresco

C **¿Adónde vamos?** Suggest to a classmate a good place to get the following foods or drinks in your area. Your classmate agrees or disagrees.

Por ejemplo:

pizza

ESTUDIANTE A

Si quieres comer pizza, ¿por qué no vamos a Tony's?

ESTUDIANTE B

Buena idea. (No, vamos a Sal's).

1. desayuno
2. ensaladas
3. hamburguesas
4. sandwiches
5. pollo
6. helado
7. papas fritas
8. pasteles
9. pescado

D **Recomendaciones.** Working in pairs or small groups, rate four items served at a local eating place. It could be a restaurant, pizza parlor, fast food chain, or even the school cafeteria. Rank the items using the following scale.

5 exquisito: _____
4 delicioso: _____
3 bueno: _____
2 tolerable: _____
1 malo: _____
0 horrible: _____

Share your ratings with the class.

Por ejemplo:

> En el restaurante Olympia las ensaladas son exquisitas (5). Las hamburguesas son deliciosas (4). Los postres son buenos (3). Las papas fritas son tolerables (2). ...Entonces, el total es 14.

E **El picnic.** Chris and Héctor are discussing plans for another picnic. Chris has a list of what everyone is supposed to do. First, tell what he puts down for himself. Then fill in the rest of the list.

CHRIS: A ver, vas a comprar los refrescos, ¿verdad? Jim compra la pizza y Graciela lleva el helado.
HÉCTOR: Bueno. Y ¿quién cocina?
CHRIS: Mi mamá. Y Mariví prepara el pollo frito.
HÉCTOR: Y tú, ¿qué haces?
CHRIS: ¿Yo? Pues, nada. Descanso.

Por ejemplo:

> Héctor
> *Comprar los refrescos.*

1. yo
2. Jim
3. Graciela
4. Mamá
5. Mariví

Más recomendado

	COMA MÁS	COMA ME
Carnes	Pescado Pollo o pavo (sin pellejo)	Carne roja ternera) Ví tocino, sal
Huevos	Claras o sustitutos de huevos sin colesterol	Yemas
Productos Lácteos	Leche descremada (non-fat) Yogurt descremado	Leche ent condensa Yogurt er Crema Queso cc
	Queso cottage descremado Quesos descremados Nieves	Quesos Helados
Frutas y Verduras	Frescas	Fritas o
Panes y Cereales	Cereales y panes de trigo, avena, centeno, arroz integral Pastas	Pastele Panes e huevo import
Grasas	No saturadas (aceites vegetales de maíz, de soya, de ajonjolí) Aderezos sin grasas o con grasas no saturadas	Satura coco, no, de Adere ladas (may Man
	Margarina con grasas no saturadas	

✓ Se recomienda una dieta con un máximo de 300 mg de
✗ Una yema de huevo contiene 274 mg. de colesterol.

Festivales

One of the most important Hispanic holidays is October 12, **el Día de la Raza.** On this date, Spanish-speaking people around the world celebrate the arrival of Spaniards in the Americas (that is, South, Central, and North America) and the beginning of a new American people.

People in San Antonio celebrate many other occasions that honor its Mexican-American community and its rich Mexican heritage. The following are major festivals that draw tourists from around the country.

marzo	**Paseo de marzo** honoring its Mexican-American veterans
abril	**Fiesta San Antonio:** nine days of parades, festivals, sporting events, band concerts, and art shows
mayo	**Cinco de mayo:** Mexico's defeat of French invasion
junio	**Fiesta Noche del Río:** Hispanic musical revue
julio	Hispanic State Fair: performing artists from Texas and Mexico
agosto	**Semana de las Misiones,** special events celebrating the history of the missions
septiembre	**La Feria del Río** and **Diez y seis de septiembre:** Mexican independence
diciembre	Christmas Mexican-style: **Las posadas,** a musical enactment of the story of Mary's and Joseph's search for shelter in Bethlehem, and **Fiesta de las Luminarias,** a festival of lights
enero	**Los Pastores,** a Christmas miracle play

Actividad

Tell what month you want to go to San Antonio and why.

Por ejemplo:

> Quiero ir en marzo porque quiero ver el Paseo de marzo.

Estructura 1

How to Report on the Routine Actions of Someone Else

Third person singular, -ar and -er verbs

You have learned how to say what you do, and to tell or ask a friend what he or she does.

> **A veces corro en la playa. Nado un poco también.**
> **Y después de nadar, ¿qué haces?**

1. To tell what someone else does or is doing, replace the -**ar** ending with -**a**. Replace the -**er** ending with -**e**. The endings -**a** and -**e** indicate "he," "she," or "it."

bailar	**Graciela baila bien.**
cantar	**También canta muy bien.**
hacer	**¿Qué hace Chris?**
comer	**Come con Graciela en la cafetería.**

2. The following verbs are formed differently.

ser	es	**David es simpático.**
ir	va	**¿Adónde va Mariví?**

3. Remember that the following verbs have changes in their stems.

pensar	piensa	**¿Qué piensa hacer hoy Graciela?**
querer	quiere	**Quiere ir al cine.**
jugar	juega	**Entonces, ¿no juega tenis?**

Actividades

A **Un día muy ocupado.** David has planned the following for tomorrow. Write down what he does at the following times: **por la mañana, por la tarde, por la noche.**

Por ejemplo:

> por la mañana
> *Por la mañana, primero nada. Luego... Después...*

Pienso nadar a las ocho de la mañana, desayunar a las nueve y media, estudiar a las diez, dar un paseo con Graciela a la una de la tarde, jugar baloncesto con los muchachos a las dos y media, y descansar a las cuatro. A las seis de la tarde voy a comprar discos para la fiesta. A las siete, quiero ir a casa a ver el partido de fútbol con Chris. Después del partido pienso comer algo y leer un poco.

B **Un sábado típico.** Tell a classmate what you do on a typical Saturday in the order you do each activity, using **primero, luego, después, entonces.** Your partner takes notes. Then you reverse roles. Each of you reports to the class.

Por ejemplo:

> **Primero como. Luego voy al parque. Después...**
> **(A la clase): Primero Ana come. Luego va al parque.**

C **¿Cómo es?** Interview a classmate. Use the following questions as a guide. Report your findings back to the class.

Por ejemplo:

> **¿Qué deportes practica?**

ESTUDIANTE A	ESTUDIANTE B
¿Qué deportes practicas?	**Juego tenis. También nado.**

(A la clase:) Tom practica tenis y también nada.

1. **¿Qué hace los fines de semana** (weekends)?
2. **¿Qué revistas lee?**
3. **¿Qué come esta noche?**
4. **¿Qué hace después de las clases hoy?**
5. **¿Qué programas ve en la tele?**

La cocina mexicana del suroeste

Mexican cooking is deeply rooted in the American Southwest, from Texas to Colorado, from New Mexico to California. Some of the most basic ingredients are corn, beans, a great variety of **chiles** (hot peppers), and tomatoes.

The **tortilla,** usually made from corn, is to Mexicans what bread is to other cultures. It is used in a great many ways. It can be eaten by itself, served warm and soft, or it can be filled with a variety of ingredients—including beef or chicken, avocado, beans, cheese, or vegetables—to form **tacos, enchiladas, burritos, tostadas,** or **quesadillas.**

Actividades

A Are there any Mexican restaurants in your area? Which of the dishes listed above do you like?

Por ejemplo:

>   **Me gusta comer enchiladas de pollo.**

B Which of the following ingredients would you use to make a taco?

queso	carne	pollo	papas
tomate	pescado	frijoles	lechuga
frutas	huevos	legumbres	mermelada

Estructura 2

How to Describe the Routine Actions of Others

Third person plural -ar, -er verbs

You have learned to report what activities another person does.

> **Después de las clases, Ana juega baloncesto, Emilio trabaja y la señora Ruiz lee.**

1. To report on what more than one person does or is doing, replace the -**ar** with -**an** and the -**er** with -**en**. The endings -**an** and -**en** indicate "they."

   > **¿Descansan José y Víctor?   No, corren con María.**

2. You have seen that the following verbs are formed differently.

ir	**van**
ser	**son**

3. Remember that the three stem-changing verbs you have used have special forms.

jugar	**juegan**
querer	**quieren**
pensar	**piensan**

4. The same endings used to describe other people's actions are used to talk to people (**ustedes**) about their activities. Since the endings -**an** and -**en** can refer to "they" as well as "you" (plural), it is sometimes necessary to use the word **ustedes** to avoid confusion.

Actividades

A **¿Qué hacen?** Describe what the people below are doing.

Por ejemplo:

> Comen.

1.

2.

3.

4.

5.

B **¿Qué hacen los compañeros?** Divide into groups of three or four and ask your classmates the questions below. After you have asked all of your questions, give a tally of the results.

Por ejemplo:

> Dos compañeros saben esquiar. Uno sabe andar en monopatín. Tres saben montar a caballo.

1. ¿Qué saben hacer?
2. ¿Qué deportes practican?
3. ¿Qué deportes miran (watch)?
4. ¿Qué leen?
5. ¿Qué programas ven en la tele?
6. ¿Adónde van después de las clases?
7. ¿Qué comen después de las clases?
8. ¿Qué hacen durante las vacaciones?

Finalmente

Situaciones

A conversar Your parent has asked you to fix dinner tonight because you've invited a classmate over. Offer choices to your classmate to find out what he or she likes to eat. Include items such as salad, soup, meat, fish, vegetables, dessert, and beverage. Decide on a meal that both you and your classmate will like.

A escribir Write a note to a new student in class about the food in your school cafeteria.

1. Tell what you usually eat and drink and whether you like those foods and beverages.
2. Then tell where the best places to eat are in your area according to the following categories: pizza, hamburgers and fries, chicken, tacos, desserts, etc. (**Por ejemplo: Cuando quieres comer pizza, necesitas ir a...**).

Repaso de vocabulario

PREGUNTAS

¿Por qué?
¿Por qué no...?
¿verdad?

LAS COMIDAS DEL DÍA

el almuerzo
la cena
el desayuno

LA COMIDA

el arroz
la carne

el cereal
la ensalada
los frijoles
la hamburguesa
el huevo
el jamón
la lechuga
la legumbre
la mantequilla
la mermelada
el pan
el pan tostado
las papas fritas

el pescado
el pollo
el queso
el sandwich
la sopa
el tomate

LAS BEBIDAS

el agua (f.)
el café
la gaseosa
el jugo
la leche

el refresco
el té

LOS POSTRES

la fruta
el helado
el pastel

ACTIVIDAD

preparar

Lección 6

sábado

domingo *comer en casa de Graciela,
a las siete en punto!*

¡Hasta el domingo!

¡A comenzar!

The following are some of the things you will be learning to do in
this lesson.

When you want to . . .	You use . . .
1. say what day of the week you'll see someone	• **Hasta el** + day.
2. say what customarily happens on certain days of the week	• **los** + day (plural)
3. agree to something	• **De acuerdo.**
4. say that you understand something	• **Entiendo.**
5. say what you and someone else have in common	• **-amos** on the end of **-ar** verbs; **-emos** on the end of **-er** verbs

Now find examples of the above words and phrases in the following
conversation.

GRACIELA: **Bueno, ¡hasta el domingo! Los domingos comemos a las siete.**

DAVID: **De acuerdo.**

GRACIELA: **Pero a las siete en punto, ¿eh?**

DAVID: **Sí, entiendo. Parece que aquí en los Estados Unidos todo es "en punto".**

GRACIELA: **Bueno, depende.**

DAVID: **Entonces, hasta el domingo... ¡a las siete en punto!**

Actividad preliminar

Invite a classmate to go to the movies this weekend. Complete the following dialogue, using the words below.

bien	cómo no	de acuerdo
el	el sábado	en punto

ESTUDIANTE A

(1) ¿Quieres ir al cine _____ sábado?

(3) No, es a las siete _____.

(5) _____. Entonces, hasta _____.

ESTUDIANTE B

(2) Sí, _____. La película es a las siete y media, ¿verdad?

(4) Muy _____. ¿Quieres comer algo después?

Vocabulario

Los días de la semana

OCTUBRE					el fin de semana	
lunes	martes	miércoles	jueves	viernes	sábado	domingo
		1	2	3	4	5
6	7	8	9	10	11	12

¡Hasta mañana!

¡Hasta el jueves!

¡Hasta el sábado!

¡Hasta el martes!

¡Hasta el fin de semana!

Mañana voy a. . .

ir a la iglesia

ir al supermercado

ir a la sinagoga

ir al banco

lavar el coche

jugar boliche

Actividades

A **El calendario.** Here is a week from Graciela's calendar. Tell what she has planned for each day of the week and what time of day she is doing each activity. The first one is done as an example.

Por ejemplo:

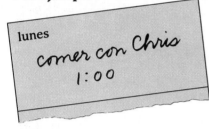

lunes
*El lunes por la tarde
come con Chris.*

B **El fin de semana.** Tell five things you are doing this weekend. Be sure to give the day and the time.

Por ejemplo:

> El sábado por la mañana corro. Voy a
> correr a las siete.

C **Una semana de vacaciones.** Think of your next vacation. Write down your plans for each day of your week.

Por ejemplo:

> el lunes
> *El lunes descanso.*

D **¡Hasta mañana!** Make plans with a classmate to get together this week. Agree on what you want to do and set a date.

Por ejemplo:

ESTUDIANTE A

(1) **¿Quieres ir al centro?**

(3) **De acuerdo. ¿Cuándo?**

(5) **Bueno. ¡Hasta el viernes!**

ESTUDIANTE B

(2) **No, gracias. No me gusta.
¿No quieres jugar boliche?**

(4) **¿El viernes por la tarde, a
las tres?**

(6) **¡Hasta el viernes!**

lunes
comer con Chris 1:00

martes
jugar boliche 7:00

miércoles
ver el partido 4:00

jueves
ir al banco 3:00

viernes
lavar el coche 4:30

sábado
*ir al
supermercado* 10:30

domingo
ir a la iglesia 9:30

Palabras e imágenes

Depending on our culture, we associate different things with different words. In the United States, for example, the word "time" is often associated with actions: "wasting time," "saving time," "spending your time wisely."

Every word in your language has images and feelings that you have attached to it because of your culture. But these associations will not necessarily be shared by people from other cultures. Even though you and someone from another culture may recognize each other's words, the ideas you gather from them may not be the same.

Actividad

Think for a moment and give a quick description (or make a quick sketch) of the following: *family, breakfast, bread, house.* Now compare your descriptions or drawings with David's. What differences do you notice?

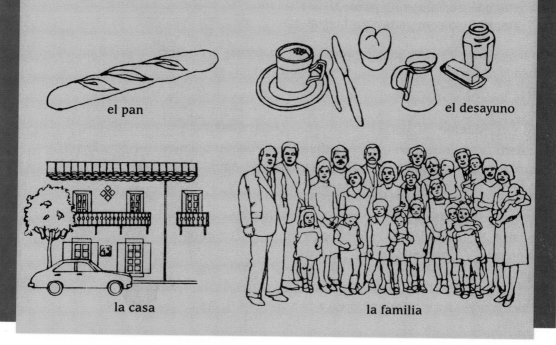

el pan

el desayuno

la casa

la familia

Estructura 1

How to Describe Routine Actions You Have in Common with Others	"Nosotros" forms of -ar and -er verbs

You have already learned to say what you and others ("we") are like, where you're from, and where you go.

> **Mis amigos y yo somos deportistas. Somos de San Antonio. Vamos al gimnasio esta noche.**

1. To describe other actions that you and others do, use the following endings.

-ar verbs	**-amos**
-er verbs	**-emos**

   > **Hablamos español con David. También vemos los partidos de fútbol cuando David juega.**

2. You also use the "we" form to suggest to someone that the two of you do something.

   > **¿Por qué no damos un paseo?**
   > **¿Por qué no comemos algo luego?**

3. In the following stem-changing verbs, note that there is *no* stem change in the form that expresses what you and others ("we") do.

querer		**entender**	
quiero	queremos	entiendo	entendemos
quieres	queréis*	entiendes	entendéis*
quiere	quieren	entiende	entienden

pensar		**jugar**	
pienso	pensamos	juego	jugamos
piensas	pensáis*	juegas	jugáis*
piensa	piensan	juega	juegan

*This form is rarely used in the Spanish-speaking world, except for Spain.

Actividades

A **En común.** Think of what you and a good friend have in common. Complete the following sentences.

1. Nunca queremos...
2. Mañana pensamos...
3. Los fines de semana jugamos...
4. Somos...
5. A veces vamos...

B **¿Cómo son los norteamericanos?** Answer David's questions about life in the U.S.

1. ¿Cuándo llegan ustedes a la escuela?
2. ¿A qué hora comen ustedes aquí?
3. ¿Qué deportes practican?
4. ¿Qué clases necesitan tomar?
5. ¿Qué hacen después de las clases?
6. ¿Adónde van los fines de semana?
7. ¿Siempre entienden las lecciones?

C **Estudiante de intercambio.** You are a student living in a foreign country. A classmate acts as your host and asks you the following questions about what you and your friends do back home.

1. ¿A qué hora van a la escuela?
2. ¿Qué estudian?
3. ¿Juegan fútbol americano?
4. ¿Qué comen en la escuela?
5. ¿Qué tareas no entienden bien?
6. ¿Adónde van los fines de semana?

D **Mis compañeros y yo.** The Spanish students in your school are comparing themselves with the French students. Form groups of three or four. Ask your classmates the following questions, then report back to the class.

Por ejemplo:

¿Qué hacen después de las clases hoy?

(A la clase:) Mark y yo vamos al banco. Bill quiere lavar el coche.

1. ¿Qué deportes juegan?
2. ¿Qué tareas no entienden bien?
3. ¿Qué piensan hacer el fin de semana?
4. ¿Adónde quieren ir durante las vacaciones?
5. ¿A qué hora hacen las tareas por la noche?

¡Por fin el domingo!

In Spanish-speaking countries, Sunday is a special day. In addition to being market day during the morning hours, Sunday is a day to be spent outdoors. It is also a family day. Families, including infants, children, grandparents, aunts, and uncles, go to parks and plazas to enjoy the sunshine and fresh air as well as each other's company. Others visit friends or relatives. Many people enjoy picnics in the country, while others prefer to go to a movie and then to a restaurant for supper.

Actividades

A Tell what you generally do on Sunday by completing the following sentences.

> **Los domingos mi familia y yo _____. Mis amigos y yo _____.**

B Rate the days of the week from your most favorite (1) to your least favorite (7). Tell what you do on each day.

Por ejemplo:

> **(1) El sábado. Juego boliche con los amigos.**

Estructura 2

· ·

How to Say or Ask When Something Takes Place   ## Los días de la semana

1. When you want to ask when something takes place, you say **¿Cuándo es...?**

     ¿Cuándo es el partido de béisbol?

2. To express plans in terms of days of the week, use **el** + day.

     El martes necesito ir al supermercado.
     El sábado vamos al cine.

3. To express routines in terms of days of the week, use **los** + day.

     Los lunes la clase de inglés es a las nueve y media.
     Los domingos por la mañana vamos a la iglesia.

Notice that you must add **-s** to **sábado** and **domingo** to say that something takes place every Saturday or Sunday.

     Los sábados y los domingos siempre vamos al parque.

4. To say that you do something every day, say **todos los días.**

     Todos los días Enrique y yo corremos en el parque.

5. To say what you do on weekends, say **los fines de semana.**

     Los fines de semana descanso y veo la tele.

Actividades

A **Esta semana.** Tell what you plan, want, or need to do on four days next week.

Por ejemplo:

     El miércoles por la noche pienso ir al cine.

OCTUBRE						
lunes	martes	miércoles	jueves	viernes	sábado	domingo
		1	2 clase de computadoras 6:00	3	4 nadar 9:00	5
6 club de arte 3:00	7 clase de guitarra 4:00	8	9 clase de computadoras 6:00	10	11 nadar 9:00	12 Día de la Raza Graciela 7:00 en punto
13 club de arte 3:00	14 clase de guitarra 4:00	15	16 clase de computadoras 6:00	17	18 nadar 9:00	19
20 club de arte 3:00	21 clase de guitarra 4:00	22	23 clase de computadoras 6:00	24	25 nadar 9:00	26
27	28 clase de guitarra 4:00	29	30	31		

B **¿Adónde va David?** Tell what David does on certain days of the week based on his calendar. Tell what time he does each activity.

Por ejemplo:

> Va a la clase de guitarra los martes. La clase es a las cuatro.

C **Todos los días.** List what you typically do each day of the week.

D **Lugares favoritos.** What special places do you like to go? Say when and where you go and what you do.

Por ejemplo:

> Los sábados
> *Los sábados voy a la playa porque me gusta nadar. También doy un paseo con mis amigos y después jugamos boliche.*

Finalmente

Situaciones

A conversar Use the following cues to converse with a partner.

1. Invite him or her to go somewhere and do something on Saturday night.
2. Your partner will politely refuse your invitation, saying all the things he or she is doing on that night.
3. Insist by describing how great your plan is **(Por ejemplo: ¡Pero la película es fantástica!).**
4. Your partner suggests another time and another place. Agree and give the time to meet.
5. Your partner accepts and confirms the time and day.

A escribir Write a note to your Spanish-speaking pen pal. Describe what you and your friends or classmates ("we") do on the various days of the week, including school days and weekends. Be sure to tell whether you do the activities in the morning, afternoon, or evening. Then ask what your pen pal does with friends at various times.

Repaso de vocabulario

LOS DÍAS DE LA SEMANA
el lunes
el martes
el miércoles
el jueves
el viernes
el sábado
el domingo

OTRAS PALABRAS Y EXPRESIONES
entender (ie)
de acuerdo
el fin de semana
hasta
todos los días

ACTIVIDADES
jugar boliche
lavar

LUGARES
el banco
la iglesia
la sinagoga
el supermercado

Lectura

You will be able to figure out many of the words in the following reading from the context in which they appear or because they look like English words that have similar meanings. First, look over the article below, then do the activities on the following page.

¡Llena tu cabeza de rock!

Los jóvenes de todo el mundo, que pueden tener un "Walkman" con audífonos y todo, tienden cada vez más a escuchar su música favorita, que por lo general es rock o pop, a todo volumen, cuando van por la calle, mientras estudian, durante un partido de fútbol, en fin, a toda hora.

Algunos se alarman; piensan que eso puede afectar el sistema auditivo. Pero los expertos dicen que esto no es cierto, que usted puede escuchar su música favorita, al máximo que le dé su equipo, con audífonos o no, y en todo caso el efecto es menor que el experimentado por trabajadores de una fábrica estridente.

Actividades

A Find all the words you know or think you can recognize. Write them down in the order in which they appear.

B Find the lines that tell you:

1. when people listen to their favorite music
2. whether listening at a high volume, with or without earphones, can damage your hearing
3. which is worse, loud music or noise in a factory

C Chris Pearson goes everywhere with his Walkman. According to the following article, will this affect his hearing? Read the words you think answer this question.

D Find the Spanish words for:

1. factory workers
2. earphones
3. hearing

E The words **cuando, mientras, durante, a toda hora** relate to:

1. place
2. time
3. people

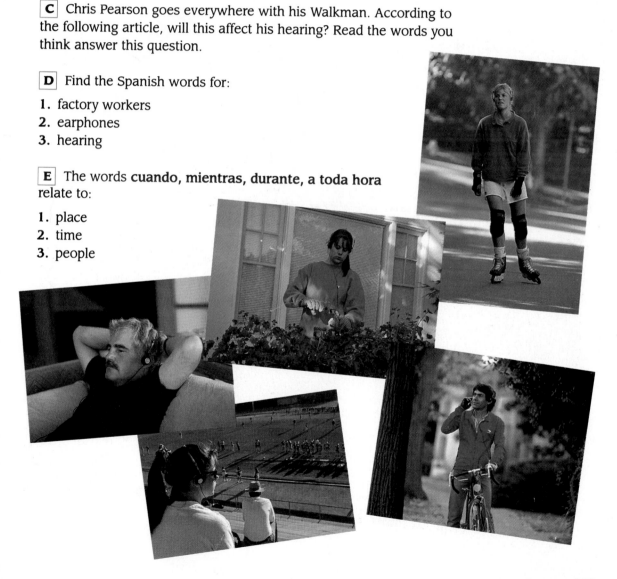

Capítulo 2   Repaso

¿Recuerdas?

Do you remember how to do the following things, which you learned in **Capítulo 2**?

LECCIONES 1–3

1. thank someone for something (p. 76)
2. say "You're welcome" (p. 76)
3. ask where people are from (p. 76)
4. identify and describe people and things in terms of occupations, appearance, and characteristics (pp. 78–79, 83, 87)
5. ask what people or things are like (pp. 83, 87)
6. ask who someone is (p. 90)
7. say what you are planning to do and ask what a friend is planning to do (p. 99)
8. put events in sequence (p. 102)
9. ask and say where people are going (p. 108)
10. ask and say what people are going to do (pp. 108, 109)
11. excuse yourself (p. 112)
12. tell what belongs to others (p. 113)

LECCIONES 4–6

1. say that it doesn't matter (p. 116)
2. get a friend's attention (p. 116)
3. describe your routine actions (p. 122)
4. inquire about a friend's routine actions (p. 125)
5. ask whether what you've said is correct (p. 128)
6. ask why (p. 128)
7. tell what you want to eat or drink (pp. 130, 131)
8. describe or ask about the routine actions of others (pp. 134, 137)
9. indicate that you understand something (p. 140)
10. agree to something (p. 140)
11. tell what day of the week something happens (p. 142)

12. suggest that you and a friend do something (p. 146)
13. tell about routine actions you and others share (p. 146)
14. express routines in terms of days of the week (p. 149)

Actividades

A **Los domingos.** Think of as many words as you can to talk about what you do on Sundays, according to the following categories.

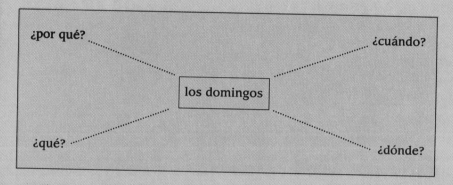

¿por qué?   ¿cuándo?

los domingos

¿qué?   ¿dónde?

B **¿Somos compatibles?** Use the following questions to interview a classmate. Write down your classmate's answers.

1. ¿Te gustan las ciudades grandes o pequeñas?
2. ¿Quieres ser famoso(a) / popular / importante?
3. ¿Es importante ser aplicado(a) / generoso(a) / simpático(a)?
4. ¿Te gusta ir a los partidos / las fiestas / los museos / los restaurantes elegantes / la playa?
5. ¿Te gusta bailar / cantar / cocinar / comer / estudiar?
6. ¿Sabes esquiar / usar computadoras / montar a caballo?
7. ¿Qué clases te gustan más?

D **El estudiante nuevo.** You must introduce a new student to your Spanish class. Choose a classmate who will pretend to be the new student.

1. Prepare five questions to ask the student to get the following information: name, where he or she is from, interests, talents, and routine activities.
2. Use these questions to interview the student, taking notes as you do.
3. Using your notes, introduce the student to the class. The class may ask more questions if they wish.

E **Quiero ir a Costa Rica.** You are to be interviewed for a scholarship to spend six months with a Costa Rican family. Use the following questions as a guide to prepare an outline of things you want to say during the interview.

1. ¿Qué estudias en la escuela?
2. ¿Qué te gusta hacer? ¿Qué no te gusta hacer?
3. ¿Qué idiomas sabes?
4. ¿Qué sabes hacer?
5. ¿De qué clubes eres miembro?
6. ¿Qué clases te gustan más en la escuela? ¿Por qué?
7. ¿Qué haces después de las clases y los fines de semana?
8. ¿Por qué quieres ir a Costa Rica? ¿Qué piensas hacer allí?

F **Invitaciones.** A classmate insists on inviting you out, but you don't feel like going and explain why. Your classmate keeps on insisting and suggests four more activities or places. Offer an excuse for each.

Por ejemplo:

ESTUDIANTE A	ESTUDIANTE B
¿Quieres ir al cine?	No, gracias. Necesito hacer algo importante. (No me gusta el cine).

G **Inventario de palabras.** List five words or phrases for each category below.

1. palabras fáciles
2. palabras difíciles
3. palabras útiles (useful)
4. palabras elegantes
5. palabras horribles

H **No sé por qué somos amigos.** Make a list of what you and your best friend have in common—personal characteristics, classes, interests, sports, abilities. Then list the differences. Put your lists into sentences to describe your friendship.

Por ejemplo:

> Roberto y yo somos amigos. Roberto estudia francés, pero yo estudio español...

I **Queridísima mamá.** David wrote this letter to his mother in San José, Costa Rica. However, the letter was smudged in the rain. What words would you use to complete the letter?

San Antonio, 5 de octubre

Queridísima mamá:

Me gusta mucho San Antonio. La escuela es ▪▪▪ y mis amigos son ▪▪▪. Estudio ▪▪▪, ▪▪▪, ▪▪▪, ▪▪▪ y ▪▪▪, pero me gusta más la clase de ▪▪▪. Los ▪▪▪ por la tarde tomo clases de ▪▪▪ —ya sabes cuánto me gusta dibujar. Las clases no son ▪▪▪, pero tampoco son ▪▪▪.

Chris Pearson ▪▪▪ mi amigo; ▪▪▪ español muy bien, perfectamente. Chris y yo ▪▪▪ fútbol y baloncesto ▪▪▪ domingos. El sábado pienso ▪▪▪, ▪▪▪, ▪▪▪, ▪▪▪ y ▪▪▪. Pero también estudio mucho y ▪▪▪ buenas notas.

Me gusta una muchacha—se llama Graciela. Ella es ▪▪▪, ▪▪▪, ▪▪▪ y ▪▪▪. Graciela y yo siempre ▪▪▪ por teléfono ▪▪▪ viernes. Yo ▪▪▪ en inglés y Graciela ▪▪▪ en español.

¿Estás bien, mamá? ¿Y papá? ¿Y Maricarmen?
Abrazos para todos,
David

CAPÍTULO 3

¡Vamos a España!

Lección 1

El Palacio Real

Una carta de Madrid

¡A comenzar!

The following are some of the things you will be learning to do in this lesson.

When you want to . . .

1. say where you live
2. give a friend advice
3. give a street name
4. give a phone number
5. ask a friend if he or she remembers something

You use . . .

- **Vivo en** + place.
- **Debes** + activity.
- **la calle...**
- **El número de teléfono es...**
- **¿Recuerdas...?**

Now find examples of the above words and phrases in the following note.

Kim Robbins
279 La Brea Ave.
Los Angeles, CA
91306
USA

IBERIA

CALLE DE GOYA

En el centro de Madrid

Kim Robbins, from Los Angeles, is in Madrid with a group of her classmates. She plans to visit Pilar Mestre, a former exchange student in her high school. Kim is reading a letter from Pilar.

...Y debes saber la dirección. Vivo en el barrio Salamanca, en la calle Goya:

> Srta. Pilar Mestre Fernández
> C/Goya, 85 1° B, izqda.
> 28010 Madrid
> España

Un fuerte abrazo de

Pilar

P.D. Debes llamar primero por teléfono. Recuerdas el número, ¿verdad? Es 276-45-83.

Actividades preliminares

A Tell where you live, first the town and state, and then the street.

Por ejemplo:

> Vivo en _____, en la calle _____.

B Give your telephone number in Spanish.

Por ejemplo:

> Mi número de teléfono es _____.

Vocabulario

Si voy a España, ¿qué debo hacer?

Antes de viajar, debes...

aprender el idioma
understand a language

ahorrar dinero
save money

hacer las maletas
pack clothes

recordar la cámara
Bring camera

llevar ropa cómoda
Pack comfortable clothes

comprar los
cheques de viajero
Buy travel checks

saber algo del país
Know something about a country

escribir cartas a los amigos
Write friends

recibir el pasaporte
Recieve pasport

No debes olvidar
el diccionario.
Don't need a dictionary

Después de llegar, debes...

cambiar dinero
exchange money

llamar a los amigos
call friends

estudiar el mapa
study map

comprar regalos
Buy gifts

dormir
sleep

vivir en casa de una familia española

salir por la noche
hotel at night

Actividades

A | **El viaje.** You're going to spend two weeks with a cousin in Chicago. Tell whether or not you should do the following.

Por ejemplo:

> saber el número de teléfono
> *Debo saber el número de teléfono.*
> llevar el pasaporte
> *No debo llevar el pasaporte.*

1. saber algo de la ciudad
2. cambiar dinero
3. sacar fotos
4. salir por la noche con la familia
5. comprar regalos
6. escribir cartas a los amigos
7. comprar cheques de viajero
8. ahorrar dinero
9. llevar ropa cómoda
10. comprar un mapa
11. hacer las maletas
12. aprender el idioma

B **Consejos.** Tell Kim what she should do in each of the following cases in the left-hand column. Choose your answers from the column on the right.

Por ejemplo:

> viajar a España / recibir el pasaporte
> *Si quieres viajar a España, debes recibir el pasaporte.*

1. comprar ropa
2. saber algo del país
3. saber el idioma
4. sacar fotos
5. cambiar dinero
6. escribir a Pilar
7. llamar a los amigos

a. estudiar
b. ir al banco
c. saber la dirección
d. ir a las tiendas
e. llevar la cámara
f. leer libros y estudiar el mapa
g. saber el número de teléfono

C **En Madrid.** The following are some things Kim wants to do during her visit to Madrid. Use the photos to suggest where she might go. Play the roles with a classmate.

Por ejemplo:

> comer algo bueno

El Restaurante El Cuchi

ESTUDIANTE A

Quiero comer algo bueno.

ESTUDIANTE B

Si quieres comer algo bueno, debes ir al restaurante El Cuchi.

1. visitar un museo importante
2. comprar regalos
3. ver una película en español

4. dar un paseo con los amigos
5. ver un partido de fútbol
6. tomar un refresco

El Parque del Retiro

El almacén El Corte Inglés

El Estadio Bernabéu

El Museo del Prado

El Cine Gran Vía

La Cafetería Manila

D **¡Buen viaje!** Before Kim left for Spain, Tony, a Spanish-speaking classmate, called her to wish her a good trip. Match Kim's replies to the questions he asked.

Tony

1. ¿Cuándo sales para Madrid?
2. ¿Y cuándo llegas?
3. ¿Es la primera vez que visitas España?
4. ¿Sabes algo de Madrid?
5. ¡Qué bueno que sabes el idioma!
6. ¿Recibes muchas cartas de Pilar?
7. ¿Y dónde vive Pilar?

Kim

a. No muchas. Pilar no escribe mucho.
b. En la calle Goya.
c. Pues sí, un poco, lo que leo en los libros, pero Madrid es una ciudad muy grande.
d. Sí. Es la primera vez que salgo de los Estados Unidos.
e. Sí, pero pienso practicar mucho. Quiero aprender más.
f. El domingo. Salgo a las siete de la tarde.
g. Llego a las once de la mañana.

¡España me encanta!

Spain is an ancient country of great beauty and variety with many monuments to mark its long history. Tourists marvel at its Roman ruins, its Moorish palaces, its medieval castles.

Spain has provided some of the world's greatest artists—El Greco, Velázquez, Goya, and Picasso. No tourist should leave Spain without spending at least one day in Madrid at the Museo del Prado to see some of the best works of these artists as well as artists from many other European countries.

El Alcázar, Segovia

La Alhambra, Granada

Vista de Toledo, de El Greco

Actividad

You are going to Spain. Tell whether or not you want to do the following activities while you are there.

1. esquiar
2. comprar regalos
3. ir a la playa
4. visitar el Museo del Prado
5. comer comida española
6. ver un partido de fútbol
7. hablar español
8. hacer nuevos amigos

Estructura 1

How to Describe Routines · · · · · Verbs ending in -ir

- To describe people's actions, you have used different forms of **-ar** and **-er** verbs.

> **Pablo, ¿estudias inglés?**
> **Elena, ¿quieres ir al cine?**
> **Pilar y Roberto no piensan hacer nada hoy.**
> **En mi casa comemos a las siete y media.**

1. There is a third category of verbs, which end in **-ir**. You have already used five of them.

> **escribir**
> **recibir**
> **salir**
> **vivir**
> **dormir (ue)**

To describe people's actions with these verbs, you use the same endings as for **-er** verbs.

> **¿Escriben ustedes muchas cartas?**
> **Miguel no escribe mucho pero yo escribo cartas a los amigos que viven en España. Recibo muchas también.**

2. The exception is the "we" form. It ends in **-imos.**

vivir	**Vivimos en la calle Montero.**
salir	**Los viernes salimos por la noche.**
escribir	**No escribimos composiciones en la clase de álgebra.**

3. **Salir** is an **-ir** verb you will use often. It has one special form: when you want to say "I go out," say **salgo.**

> **Salgo con mis compañeros los sábados por la noche.**
> **Siempre salimos a las ocho.**

¿Te gusta salir por la noche?

Actividades

A **¿Dónde viven?** Tell where the following people live.

Por ejemplo:

> el presidente de los Estados Unidos
> *Vive en Washington.*

1. Pilar Mestre (la amiga de Kim)
2. David Vargas y Chris Pearson
3. tú y los compañeros
4. el /la maestro(a) de español

B **¿Te gusta salir?** Interview a classmate, asking the following questions. Write down your classmate's responses and report back to the class.

1. En general, ¿cuándo sales por la noche? ¿Con quién sales?
2. ¿A qué hora salen Uds.?
3. ¿Adónde van?
4. ¿Qué hacen?
5. Si sales el viernes por la noche, ¿hasta (until) qué hora duermes el sábado?

C **Todos los días.** Think of as many activities as possible that you and your classmates do in terms of the following categories.

Por ejemplo:

> en casa
> *En casa dormimos, hablamos por teléfono, vemos la tele, comemos, hacemos la tarea...*

1. después de las clases
2. en las clases
3. los fines de semana
4. en las vacaciones
5. por la noche
6. antes de los exámenes

En la Plaza de España.
¿Qué hacen los muchachos?

Madrid

Madrid is Spain's capital and largest city. It is a metropolis of over four million people. People from Madrid (called **madrileños**) enjoy being outdoors year round, taking walks, window-shopping, or meeting in the many **plazas** throughout the city. **Plazas** are found at the intersection of several streets. Here **madrileños** can gather at outdoor **cafés,** buy newspapers and magazines at **quioscos** (stands), or sit and talk on park benches.

¿Qué quieres comprar?

¿Qué piensan comprar?

La Plaza Mayor

Actividad

Give the names of the plazas shown on the map.

Estructura 2

How to Talk about What People Generally Do

How to Compare and Contrast, and to Emphasize and Clarify

Summary of -ar, -er, and -ir verbs

Subject pronouns

1. The verb endings you have been using express what people generally do or are currently doing. By changing the endings, you indicate the subject of the verb (the person doing the action). The following are the endings for regular **-ar**, **-er**, and **-ir** verbs.

hablar			comer	
SINGULAR	PLURAL		SINGULAR	PLURAL
hablo	hablamos		como	comemos
hablas	habláis*		comes	coméis*
habla	hablan		come	comen

escribir	
SINGULAR	PLURAL
escribo	escribimos
escribes	escribís*
escribe	escriben

*This form is rarely used in the Spanish-speaking world, except for Spain.

2. Sometimes you will want to make a comparison between what you and someone else want to do. In English, we make these comparisons by stressing such words as "I" and "he."

   I am going to watch this, but *she* wants to watch that.

In Spanish you make this kind of emphasis by adding words such as **yo** (I) and **tú** (you). These words are called pronouns.

Yo voy a ver la tele pero ella va a escuchar música.

I'm going to watch TV, but *she's* going to listen to music.

3. The following are the people you can talk about.

SINGULAR		PLURAL	
yo	I	**nosotros(as)**	we
tú	you	**vosotros(as)***	you
usted	you	**ustedes**	you
él	he	**ellos**	they
ella	she	**ellas**	they

*This form is rarely used in the Spanish-speaking world, except for Spain.

4. As you have seen before, you can also use these words when it would otherwise not be clear whom you were talking about.

> **Mi papá y mi mamá quieren ver un programa de deportes en la tele pero él prefiere el fútbol y ella prefiere el baloncesto.**

5. These pronouns can also stand alone.

¿Quién toca la guitarra?	**Yo.**
¿Quién va al partido?	**Ella.**

Since the words "I, you, he, she" and so on are already indicated by the verb ending in Spanish, use these pronouns only when you want to emphasize or clarify.

Actividades

¿Qué revistas lees?

A **¡Qué va!** Bruno says that he no longer **(ya no)** does certain things. How would his girlfriend Alicia contradict him? Play the roles with a classmate.

Por ejemplo:

> comer mucho

ESTUDIANTE A
Ya no como mucho.

ESTUDIANTE B
¡Qué va! Siempre comes mucho.

1. leer revistas
2. ver programas tontos
3. salir con amigos tacaños
4. llamar a los amigos a las once de la noche
5. tomar Coca-Cola de desayuno
6. dormir en la clase de historia

B ¿Cómo son los norteamericanos? Some students from Spain want to know what a typical school day is like in the United States. Answer their questions.

Por ejemplo:

> ¿A qué hora salen Uds. de casa?
> *Salimos a las siete y media.*

1. ¿A qué hora llegan a la escuela?
2. ¿Qué estudian?
3. ¿Dónde comen?
4. ¿A qué hora salen de la escuela?
5. ¿Qué hacen después de las clases?
6. ¿Qué ven en la tele?
7. ¿Necesitan estudiar todas las noches?
8. Cuando salen por la noche, ¿adónde van? ¿Qué comen?
9. Por la noche, ¿llaman a los amigos?
10. ¿Trabajan? ¿Ahorran dinero?

C Somos diferentes. Write down six statements comparing what you and your best friend do.

Por ejemplo:

> Yo estudio mucho, pero él (ella) nunca estudia.

D Encuesta. Working in groups of three, answer the following questions. Appoint a reporter to take notes. Respond with: **yo / él y yo / ella y yo / él / ella / ellos / ellas.** Your teacher will ask the reporter for the results of the survey.

Por ejemplo:

MAESTRO(A)	REPORTERO(A)
¿Quién va a trabajar después de las clases?	Yo (Ella y yo, ellos, etc.).

1. ¿Quién va a ver la tele esta noche?
2. ¿Quién piensa practicar deportes esta tarde?
3. ¿Quién va a estudiar español el año que viene (next year)?
4. ¿Quién va a leer un libro esta noche?
5. ¿Quién quiere visitar España?
6. ¿Quién va a hablar por teléfono hoy?

Finalmente

Situaciones

A conversar Converse with a classmate on the topic of travel.

1. Find out if your classmate likes to travel.
2. Ask where he or she wants to go on vacation.
3. Ask what he or she does to get ready for the trip **(antes de viajar).**
4. Ask what items he or she takes along.
5. Find out what your classmate likes to do there.
6. Reverse roles.

A escribir You are writing a travel article for the school newspaper.

1. Name a place that you think your classmates would enjoy visiting. **(Deben visitar...).**
2. Tell what they should do or see there.
3. List items that they should take with them.

Repaso de vocabulario

COSAS	PERSONAS	ACTIVIDADES	
la calle	él	ahorrar	viajar
la cámara	ella	cambiar	vivir
la carta	ellas	deber	
el cheque de viajero	ellos	dormir (ue)	**OTRAS PALABRAS Y EXPRESIONES**
el diccionario	la familia	hacer las maletas	antes de
la maleta	nosotros(as)	llamar	cómodo(a)
el mapa	tú	llevar	después de
el número de teléfono	ustedes	olvidar	si
el país	vosotros(as)*	recibir	
el pasaporte	yo	recordar (ue)	
la ropa		salir	

*This form is rarely used in the Spanish-speaking world, except for Spain.

Lección 2

¡Todos esperamos tu visita!

¡A comenzar!

The following are some of the things you will be learning to do in this lesson.

When you want to . . .	You use . . .
1. say where you are	• Estoy en + place.
2. ask a friend where he or she is	• ¿Dónde estás?
3. say where something is located	• Está en + place.
4. tell where you and someone else (we) are	• Estamos en + place.
5. refer to the floor of a building	• el + ordinal number + piso

Now find examples of the above words and phrases in the following conversation.

In Madrid Kim leaves her hotel and calls Pilar.

KIM: **A ver... ¿dónde está el número de teléfono de Pilar? Ah, claro. Está en la carta.** *(Marca el número).* **¡Hola, Pilar! ¡Ya estoy en Madrid!**

PILAR: **¡Kim! ¿Ya estás aquí? ¡Qué bueno! ¿Dónde estás?**

KIM: **Estoy en la calle Princesa.**

PILAR: **Ah, bueno. Entonces, debes tomar el Metro. Estamos en Colón, línea 4. Recuerdas mi dirección, ¿no?**

KIM: **Sí, la calle Goya, 85.**

PILAR: **Exacto. Estamos en el primer piso. ¡Todos esperamos tu visita!**

KIM: **Bueno, adiós, hasta pronto.**

Actividad preliminar

Tell where the following places are located.

Por ejemplo:
> tu escuela
> *Mi escuela está en la calle Balboa.*

1. tu casa
2. San Antonio
3. Madrid
4. el apartamento de Pilar
5. tu restaurante favorito

Vocabulario

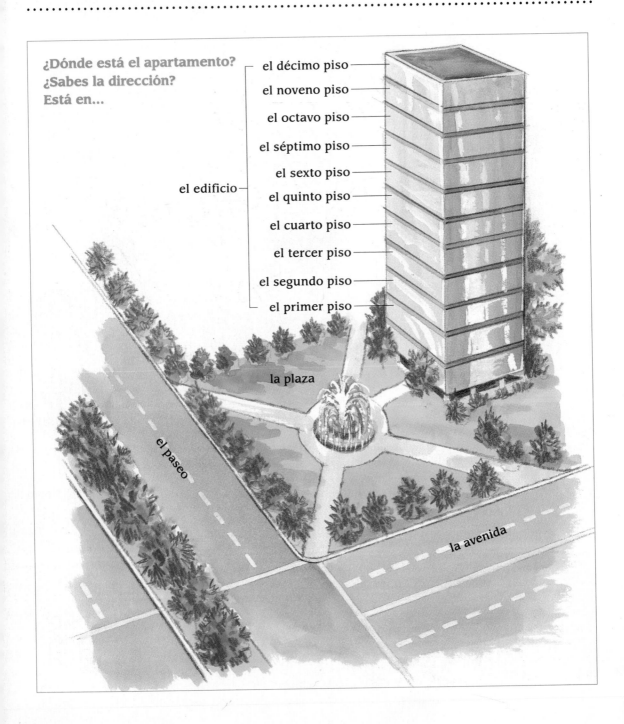

¿Dónde está el apartamento?
¿Sabes la dirección?
Está en...

el décimo piso
el noveno piso
el octavo piso
el séptimo piso
el sexto piso
el quinto piso
el cuarto piso
el tercer piso
el segundo piso
el primer piso

el edificio

la plaza

el paseo

la avenida

Actividades

A **¿Dónde están?**
Use the map of Madrid
to tell where each of the
following places is located.

Por ejemplo:

> **El Corte Inglés**
> *El Corte Inglés está
> en el Paseo de la
> Castellana.*

1. el Museo del Prado
2. la Biblioteca Nacional
3. la Estación de Atocha
4. el Estadio Bernabéu
5. el Palacio Real

B **El edificio.** The people
below have business to do in a
building in Madrid. You are the
building's receptionist. Direct the
people to their destinations. Play
the roles with a classmate.

Por ejemplo:

> Sra. Durán / el Hotel Sol

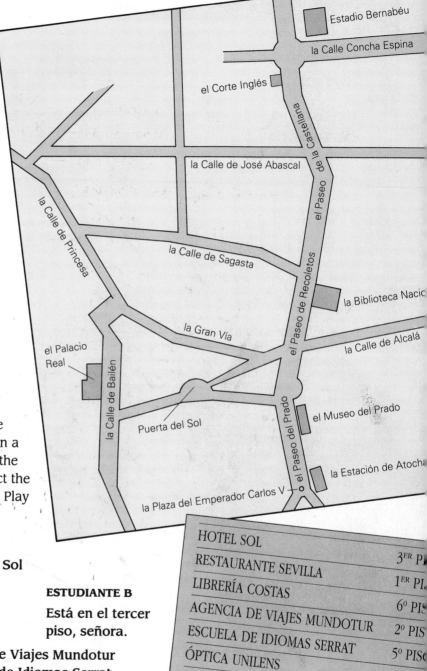

ESTUDIANTE A

¿Dónde está el Hotel Sol,
por favor?

ESTUDIANTE B

Está en el tercer
piso, señora.

1. Sr. López / la Agencia de Viajes Mundotur
2. Srta. Sabio / la Escuela de Idiomas Serrat
3. Srta. Zayas / la Óptica Unilens
4. Sr. Camacho / la Librería Costas
5. Srta. Larra / el Restaurante Sevilla

HOTEL SOL — 3ᴱᴿ PI
RESTAURANTE SEVILLA — 1ᴱᴿ PI
LIBRERÍA COSTAS — 6º PIS
AGENCIA DE VIAJES MUNDOTUR — 2º PIS
ESCUELA DE IDIOMAS SERRAT — 5º PISC
ÓPTICA UNILENS — 7º PISC

El Metro de Madrid

In addition to many buses and taxis, Madrid has an efficient and inexpensive subway system called **el Metro**. There are ten lines with connections to all parts of the city.

Actividad

Tell what line you and a friend should take to get to the following places.

Por ejemplo:

> **El hotel de Kim está en Ventura Rodríguez.**
> *Debemos tomar la línea 3.*

1. La casa de Pilar está en Colón.
2. La estación de trenes está en Chamartín.
3. El parque zoológico está en Batán.
4. El Estadio Bernabéu está en Concha Espina.
5. Muchos cines están en Callao.

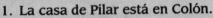

Estructura 1

. . . .

How to List Things in Order   **Ordinal numbers**

1. The words **primero, segundo, tercero,** etc. are called ordinal numbers because they tell the order of things. When you use them to describe a masculine **(el)** word, they end in **-o.** When you use them to describe a feminine **(la)** word, they end in **-a.**

   el segundo partido   **la tercera clase**

2. However, when you use **primero** or **tercero** before a masculine singular word, you drop the final **-o.**

   Mañana es el primer día de clases.
   La gaveta de Luis está en el tercer piso.

3. The following abbreviations are commonly used:
   a. when the ordinals end in **-o:**   **2° piso, 4° examen**
   b. when the ordinals end in **-a:**   **3ª clase, 5ª lección**
   c. when the ordinals end in **-er:**   **1ᵉʳ piso, 3ᵉʳ piso**

Actividades

A **Mis clases.** List your classes in order (first, second, etc.).

Por ejemplo:

   La primera clase es álgebra.

B **Está en...** Use the information below to say where the following people are.

Por ejemplo:

   la familia Mestre: 1ᵉʳ piso
   La familia Mestre está en el primer piso.

1. **Linda: 2° curso de inglés**
2. **Marisol: 8° grado**
3. **Javier: 3ª clase del día**
4. **José Luis: 4ª clase del día**
5. **Juana: 5ª avenida de Nueva York**
6. **Paco: 1ᵉʳ piso**
7. **la familia Morán: 3ᵉʳ piso**
8. **la familia Centeno: 10° piso**

C **En el hotel.** A student tour group is staying at a hotel in Madrid. You are looking for the following students. Your classmate will tell you what floor each person's room is on, according to the directory below.

Susana Acevedo	312
Héctor Ayala	420
Amalia Bell	521
Julia Malaret	605
Jorge Menéndez	710
Ángela Romero	802
Felipe Santos	120
Marisol Serrat	918
Andrés Velázquez	216

Por ejemplo:

ESTUDIANTE A

(1) Por favor, ¿en qué piso está la habitación de Susana Acevedo?

(3) Gracias.

ESTUDIANTE B

(2) Está en el tercer piso.

(4) De nada.

1. Felipe Santos
2. Marisol Serrat
3. Jorge Menéndez
4. Julia Malaret
5. Héctor Ayala
6. Ángela Romero
7. Andrés Velázquez

La Plaza de la Cibeles

Direcciones abreviadas

In Spanish as in English, many abbreviations are used for writing addresses. Below are some of the most common abbreviations.

Avda.	avenida
C (or) **C/**	calle
Pl. (or) **Pza.**	plaza
P°	paseo
No. (or) **Núm.**	número
Dcha.	derecha (right)
Izqda.	izquierda (left)

Actividad

Kim has the following names and addresses of people to contact in Madrid. Tell where each person's apartment is located.

Por ejemplo:

> Diego: C/ Princesa, 10 - 3° izqda.
> *El apartamento de Diego está en la calle Princesa, número diez, tercer piso, izquierda.*

1. Gonzalo: Avda. del Carmen, 15 - 4° dcha.
2. Carmen: P°. de las Acacias, 2 - 6° izqda.
3. Sofía: C/ de Velázquez, 13 - 8° dcha.

Estructura 2

How to Say Where People and Things Are Located
The verb estar

1. You have already practiced saying where someone or something is located by using **está**, as in **La casa de Pilar está en la calle Goya.** Here are the forms of the verb **estar.**

SINGULAR	PLURAL
estoy	estamos
estás	estáis*
está	están

*This form is rarely used in the Spanish-speaking world, except for Spain.

2. The word **en** usually follows the form of **estar** to indicate "at," "in," or "on."

> **Miguel está en casa.**
> **Pilar está en la clase de inglés.**
> **Mi apartamento está en la calle Segovia.**

3. If you want to ask where someone or something is located, use the word **¿dónde?**

> **¿Dónde estás?**
> **¿Dónde están los libros de Pilar?**

360 CAFETERIAS

Cafeterías **C** California S.A.

Oficinas:
Goya, 47, 1
Dirección ☎ 931 89 01
Contabilidad ☎ 269 41 83
541 44 94
28001 - MADRID

Establecimientos:
Salud, 21 ☎ 255 61 60
Gran Vía, 39 ☎ 352 35 72
Goya, 21 ☎ 443 12 27
Goya, 47 ☎ 535 27 17
Repostería, ☎ 345 69 79
Almacén:
Leganitos, 35 ☎ 724 90 60

CAFETERIAS A
Alcalá, 18
CAFETERIAS AS
Mayor, 1
CAFETERIAS CA
Leganitos, 35
CAFETERIAS CA
Goya, 47
Goya, 47
Goya, 47
Goya, 47
CAFETERIAS CAL
Salud, 21
CAFETERIAS ESP
Isaac Peral, 4
CAFETERIAS JOS
Serrano, 89
Serrano, 89
CAFETERIAS JOSE
Serrano, 91
CAFETERIAS JOSE
Serrano, 89

CAFETERIAS
Fuencarral, 126
Génova, 21
Goya, 5
Juan Bravo, 3
Gran Via, 41

CAFETERIA CHIMENO - Card. Cisneros, 76 447 2022
CAFETERIA EL MOLAR S. A.
Pseo Habana, 2
CAFETERIA FELGAR S. A. - Villa Marin, 47 262 3118
CAFETERIA FLEMING S. A. 730 0339
Dr. Fleming, 31
CAFETERIA GALOPE 3 458 2706
Infanta Mercedes, 97
CAFETERIA GANCEDO 279 3038

CAFETERIA ROSSINI
ESPECIALIDAD EN CROISSANTS
DULCES Y SALADOS
Añastro, 19
CAFETERIA SADA 202 1104

CAFETERIAS MANIL
CAFETERIAS NORTE
Arzobispo Morcillo, 3
CAFETERIAS PIAMO
Sta Engracia

Actividades

A Todo el día. Take notes while you ask where a classmate generally is at various times during the day. Report back to the class.

Por ejemplo:

> a las ocho de la mañana

ESTUDIANTE A

¿Dónde estás a las ocho de la mañana?

ESTUDIANTE B

A las ocho de la mañana estoy en la clase de historia.

(A la clase:) A las ocho de la mañana, Roberto está en la escuela, en la clase de historia.

1. a las siete de la mañana
2. a las nueve y media de la mañana
3. a las doce de la tarde
4. a la una y media de la tarde
5. a las tres y media de la tarde
6. a las seis de la tarde
7. a las nueve de la noche

B El horario. Kim needs to be at certain places at certain times. Tell where she is at the following times, according to her schedule.

Por ejemplo:

> A las nueve está en la clase de español.

9:00 la clase de español
10:30 el Museo del Prado con los compañeros de clase
1:00 la casa de Pilar
5:30 la cafetería California con Jorge
8:00 el cine Goya con Pilar
10:00 el hotel Gran Vía

C **¿Dónde están?** At various times during the day, Pilar's mother wonders where Pilar and Kim are. Respond according to the photos. Then guess what the two girls are probably doing in each place.

Por ejemplo:

> Están en el parque. Dan un paseo
> (Montan en bicicleta, etc.).

1.

2.

3.

4.

5.

D **Debemos tomar el Metro.** You and a classmate are in Madrid. Tell where the two of you are and where you want to go. Your classmate tells which **Metro** line to take to reach your destination. Use the map on page 178.

Por ejemplo:

> Moncloa / Bilbao

ESTUDIANTE A

Estamos en Moncloa y
queremos ir a Bilbao.

ESTUDIANTE B

Debemos tomar la línea 3.
Debemos cambiar a la línea 4
en Argüelles.

1. Atocha / la Gran Vía
2. Retiro / Quevedo
3. Lago / Ríos Rosas

4. Serrano / Ventas
5. Chamartín / Concha Espina

Finalmente

Situaciones

A conversar Converse with a classmate about a party.

1. Ask your partner if he or she wants to go to a party at a classmate's house.
2. Your partner asks what day the party is.
3. Respond and also tell what time the party is.
4. Your partner asks where your classmate's home is.
5. Give the full address and phone number.

A escribir The Chamber of Commerce has asked you to write a brochure about the points of interest in your area for Spanish-speaking visitors.

1. Write about the five most important places visitors to your area should see (**Primero deben..., segundo...**).
2. Then write where each of the above attractions is located.

Repaso de vocabulario

PREGUNTAS
¿Dónde está?
¿En qué piso está?

DIRECCIONES
el apartamento
la avenida
la dirección
el edificio
el paseo
el piso
la plaza

NÚMEROS ORDINALES
primero(a)
segundo(a)
tercero(a)
cuarto(a)
quinto(a)
sexto(a)
séptimo(a)
octavo(a)
noveno(a)
décimo(a)

ACTIVIDAD
tomar (to take)

EXPRESIÓN
estar en

Lección 3

¿Dónde está la calle Goya?

· ·

¡A comenzar!

The following are some of the things you will be learning to do in this lesson.

When you want to . . .	You use . . .
1. indicate something to the left / right	• a la izquierda / a la derecha
2. say what there is around you	• **Hay** + object(s).
3. point out someone or something in the distance	• **Allí está.**

Now find examples of the above words and phrases in the following conversation.

Kim gets off the **Metro** and asks a police officer for directions.

KIM: **Con permiso, señor. ¿Dónde está la calle Goya?**

POLICÍA: **Estamos en la calle Goya, señorita.**

KIM: **Ah, bueno. A ver, busco el número 85.**

POLICÍA: **¿El 85? Pues... mire, allí está. A la izquierda hay una plaza. ¿No ve usted?**

KIM: **¡Ah, sí! Muchas gracias, señor. Muy amable.**

POLICÍA: **De nada, señorita.**

Actividades preliminares

A Tell what things there are in your locker, using **hay**.

Por ejemplo:

> Hay libros.

B Tell who is seated to the left (**a la izquierda**) and to the right (**a la derecha**) of your desk.

Por ejemplo:

> Carmen está a la izquierda.

Vocabulario

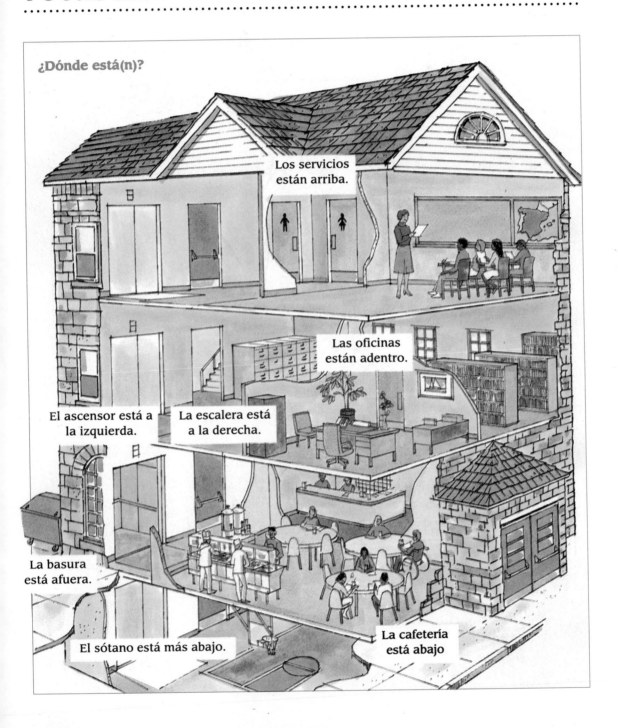

¿Dónde está(n)?

Los servicios están arriba.

Las oficinas están adentro.

El ascensor está a la izquierda.

La escalera está a la derecha.

La basura está afuera.

El sótano está más abajo.

La cafetería está abajo

Actividades

A **En el hotel.** Tell Kim where each of the following places in her hotel in Madrid is located.

Por ejemplo:

> el restaurante
> *El restaurante está arriba.*

1. la piscina
2. la recepción
3. la cafetería
4. el gimnasio
5. la basura
6. el ascensor
7. las tiendas

B **En mi escuela.** As you arrive at the main entrance of your school, a new student asks you where the following are. Play the roles with a classmate. If your school doesn't have any of the following, say **No hay** (for example, **No hay piscina**).

Por ejemplo:

la cafetería

ESTUDIANTE A

Por favor, ¿dónde está la cafetería?

ESTUDIANTE B

La cafetería está a la derecha (abajo, etc.).

1. las oficinas
2. la biblioteca
3. el gimnasio
4. el auditorio
5. la piscina
6. el servicio de muchachas
7. el servicio de muchachos
8. los autobuses

855 GIMNASIOS

EURONAUTILUS
GIMNASIO

MONITORES PROFESIONALES •
PROGRAMAS PERSONALES
DIETAS • SAUNAS • MASAJES
SALÓN COMPLETO DE APARATOS
NAUTILOS • PESA LIBRE
AERÓBICA • BICICLETAS
GIMNASIA DE MANTENIMIENTO •
DEFENSA PERSONAL
TAE-KWON-DO

☎ 279 11 91
INFORMACIÓN

C/ Infanta Mercedes, 58
28020 - **MADRID**

OFICINAS: ☎ 279 39 04
279 39 05

HORARIO: Abierto los siete días de la semana ininterrumpidamente de 9 a 23 horas de LUNES A VIERNES De 9 a 16 horas SÁBADOS Y DOMINGOS

¿Dónde viven y trabajan los españoles?

Most people in Spain live in and around cities, and the most common form of housing is the apartment. Apartments may be rented or owned, and range in size from one room to two or more whole floors. In smaller apartments, it is common for children to share bedrooms. Apartment addresses often contain the abbreviations **izqda.** and **dcha.,** which indicate that the apartment is either to the left or to the right of the elevator.

As in many large cities, business and office space is at a premium in Madrid. This is especially true in the center of the city, where many different businesses may be located in one building. For example, there may be a store on the street level, a restaurant on the next level, a small hotel on the next level, and offices on other levels.

Actividad

Describe where you live, choosing from the words below.

un apartamento	la ciudad
un condominio	las afueras (suburbs)
una casa	el campo

Por ejemplo:

Vivo en un apartamento, en la ciudad.

Estructura 1

How to Count from 20 to 100
How to Give Telephone Numbers

1. To count from 21 to 29, you add **y uno, y dos, y tres** and so forth to the word **veinte**.

20	veinte	24	veinte y cuatro	28	veinte y ocho
21	veinte y uno	25	veinte y cinco	29	veinte y nueve
22	veinte y dos	26	veinte y seis		
23	veinte y tres	27	veinte y siete		

When pronouncing the numbers 21 to 29, the **-e** on the end of **veinte** becomes silent, so that these numbers are pronounced **veintiuno, veintidós, veintitrés,** etc. In fact, they are often spelled this way.

2. Below are the words for 30, 40, 50, 60, 70, 80, 90, and 100.

30	treinta	70	setenta
40	cuarenta	80	ochenta
50	cincuenta	90	noventa
60	sesenta	100	cien

3. To count from 30 to 100, do the same as you did for **veinte**, adding **y** and the single-digit numbers.

33	treinta y tres	56	cincuenta y seis
44	cuarenta y cuatro	69	sesenta y nueve

4. In most Hispanic countries, people tend to give their phone numbers by reading them in pairs.

   26-22-14 = **veinte y seis / veinte y dos / catorce**

In large cities, where phone numbers have seven digits as in the United States, numbers are written and read as follows.

   441-48-13
   cuatro / cuarenta y uno / cuarenta y ocho / trece
   234-61-09
   dos / treinta y cuatro / sesenta y uno / cero nueve

5. To ask what a friend's phone number is, say **¿Cuál es tu número de teléfono?**

Actividades

A **¿A cuántos kilómetros?** In Spain, distance is measured in **kilómetros**, not miles. Tell how far the following cities are in **kilómetros**, according to the road signs.

Por ejemplo:

ZARAGOZA	56

Zaragoza está a cincuenta y seis kilómetros.

SEGOVIA	28		ARANJUEZ	85		ÁVILA	97
MADRID	84		EL ESCORIAL	31		TOLEDO	66

B **¿Sabes el número?** Below are some useful telephone numbers in Madrid. Give each number to a classmate, who then tells you what it is for.

Por ejemplo:

información: 003

ESTUDIANTE A
Cero, cero, tres.

ESTUDIANTE B
Es el número de información.

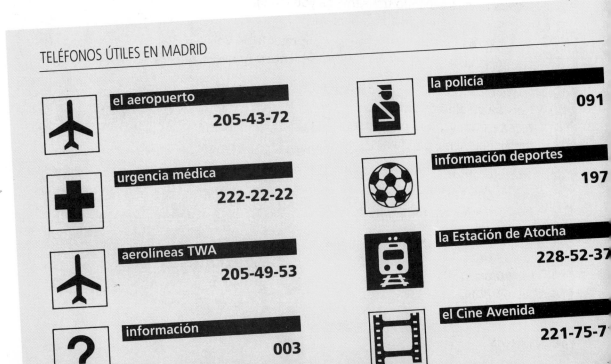

TELÉFONOS ÚTILES EN MADRID

el aeropuerto
205-43-72

urgencia médica
222-22-22

aerolíneas TWA
205-49-53

información
003

la policía
091

información deportes
197

la Estación de Atocha
228-52-37

el Cine Avenida
221-75-7

La peseta española

The **peseta** (abbreviated **pta.**) is the Spanish currency. The **peseta** exchange rate in relation to the dollar can vary. You may buy foreign currency in many U.S. banks, in international airports, and at banks in Spain that display the exchange sign below.

¿Dónde cambian dinero?

Actividad

How much change would you receive from a 100-peseta coin for the following purchases?

Por ejemplo:

60 ptas.
Recibo cuarenta pesetas.

1. 75 ptas.
2. 35 ptas.
3. 20 ptas.
4. 64 ptas.

Estructura 2

How to Say What There Is Around You

The verb hay

1. A very useful word in Spanish is **hay**, which means "there is" or "there are."

   ¿Que hay en la ciudad?   **Hay tiendas, oficinas, cines y calles grandes.**

2. Note that **hay** is used to talk about one or more than one thing.

   Hay un lápiz en la mochila. También hay dos bolígrafos.

3. To ask how many there are of something, use **¿cuántos?** (with masculine words) or **¿cuántas?** (with feminine words).

   ¿Cuántos muchachos hay en la clase?
   ¿Cuántas muchachas hay en la clase?
   ¿Cuántos maestros hay en la escuela?
   ¿Cuántas oficinas hay en el edificio?

Actividades

A **¿Qué hay en tu escuela?** Which of the following things does your school have?

Por ejemplo:

   ascensores
   Hay (No hay) ascensores en mi escuela.

1. piscina
2. gimnasio
3. escaleras
4. cafetería
5. oficinas
6. sótano
7. canchas de tenis
8. patios
9. laboratorios
10. auditorio

Hay muchos cafés en Madrid.

B **En mi ciudad.** Tell two things your city or neighborhood has that you like. Then tell two things that it doesn't have that you miss.

Por ejemplo:

> Hay tiendas y restaurantes pero no hay piscinas y no hay cines.

C **Problemas.** Solve the following word problems.

1. Si hay veinte muchachos en cada (each) clase de español y hay cinco clases, ¿cuántos muchachos estudian español en tu escuela?
2. Si hay doce personas y cada persona come dos hamburguesas, ¿cuántas hamburguesas comen?
3. Hay veinte personas en la fiesta. Seis van al cine. ¿Cuántas hay en la fiesta entonces?
4. Si hay cinco muchachas en un equipo (team) de baloncesto y hay cuatro equipos, ¿cuántas muchachas juegan?
5. Si hay quince casas y en cada casa hay seis habitaciones, ¿cuántas habitaciones hay?
6. Hay cincuenta estudiantes en el club de español y el club debe ganar 100 dólares. ¿Cuántos dólares debe ganar cada estudiante?

Finalmente

A conversar Play the role of a new student in your school and ask a classmate what there is in your area. Your classmate mentions two or three interesting places. Invite him or her to do something in one of the places this weekend. Set a date.

A escribir While you are visiting Madrid, you write a postcard to a friend.

1. Describe the city.
2. Tell what there is to do in Madrid, and tell two or three activities you plan to do tomorrow.
3. Add any additional information to describe your stay so far.

Repaso de vocabulario

NÚMEROS
treinta
cuarenta
cincuenta
sesenta
setenta
ochenta
noventa
cien

COSAS
el ascensor
la basura
la escalera
la oficina

el servicio
el sótano

PREGUNTAS
¿Cuál es tu número de teléfono?
¿Cuántos(as) hay?
¿Qué hay?

INDICACIONES
a la derecha
a la izquierda
abajo
adentro
afuera
allí
arriba

Lección 4

¿En qué piso estamos?

¡A comenzar!

The following are some of the things you will be learning to do in this lesson.

When you want to . . .	You use . . .
1. tell someone you speak to formally that he or she is mistaken	• Está equivocado(a).
2. say that you are sure that something is so	• Estoy seguro(a) que...
3. describe feelings and emotions	• Estoy + feeling.

Now find examples of the above words and phrases in the following conversation.

Kim arrives at Pilar's apartment building but can't seem to find Pilar's apartment. She sees the building's **portero** and asks him.

KIM: **Buenas tardes, señor. ¿Está Pilar Mestre?**

PORTERO: **No, señorita, aquí no.**

KIM: **Pero aquí está la dirección. Dice Goya, 85, primero B, izquierda. Estoy segura que el apartamento está aquí en el primer piso.**

PORTERO: **Pero señorita, usted está equivocada. La familia Mestre vive arriba.**

KIM: **Pues, no sé qué pasa.**

PORTERO: **Ni yo tampoco. Con permiso, señorita, estoy muy ocupado. El apartamento de los Mestre está en el primer piso.**

KIM: **Pero, ¿no estamos en el primer piso?**

PORTERO: **No, señorita, ¡estamos en la planta baja!**

Actividades preliminares

A Based on the conversation above, decide how the **portero** would respond to Kim's statements. Would he say **Sí, señorita,** or **Señorita, usted está equivocada?**

1. **La familia Mestre vive en la calle Goya, 85.**
2. **La familia Mestre vive en el primer piso.**
3. **Estamos en el primer piso.**
4. **Estamos en la planta baja.**

B What are you certain of? Make three different sentences, each one beginning with **Estoy seguro(a) que...**

Por ejemplo:

> **Estoy seguro(a) que mañana es sábado.**

Vocabulario

¿Cómo estás? Estoy...

Barcelona es la capital de España.

Mi número de teléfono es 535-9862.

seguro(a)

equivocado(a)

contento(a)

enojado(a)

triste

emocionado(a)

deprimido(a)

ocupado(a)

aburrido(a)

tranquilo(a)

nervioso(a)

preocupado(a)
worried

enfermo(a)

cansado(a)

enamorado(a)

Actividades

A **¿Cómo estás?** Tell how you feel in the following situations.

Por ejemplo:

> Hay examen de matemáticas mañana.
> *Estoy nervioso(a) y preocupado(a).*

1. Voy al partido de fútbol americano esta noche.
2. Estoy en la clase de biología.
3. Siempre saco una A en los exámenes de español.
4. Tengo muchas tareas esta noche y mis amigos van al cine.
5. Recibo un cheque de cincuenta dólares.
6. Corro y luego hago ejercicio. Después juego tenis y entonces nado.
7. Vivo en el octavo piso y el ascensor no funciona.
8. Estoy seguro(a) que Buenos Aires es la capital de México.
9. Tengo una temperatura de 100 grados.
10. Necesito leer cincuenta páginas para la clase de historia. También debo escribir una composición para la clase de inglés. También necesito limpiar mi habitación.

B **Lugares.** Make a list of places or circumstances where you never feel the following.

Por ejemplo:

> triste
> *Nunca estoy triste en las fiestas cuando estoy con amigos.*

1. aburrido(a)
2. preocupado(a)
3. contento(a)
4. nervioso(a)
5. equivocado(a)
6. tranquilo(a)
7. deprimido(a)

C **Entonces, ¿qué haces?** What do you do when you're in the following moods?

Por ejemplo:

> triste
> *Cuando estoy triste, hablo con mi amiga Laura.*

1. aburrido(a)
2. preocupado(a)
3. enfermo(a)
4. nervioso(a)
5. deprimido(a)
6. enojado(a)

La planta baja y la portería

In Spain and elsewhere in Europe, the floor directly above the ground floor is considered the first floor. The ground floor (called **la planta baja** in Spain and indicated in elevators as **PB)** is not usually residential. To find an apartment on the first floor, you must go up one level.

In Pilar's apartment building, Kim mistook the **planta baja** for the first floor and spoke to the **portero.** Many older buildings in Spain still have the traditional **portero,** who serves as custodian and door attendant and whose apartment opens onto the entrance of the building. From there, **el portero** or his wife **(la portera)** can watch who comes and goes, collect packages and mail, and take messages.

Actividad

What is on the **planta baja** according to this directory? What is on each floor of this building?

PB	Agencia de Viajes Pasaporte
1°	Restaurante Tierra-Mar
2°	Hostal González
3°	Academia de Idiomas Hemisferio
4°	Casa de Cambio López
5°	Papelería El Colegial

Estructura 1

··

How to Describe How You and Others Feel

Estar + *adjectives*

1. To describe moods and feelings, use **estar** with a descriptive word.

   Estoy enojado con Ana. Está ocupada y no quiere salir.

2. Remember that if the descriptive word ends in **-o**, change it to **-a** when describing females. When describing more than one person, add **-s**.

   Alicia está equivocada.
   Eva y Rosa están equivocadas.
   Raúl y Miguel están equivocados.

Remember that if you are describing two or more people—some male and some female—use the ending **-os**.

   Paco y Laura están enamorados.

Actividades

A **¿Cómo reaccionan?** Finish the following phrases, indicating how you and others feel in certain situations.

1. **Cuando no estudio para mi examen y saco una nota mala, mi maestro(a) está...**
2. **Si no regreso** (return home) **hasta la una de la noche, mi mamá y papá...**
3. **Si saco buenas notas en todas mis clases, mis maestros...**
4. **Si no llamo por teléfono a mis amigos, mis amigos...**
5. **El primer partido de baloncesto es hoy y voy al partido con mi papá. Mi papá y yo...**
6. **Tom Cruise visita la escuela hoy. Todas las muchachas...**
7. **Hay examen de historia hoy y María está muy bien preparada. Está...**

B **¿Cómo están?** Tell how Señorita West and her students are feeling today.

Por ejemplo:

Víctor
Víctor está contento.

2. la señorita West, Víctor

5. Carmen

9. Tony, Raquel

1. Romeo, Julieta

6. Juan, Ignacio

3. Anita

7. Dolores

8. Cristóbal

4. Yolanda, Enrique

C **Situaciones.** Indicate situations when you or others have the following feelings.

Por ejemplo:

Estoy aburrido(a) cuando veo la tele.

1. Mi maestro(a) está aburrido(a) cuando...
2. Mis amigos están nerviosos cuando...
3. Estoy deprimido(a) cuando...
4. Estoy triste cuando...
5. Estoy enojado(a) cuando...
6. Mi maestro(a) está contento(a) cuando...

Así hablan en España

Each region in the Spanish-speaking world has variations in pronunciation. For example, Mexicans sound a little different from Venezuelans, and Argentines sound different from Cubans.

In most areas of Spain, there is a difference in pronunciation that is unique. It is the way the letter **z** (or the letter **c** when it is followed by an **e** or an **i**) is pronounced. The sound is very much like the "th" sound in English.

Actividad

A Pronounce the words below with the pronunciation used in Spain.

la plaza
cinco
quince
la cena
los García
Graciela
el almuerzo
los Sánchez
Barcelona

Estructura 2

How to Talk to Someone Formally Usted / tú

1. In Spanish, remember that when talking to someone about him-self or herself, you have to decide which form of "you" to use, **tú** or **usted.** When you address people who (a) are older than you, (b) whom you do not know well, and (c) to whom you must show respect, use forms of the verb that correspond to **usted.** These are the same forms you use to indicate "he" or "she."

2. To express your needs politely, use **quisiera** (I would like).

   Perdón, señor, quisiera saber a qué hora sale el tren.

Actividades

A **La señora Ruiz y su hijo.** The guide for Kim's student group in Madrid has brought her teenage son with her. How does Kim ask both the guide and her son **(Miguel),** the following questions?

Por ejemplo:

> vivir en Madrid
> *Señora, ¿vive en Madrid? Miguel, ¿vives en Madrid?*

1. hablar inglés
2. jugar tenis
3. querer visitar los Estados Unidos
4. ir mucho al cine
5. salir esta noche
6. pensar comer con los estudiantes esta noche

B **Preguntas.** Write five questions you would like to ask your teacher about what he or she does every day. Your teacher will then ask you the same questions.

Por ejemplo:

ESTUDIANTE

Señora, quisiera saber qué deportes practica usted.

MAESTRO(A)

Juego tenis. Y tú, ¿qué deportes practicas?

Finalmente

Situaciones

A conversar Use the following cues to converse with a classmate.

1. A classmate calls you on the phone. He or she says hi and asks how you are.
2. Respond and ask how he or she is.
3. Your classmate responds and invites you to do something.
4. Accept the invitation but say that you have to do a chore first (wash the car, clean your room, etc.). Say how you feel about it.
5. Your classmate tells you to do the chore first and suggests a specific time to do the activity agreed upon.

A escribir Write an anonymous note to your Spanish teacher **(Estimado[a]...)** explaining why the class is being uncooperative today. Describe how several students are feeling and why. **(Carlos está nervioso porque..., Raquel está enojada porque...).**

Repaso de vocabulario

SENTIMIENTOS

estar +
    aburrido(a)
    cansado(a)
    contento(a)
    deprimido(a)
    emocionado(a)
    enamorado(a)
    enfermo(a)
    enojado(a)
    equivocado(a)

    nervioso(a)
    ocupado(a)
    preocupado(a)
    seguro(a)
    tranquilo(a)
    triste

OTRA PALABRA

quisiera

Lección 5

En casa de Pilar

¡A comenzar!

The following are some of the things you will be learning to do in this lesson.

When you want to . . .	You use . . .
1. say what you have	• Tengo...
2. ask a friend or relative what he or she has	• ¿Tienes...?
3. describe objects	• un / una / unos / unas

Now find examples of the above words and phrases in the following conversation.

Kim finally finds Pilar's apartment.

PILAR: **¡Kim! ¡Por fin llegas, guapa! ¡Oye, mamá, ya está aquí Kim!**

KIM: **¡Ay, Pilar! ¡Qué cansada estoy! Y ¡qué problema abajo!**

PILAR: **¿Abajo? ¿En la planta baja? Pero, ¿por qué? Abajo sólo vive el portero.**

KIM: **Sí, ya sé. ¡Qué lío!**

PILAR: **¿Y no tienes maletas?**

KIM: **Sí, tengo una maleta grande. Está abajo.**

PILAR: **Bueno, pasa, pasa. Mi hermano José Luis baja luego.**

Actividad preliminar

Ask a classmate if he or she has the following items.

Por ejemplo:

calculadora

ESTUDIANTE A

(1) **¿Tienes calculadora?**

(3) **Sí,... (No,...).**

ESTUDIANTE B

(2) **Sí, tengo calculadora. (No, no tengo calculadora). ¿Y tú?**

1. pasaporte
2. computadora
3. cámara
4. guitarra
5. dinero
6. monopatín
7. coche
8. estéreo

Vocabulario

¿Tienes...?

estéreo

radio

grabadora

la moto

televisor

Sí, y también tengo una colección de...

monedas

casetes

sellos

trofeos

vídeos

camisetas

recuerdos

carteles

zapatos

tarjetas postales

¿Cómo es?
Es...

moderno(a)

antiguo(a)

nuevo(a)

viejo(a)

bonito(a)

barato(a) $75

feo(a) $2,000   caro(a)

Actividades

A **¿Qué tienes?** Tell four things you have that are listed in the **Vocabulario**. Then tell four things you don't have.

Por ejemplo:

> Tengo grabadora...
> Pero no tengo moto...

B **Mis cosas.** Say whether or not you have the following items. A classmate will then guess what activities you like or don't like to do, based on your possessions.

Por ejemplo:

> estéreo

ESTUDIANTE A
Tengo estéreo.

ESTUDIANTE B
Entonces, te gusta escuchar música, ¿verdad?

1. cámara
2. televisor
3. una colección de recuerdos
4. una colección de trofeos
5. una colección de casetes
6. una colección de vídeos

C **¿Qué te gusta más?** If you had to choose between the following pairs of items, which one would you choose in each case?

Por ejemplo:

> una calculadora cara o un teléfono barato
> *Quisiera tener un teléfono barato.*

1. un estéreo viejo o una cámara nueva
2. un coche feo o una moto bonita
3. un televisor barato o una grabadora buena
4. una colección de videojuegos nuevos o una colección de monedas antiguas
5. un coche de marca Ford o un coche de marca Mazda
6. una colección de camisetas nuevas o una colección de trofeos grandes
7. una colección de vídeos nuevos o un monopatín barato

Nombres

Pilar's older brother is named **José Luis**. As you have seen with the name **María** in **Capítulo 2**, double first names are very common in Hispanic countries. For example, the following are common names for men.

José Luis   **José Antonio**   **Juan Carlos**   **Jorge Luis**

Men may also have names with religious reference.

Jesús María   **José María Ángel**   **Juan Bautista**

Jesús is a common name and its use is not considered blasphemous or disrespectful. The name **María** is a common second name for men, as well as a first name for women.

Actividad

The following very common Spanish first and last names are often abbreviated. Match the name to the abbreviation.

1. Fdo.   a. José María
2. J. Ma.   b. García
3. Fco.   c. José Antonio
4. Ga.   d. Francisco
5. J.A.   e. Fernando

141 CEREZO - ESCALADA

CEREZO, L. - Núñez Balboa, 98 .... 257 4725
CERÓN VIVANCOS, J.A. - J. Bravo, 78..... 474 7375
CERRÓN PARRILLA, F. - E. Polar, s/n 490 1787
CIANCAS MARTÍNEZ, J.A. - Fe, 9 .... 486 4457
CID HARGUINDEY, J.C.
   Av. Alberto Alcocer, 41 .... 250 1793
CONEJO ORTEGA, F.L. - Pl. S. Miguel, 1 .. 266 8990
CORDERO PEINADO, J. M. - B. Granizo, 12
   (Pozuelo) 215 1560
CÓRDOBA, DURÁN, A
   Príncipe Vergara, 757
CORNAGO FERNÁNDEZ, A. - Cdes Val, 18 ....259 6464
CORONA MUNOS, J. A. - Maiquez, 18 455 0582
CORRAL SALETA, F.J. - H. Eslaya, 33 ..274 3738
CORRAL SALETA, F.J. - Libra, 21..........234 4025
CORREDERA ZAMBRANA, J. - A. Cano, 87.....207 1848
CORTIJO CAMARA, J.L. - Coya, 63 ..443 1191
CULEBRAS FERNANDEZ, J.M.
   Serrano, 432 ....267 2875
CURIEL PANIAGUA, V. - Rguez Marín, 75 ..475 8490
CHOZA FERRER, J.A.
   P. Reina Cristina, 29..........475 9539
CHUECA DE LAS HERAS, M.
   Av. Manzanares, 201..........252 2749
DAMOS SEBASTIÁN, J. M. DE - Orense, 28465..477 5729
DELCÁN DOMÍNGUEZ, J. L. - Orense, 28 1934
   Ardemans, 38.
DIEZ CUERVO, A. - Av. Pablo Iglesias, ...264 7626
DIEZ GÓMEZ, J. M. - Españoleto, 54 ..244 6010
DIEZ YANGUAS,

DOMÍNGUEZ DELGADO, J. A.
   Bocangel, 68
DOMÍNGUEZ LAZARO, A.R. - Oren
DOMÍNGUEZ MONTERO, P. L.
   Av. Ferrol del Caudillo, 10
DOMÍNGUEZ PIEDRAHITA, J. M.
   M. Lafuente, 12.
DOPICO VILLAR, J. M.
   Pl. Cde. V. Suchil, 40.
DUQUE AYUSO, R. - Postas, 19
DURÁN SACRISTÁN, M. - Pedro Teixe
ECHEVERRÍA BARRIERA, J. M.
   D. Octubre, 24.
EDO BOLOS, E. J. - S. Trinidad, 16.
EIZARCH ANTOLI, J. M.
   Cam Vinateros, 65.
ELIO MEMBRADO, F. J. DE
   Isaac Peral, 60
ELÓSEGUI GRASSET, A.
   Príncipe Vergara, 99
ELSO QUÍLEZ, E. - Pº Castellana, 420.
ENCISO PÁEZ, J. C. - Dr. Esquerdo, 272 ..
ESCALADA RUIZ - FALCO, J. L.
   Hermosilla, 301
ESCALADA RUIZ FALCO, J. L.
   Sanchidrian, s/n (Pozuelo)

Estructura 1

How to Say What You Have

Tengo/tienes
Un/una/unos/unas

1. To say that you have or own something, you have used **tengo** followed by the name of the object.

   Tengo discos. Claro, también tengo estéreo.

2. To ask a friend if he or she has something, you use **¿Tienes...?** followed by the name of the object.

   ¿Tienes computadora en casa?

3. When you want to add words describing your possession, you use the word **un** (before masculine words) or **una** (before feminine words). Note that the descriptive word goes after the possession.

   Tengo un libro nuevo.
   Tengo una bicicleta cara.

4. To describe more than one possession, use **unos** for masculine words and **unas** for feminine words.

SINGULAR	PLURAL
Tengo una cámara nueva.	**Tengo unas revistas nuevas.**
Tengo una calculadora vieja.	**Tengo unos discos viejos.**
Tengo un cartel bonito.	**Tengo unos sellos bonitos.**

Remember that descriptive words that do not end in **-o** have only one form in the singular and one form in the plural.

   Tengo un cartel formidable.
   Tengo dos monedas formidables.

5. To ask what brand name a possession is, you say **¿De qué marca?**

   ¿De qué marca es la cámara?   **Es una cámara de marca Kodak.**

Actividades

A **¿Qué quieres?** Ask a classmate if he or she wants the following kinds of things. Then reverse roles.

Por ejemplo:

> cámara / nuevo

ESTUDIANTE A

¿Quieres una cámara nueva?

ESTUDIANTE B

Sí. (No, ya tengo una cámara nueva).

1. estéreo / nuevo
2. moto / grande
3. computadora / caro
4. televisor / pequeño
5. videojuegos / divertido
6. carteles / bonito
7. trofeos / grande
8. casetes / barato
9. bicicleta / caro
10. sellos / viejo

B **Más grande y mejor.** Sometimes we want something bigger and better than what we now have. List at least three things you now have and tell whether you would like to replace them with new items.

Por ejemplo:

> una computadora
> *Tengo una computadora vieja. Quisiera tener una computadora nueva. (No necesito una computadora nueva).*

C **Mis cosas favoritas.** Write down three favorite possessions. Then tell something about them, for example: why you like them, what you do with them, or what they are like.

Por ejemplo:

> Tengo un estéreo de marca... Escucho mis discos todas las noches.
> Tengo una colección de camisetas. Tengo quince camisetas. Son de Nueva York, Disneyworld...

Vosotros

You have probably noticed that when verbs have been explained in the **Estructura** sections of this book, there is one form that is rarely used. This form, called the **vosotros** form, is used only in some areas of Spain between friends and family. Spaniards use it instead of the **ustedes** form to talk to more than one family member or friend.

En España (vosotros)	En Hispanoamérica (ustedes)
compráis	compran
coméis	comen
escribís	escriben
sois	son

Actividad

Using the information on the right, give the names and phone numbers or addresses of the people you would contact to buy the following items.

Por ejemplo:

Si quiero comprar videojuegos debo llamar a David Álvarez, al (924) 31-23-79.

1. sellos
2. revistas
3. videojuegos
4. tarjetas postales
5. monedas
6. cámaras

Si queréis **comprar tres video-juegos** (International Karate, Pole Position y Hyperstars) con instrucciones y originales por 1.950 pesetas, debéis llamar a David Álvarez al (924) 31 23 79.

Juan José Herrera **cambia sellos,** postales o revistas. Debéis escribir a C/ Relojero Losada, 17, 4° B. 24009 León.

Dos cartuchos de videojuegos Atari/Human, Cannonball y Video Chec! Kers pueden ser tuyos por sólo 2.000 pesetas. Escribe a Ángel Muñoz. C/ Amargura, 64. Puerto Real. 11510 Cádiz.

Para cambiar postales debéis escribir a Vicente Giner Bosch. C/ Alboraya, 18. 46010 Valencia.

Las monedas de todos los tiempos y países le interesan a Ignacio Ruiz Pérez. C/ La Unión, 22, 2° 3.a 29006 Málaga.

Ramón Berrueco **compra un Átlas Universal usado y un equipo fotográfico con amplificadora.** Su teléfono es (924) 86 14 28.

Estructura 2

. . . .

How to Talk about What You and Others Have

The verb tener

You already know how to say that you have something (**Tengo...**) and to ask a friend what he or she has (**¿Tienes...?**).

To talk about what other people have, use the other forms of the verb **tener**.

SINGULAR	PLURAL
tengo	tenemos
tienes	tenéis*
tiene	tienen

*This form is rarely used in the Spanish-speaking world, except for Spain.

Actividades

A **Las cosas favoritas.** List a favorite possession belonging to the following people.

Por ejemplo:

>   una maestra
>
>   *La señorita Cole tiene un coche de marca Ford.*

1. un amigo
2. una amiga
3. tu mamá (Mi mamá...)
4. tu papá
5. tú y tu familia
6. tú y tus amigos
7. los maestros

Si busca un hotel amable, para reunirse, descansar, hacer un buen negocio, y no perder el avión, tenemos su hotel.

novotel. Para vivirlo **novotel**

NOVOTEL MADRID
Albacete,1. 28027 MADRID
Tel.(91) 405 46 00. Telex 41862 NOVMD
TELEFAX (91) 404 11 05

B **Mis cosas, tus cosas.** Working in small groups, list your prized possessions. Appoint a recorder to take notes and a reporter to read the notes.

Por ejemplo:

> Tengo una colección de monedas y un estéreo nuevo.

The reporter will report back to the class on the most interesting thing each person owns and on what people have in common.

Por ejemplo:

> Tengo unos carteles de España.
> Susan tiene una colección de monedas.
> Mark y Brian tienen una colección de trofeos.
> Todos tenemos discos nuevos.

Finalmente

Situaciones

A conversar Converse with a classmate about music.

1. Find out what kind of (**qué clase de...**) music your classmate likes. Also ask about his or her dislikes. Give your reactions.
2. Find out what records, videos, and cassettes he or she has. Your classmate will invite you to listen to one recording in particular. Accept or decline the invitation.
3. Reverse roles.

A escribir Write a note to a friend about your gift list for your birthday (**mi cumpleaños**) or Christmas (**la Navidad**).

1. Tell what you already have so you don't receive duplicates.
2. Identify three or four items you want. Describe each item in detail.

Repaso de vocabulario

DESCRIPCIONES

antiguo(a) *antique*
barato(a) *cheap*
bonito(a) *pretty*
caro(a) *expensive*
de marca...
moderno(a) *modern*
nuevo(a) *new*

PREGUNTA

¿De qué marca es?

POSESIONES

tener +
    la camiseta *shirt*
    el cartel *poster*
    el casete *cassette*
    la colección *collection*
    el estéreo *stereo*
    la grabadora *walkman*
    la moneda *coins*
    la moto *scooter*
    el radio *radio*

el recuerdo *souvenir*
el sello *stamp*
la tarjeta postal *PC*
el televisor *TV*
el trofeo *trofy*
el vídeo *video*
los zapatos *shoes*

Lección 6

¡Estás en tu casa!

¡A comenzar!

The following are some of the things you will be learning to do in this lesson.

When you want to . . .	You use . . .
1. describe ownership:	
"my"	• **mi**
"your" (a friend)	• **tu**
2. say what time it is	• **Son las** + hour.
3. identify rooms of a house	• **la habitación, el baño,** etc.

Now find examples of the above words and phrases in the following conversation.

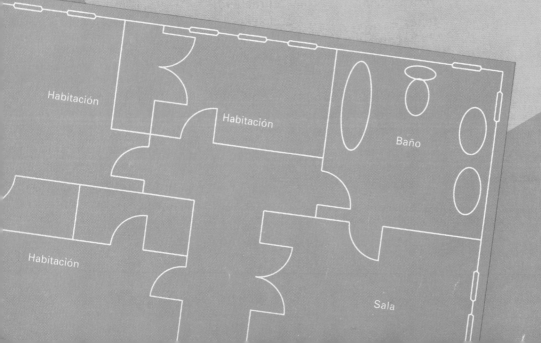

After Pilar's brother brings Kim her suitcase, Pilar shows Kim around her home.

KIM: Me encanta tu casa, Pilar.

PILAR: Bueno, no es muy grande, pero es cómoda. Aquí está tu habitación y el baño está a la derecha. La habitación de mi hermano está a la izquierda.

KIM: ¡Qué bonita es mi habitación, Pilar!

PILAR: Bueno, ¡estás en tu casa! Oye, ya son las seis y media. ¿No quieres salir a tomar unas tapas?

KIM: Sí, ¡qué buena idea!

Actividades preliminares

A The following statements can be made about Pilar's apartment: **La casa no es muy grande. La casa es cómoda. La habitación de Pilar es bonita.** Using **grande, cómodo,** and **bonito,** make as many statements as you can about your home.

B Invite a classmate to do something at the following times.

Por ejemplo:

Son las tres.

ESTUDIANTE A

Son las tres. ¿Por qué no tomamos algo?

1. Son las cuatro y media.
2. Son las seis.

ESTUDIANTE B

Sí, ¡qué buena idea! (No, gracias, necesito ir a casa).

3. Son las siete y media.
4. Son las nueve.

Vocabulario

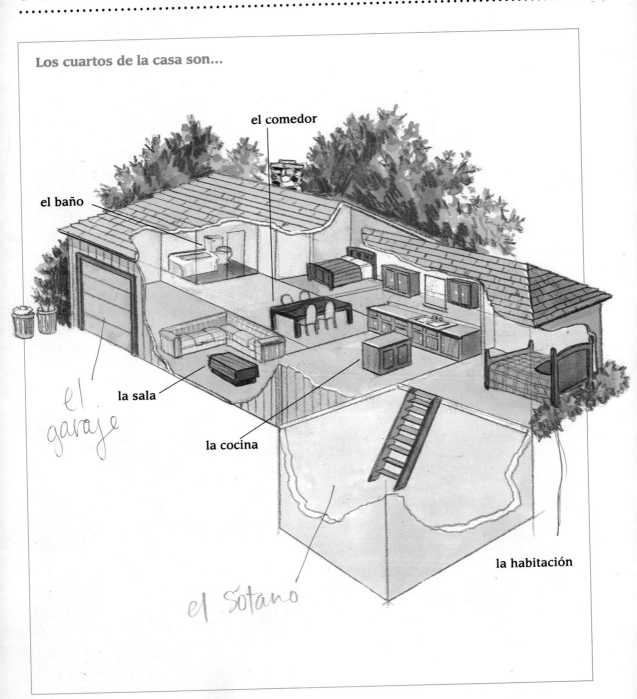

Los cuartos de la casa son...

el comedor

el baño

el garaje

la sala

la cocina

el sótano

la habitación

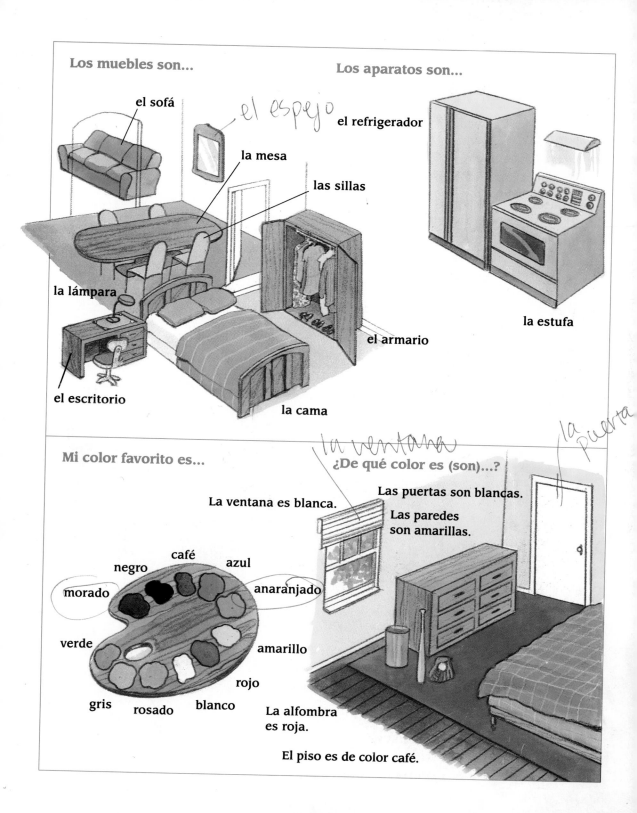

Los muebles son...

Los aparatos son...

el sofá

el espejo

el refrigerador

la mesa

las sillas

la lámpara

la estufa

el escritorio

el armario

la cama

Mi color favorito es...

la ventana

la puerta

¿De qué color es (son)...?

La ventana es blanca.

Las puertas son blancas.

Las paredes son amarillas.

café

negro   azul

morado   anaranjado

verde   amarillo

rojo

gris   rosado   blanco

La alfombra es roja.

El piso es de color café.

Actividades

A **¿Adónde vas?** To which room do you go to do the following activities?

Por ejemplo:

escuchar música
Si quiero escuchar música, voy a mi habitación.

1. descansar
2. leer
3. estudiar
4. cocinar
5. hablar por teléfono
6. escuchar casetes
7. ver la tele
8. comer

B **Pero, ¿qué pasa?** Bruno is having a strange dream. Tell what is wrong with what he is dreaming and tell how things should be. Make ten statements.

Por ejemplo:

La cocina está afuera.
Debe estar adentro.

C **Colores.** What colors do you wear **(llevar)** when you're in the following moods?

Por ejemplo:

contento(a)
Cuando estoy contento(a), llevo ropa roja.

1. deprimido(a)
2. contento(a)
3. tranquilo(a)
4. enojado(a)
5. triste
6. emocionado(a)

D **El teléfono portátil.** Your family has just bought a portable phone. Several friends call you to ask what you're doing. Then they guess where you are, according to your activities. Play the roles with a classmate.

Por ejemplo:

> comer un sandwich

ESTUDIANTE A

(1) ¿Qué haces?

(3) ¿Estás en la cocina?

ESTUDIANTE B

(2) Como un sandwich.

(4) Sí. (No, estoy en el comedor).

1. descansar un poco
2. tomar un refresco
3. ver un vídeo
4. leer el periódico
5. escuchar discos
6. hacer la tarea
7. jugar videojuegos
8. ver la tele
9. lavar una camiseta

E **La casa de mis sueños.** Describe your dream house, answering the following questions.

1. ¿Cuántas habitaciones hay?
2. ¿Qué cuartos tiene la casa?
3. ¿Cuántos pisos tiene?
4. ¿Qué cuartos están arriba?
5. ¿Qué cuartos están abajo?
6. ¿De qué color es la casa?
7. ¿De qué colores son los cuartos?
8. ¿Son todos los cuartos muy grandes?
9. ¿Cuántos baños hay?
10. ¿De qué colores son los aparatos de la cocina?
11. ¿Qué muebles hay en la sala? ¿y en tu habitación?
12. ¿Todos los cuartos tienen alfombra?

Now describe your house to a classmate, who will draw it and then report back to the class.

Por ejemplo:

> La casa de Chris tiene tres habitaciones...

EL MES DEL MUEBL

COLECCION TREBOL
Mesa centro, 28.810
Mesa rincón, 24.900
Mesa TV, 36.550
Consola, 35.690
Espejo, 14.400
Estantería, 74.200
Carro té, 43.650
Mesa teléfono, 18.300
Mueble Hi-Fi, 64.100

SERIE OSAKA
Librería apilable 3,30 m., con estructura
metálica, lacada en color blanco y gris,
117.175 .... 94.900
Mesa rectangular con tapa cristal, 1,60 X 0,85
m., 35.900 .... 29.900
Silla armadura metálica, asiento y respaldo
tapizado, 9.900 .... 8.690

Las tapas

Pilar invited Kim to go out for some **tapas.** In Madrid and other Spanish cities, during late afternoon and early evening hours Spaniards of all ages—business people, shoppers, mothers and fathers with their children, grandparents, young people and their friends—begin to fill the many **cafeterías** and eating places that serve **tapas.** People have coffee, soft drinks, or other beverages along with a variety of **tapas,** which include cheese, olives, sausage, pieces of potato omelet **(tortilla),** potato chips, sardines, shrimp, and other shellfish.

Actividad

Below are some typical **tapas** and their names in Spanish. Say what you'd like to eat.

Por ejemplo:

Quisiera comer...

sardinas

pan y queso

gambas a la plancha

patatas

aceitunas

tortilla española

chorizo

Estructura 1

How to Talk About What You and Others Have
Mi(s) / tu(s)

You have already learned to talk about what belongs to someone else by using **de, de la,** or **del.**

> **El coche de Miguel es fantástico.**
> **Me gusta mucho la clase de la señorita Pérez.**
> **La casa del señor Vargas no es grande pero es cómoda.**

1. To talk about what is yours or a friend's, use **mi** and **tu.**

   > **¿Dónde está mi libro?**
   > **¿Dónde está tu casa?**

2. To talk about more than one thing, add **-s** to form **mis** and **tus.**

   > **Mis libros están en mi habitación.**
   > **¿Tus bolígrafos son nuevos?**

Actividades

A **Cosas.** In small groups, pass around a large container such as a grocery bag to each member of the group. Each person puts at least one item that everyone knows how to name in Spanish into the bag. Each person then takes a turn removing an item from the bag and tries to guess to whom it belongs.

Por ejemplo:

> **Es mi libro de español... Es tu lápiz, Mark, ¿verdad?... Es la calculadora de Pam, ¿no?**

En el Paseo del Prado

B **Una carta a Pilar.** Outline a letter to Pilar, completing the following sentences. Tell her about yourself, your city, your house, and your room, and tell what teenagers do in your country.

Por ejemplo:

> Mi casa está en la avenida Robles, en la ciudad de Stockton.

1. Mi ciudad es...
2. En mi ciudad hay...
3. Mi casa está...
4. En mi casa hay...
5. En mi habitación hay...
6. Los jóvenes de mi país...

C **¿Y tú?** Now ask Pilar about the same topics you described in activity **B**.

Por ejemplo:

> ¿Dónde está tu casa? ¿Dónde está tu ciudad?

El horario español

Mealtimes are not the same in Spain as they are in the United States. The major meal (**el almuerzo**) is between 2:00 and 4:00, when many stores close so that employees can eat at home.

Stores are open again from about 5:00 until 8:00 or 9:00. During these hours—or even somewhat later—streets and **cafés** are filled with people enjoying the **paseo** and having **tapas**. The final meal of the day (**la cena**) is between 9:00 and 11:00, and it is much lighter than dinner in the U.S. At 10:30 or 11:00, night life in Madrid and other major cities begins with movies, plays, and clubs.

Schedules and timetables often state times on the basis of twenty-four hours, beginning at midnight, rather than using A.M. and P.M. For example, 3:00 P.M. would be listed as 15:00 (fifteen hours after midnight). This system is also called "international" or "military" time. For example:

las tres de la tarde = las quince horas (15,00)
las ocho de la noche = las veinte horas (20,00)

Actividades

A Give the following times.

Por ejemplo:

14,00
Son las dos (de la tarde).

1. 3,00
2. 6,00
3. 10,00
4. 13,00
5. 17,30
6. 23,30

B Compare the scenes of Madrid on page 228 with your city or town.

Por ejemplo:

Los madrileños... pero en mi pueblo (ciudad)...

TV EL PAIS

sábado 14

TVE-1
9.10 Se ha escrito un crimen.
10.00 Los contaminatos.
10.30 Sopa de gansos (repetición).
11.05 Cajón desastre.
13.30 Parlamento.
14.30 Sábado revista.
15.00 Telediario fin de semana.
15.35 La corona mágica.
16.00 Primera sesión.
18.00 Rockopop.
19.35 Remington Steele.
20.30 Telediario fin de semana.
21.08 Informe semanal.
22.15 Sábado cine. Apocalipsis.
0.50 Cine a medianoche.
2.20 Música N. A.
3.00 Pero... ¿esto qué es?
4.10 El martes que viene.
5.20 Hablemos de sexo.
6.05 Tendido cero (repetición).

TVE-2
8.15 La edición científica.
8.40 Cursos de idiomas.
9.35 Con las manos en la masa.
10.05 Klip (repetición).
11.00 Vía olímpica.
12.30 Concierto.
15.00 Estadio 2.
22.00 Fuera de serie.
23.00 El autoestopista.
23.30 Documental.
24.00 Vigilia pascual.

TV-3
10.15 Matraca no.
11.45 Photomaton.
12.30 Torneig de tennis Comte Godó.
14.30 Telenotícies.
15.35 Tarda de comedia.
17.30 Robin Hood
18.20 Exit.
19.10 Cagney i Lacey.
19.50 Guaita que fan ara.
20.30 Telenotícies.
21.20 Película. *Lligams familiars.*
23.10 Camins de l'exili.

CANAL 33

Martin Sheen protagoniza *Apocalypse now,* un violento fresco sobre Vietnam que hipotecó de por vida a Francis Ford Coppola. Sábado, 22.15. TVE-1

ETB-2
12.30 Atrila.
13.30 Denbora pasa.
14.00 Nosotros y otros ani
14.30 Teleberri.
15.00 Quincy.
15.35 Doctor Livingsto pongo.
16.35 Robin of Sherwood
17.25 Detrás del sirimiri.
18.25 Las Brigadas del Ti
19.30 Musical.
19.45 Cine y sábado.
21.30 Teleberri.
21.45 Juntos y revueltos
22.15 California. *Inversio*
23.05 Mundo abierto.
0.05 Atrila.

TVG
12.06 O cartafol. Progra
12.36 Os pretendentes
13.00 Parlamento.
13.30 O noso agro.
14.00 Europa.
14.30 Telexornal fin de
15.30 Cinema de tarde
17.30 Clan clip conce
17.30 Luces de cidade
19.05 Star Trek.
19.30 Tempo de xogo
22.00 Telexornal fin d
22.30 Entre amigos.
23.30 As aventuras Holmes. *O onfe*
0.25 Supersport. NE

CANAL SUR
11.30 Segunda vez.
12.30 La lugada intern
13.30 Parlamento d
14.00 El diario fin di
15.00 Dibujos anim
15.30 Cine. *Cite en T*
17.00 Fiestas de Es
17.30 Zap zap.
18.00 Fútbol.
19.45 Recuerdos T
20.45 El objetivo d
22.05 La hora de
Soto.
23.00 Puerta del c
0.30 Cine.

TELEMADRID
12.00 Apaños.

Estructura 2

How to Say and Ask the Time La hora

You have already learned to say what time something takes place.

El partido de baloncesto es a las ocho de la noche.
El picnic es a la una y media de la tarde.
Mi clase favorita es a las diez de la mañana.

1. To say what time it is, use **Son las...** and then give the hour.

    Son las cuatro.
    Son las ocho y media.

2. To ask what time it is, you say **¿Qué hora es?**

3. You express time before the half hour by giving the hour and then adding the minutes, using **y** as a connector.

    Son las tres y cinco. (3:05)
    Son las nueve y veinte. (9:20)

4. You express time after the half hour by giving the approaching hour and subtracting the minutes, using **menos** as a connector.

    Son las cuatro menos diez. (3:50)
    Son las cinco menos veinte y cinco. (4:35)

5. If it is 1:00, after 1:00, or approaching 1:00, you say the following.

    Es la una. (1:00)
    Es la una y doce. (1:12)
    Es la una menos diez. (12:50)

6. Remember that a half hour is **media**. A quarter hour is **cuarto**.

    Es la una y media. (1:30)
    Son las nueve y cuarto. (9:15)
    Son las once menos cuarto. (10:45)

¿Te gusta el horario español?

COLEGIO OFICIAL DE FARMACEUTICOS DE MADRID

HORARIO:

De LUNES a VIERNES:

Mañana: 9,30 a 1,45

Tarde: 5 a 8

SABADOS:

Mañana: 10 a 1,45

LA JUNTA DE GOBIERNO

Actividades

A **¿Qué hora es?** Bruno has taken Lulú to a movie. She needs to be home early and keeps asking Bruno the time. What does he tell her at the following times?

Por ejemplo:

> 1:10
> *Es la una y diez.*

1. 1:30
2. 1:45
3. 1:55
4. 2:10
5. 2:22
6. 2:35
7. 2:56

B **Son las tres. ¿Dónde estás?** For the following give the time. Then say where you usually are and what you usually do at that time on a typical school day.

Por ejemplo:

Son las dos menos diez. Estoy en la clase de inglés. Leo el libro y estudio.

1.

2.

3.

4.

5.

6.

7.

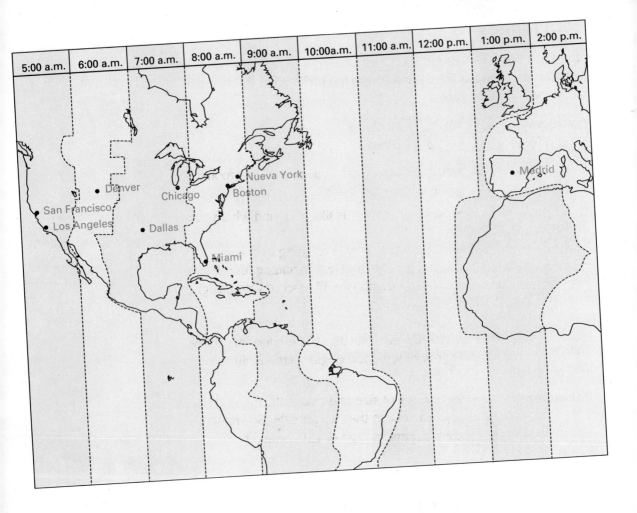

| 5:00 a.m. | 6:00 a.m. | 7:00 a.m. | 8:00 a.m. | 9:00 a.m. | 10:00a.m. | 11:00 a.m. | 12:00 p.m. | 1:00 p.m. | 2:00 p.m. |

C **Larga distancia.** Pilar's uncle is a pilot for Iberia Airlines and travels frequently to the U.S. When he calls Madrid from the cities below, he must calculate the differences in time zones. What does he say in each case?

Por ejemplo:

> Boston / 3:15
> *Si son las tres y cuarto en Boston, son las nueve y cuarto en Madrid.*

1. Chicago / 7:00
2. Dallas / 1:30
3. Denver / 6:10
4. Miami / 2:45

5. San Francisco / 1:20
6. Los Ángeles / 9:30
7. Nueva York / 11: 40

Finalmente

Situaciones

A conversar Your parents are letting you redecorate your room. Converse with a classmate about your plans.

1. Your classmate asks what your room is like now and what you don't like about it.
2. Your classmate wants to know how you're going to change **(cambiar)** your room. Describe your plans, including furnishings, placement, and colors. Your classmate will react to your design.
3. Reverse roles.

A escribir You and your family are moving. Write a for-sale ad for the classified section of your newspaper. Begin your ad with **Se vende casa.**

1. Describe your house in terms of size and appearance.
2. Describe other items in the house that are for sale **(Se venden...).**
3. Give information where buyers may go or call for additional information.

Repaso de vocabulario

POSESIÓN
mi(s) *my*
tu(s) *your*

MUEBLES
el armario *dresser*
la cama *bed*
el escritorio *desk*
la mesa *table*
la silla *chair*
el sofá *couch*

COLORES
amarillo(a) *yellow*
anaranjado(a) *orange*
azul *blue*
blanco(a) *white*
café *brown*
gris *grey*
morado(a) *purple*
negro(a) *black*
rojo(a) *red*
rosado(a) *pink*
verde *green*

APARATOS
la estufa *stove*
la lámpara *lamp*
el refrigerador *fridge*

PARTES DE LA CASA
la pared *wall*
el piso *floor*
la puerta *door*
la ventana *window*

CUARTOS
el baño *bathroom*
la cocina *kitchen*
el comedor *dining room*
la habitación *bedroom*
la sala *living room*

OTRA COSA
la alfombra *rug*

PREGUNTA
¿De qué color es (son)...?

sótano – basement

Lectura

You will be able to figure out many of the words in the following reading from the context in which they appear or because they look like English words that have similar meanings. First, look over the article below, then complete the activities on the following page.

¿Qué revelan los colores?

Los estudios realizados indican que la gente hace asociaciones entre los colores y ciertas cualidades, y también que su preferencia por un color revela su personalidad...

Naranja (Anaranjado): Es el alma de la fiesta y se lleva bien con todo el mundo, desde el más famoso hasta el de más mala fama.

Rosado: Consentido y mimado, le gusta hacerse concesiones, tiene buen gusto ¡y le falta el valor para vestirse de rojo!

Púrpura (Morado): Tiene temperamento artístico, es sofisticado, le gusta luchar por las causas nobles.

Café: Es realista y práctico, una persona sensata y cuerda que probablemente debería vivir en el campo.

Rojo: Si tiene predilección por este color, usted es una persona comunicativa, con una tendencia a cambiar de humor frecuentemente.

Amarillo: Usted posee una gran inteligencia. Le encanta lo nuevo y siempre está a la caza de algo diferente.

Verde: Sociable y activo, le gusta participar en actividades comunitarias.

Azul: Es una persona conservadora, diligente, ¡con un don muy especial para hacer dinero!

Actividades

A What is this article about?

1. The best colors to paint various rooms in a house.
2. The relationship between one's color preferences and personality.
3. This year's most popular colors in clothing.

B List the cognates (words that look similar to English words and have similar meanings) that you see in this article.

C Which of the words in activity B describes you best? Your best friend? A relative?

D Give your five favorite colors in order, using **primero, segundo, tercero,** etc.

Por ejemplo:

>   **Primero, me gusta el azul. Segundo,...**

E Do you agree or disagree with the observations made in the above article? Read the personality description for your favorite color and tell whether that description fits you or not.

Por ejemplo:

>   **Me gusta el rojo. Soy (No soy) una persona comunicativa...**

Los tres músicos, *de Picasso*

Capítulo 3 Repaso

¿Recuerdas?

Do you remember how to do the following things, which you
learned in **Capítulo 3?**

LECCIONES 1–3

1. say where you live (p. 160)
2. give a friend advice (p. 160)
3. give and get addresses and phone numbers (pp. 160, 192)
4. describe routine actions (p. 167)
5. compare and contrast, clarify and emphasize (pp. 170–171)
6. list things in order (pp. 176, 179)
7. say where people, places, and things are located (p. 182)
8. use numbers from 20 to 100 (p. 192)
9. say what there is around you (p. 195)

LECCIONES 4–6

1. describe feelings and emotions (pp. 200, 203)
2. talk to someone formally (p. 206)
3. talk about things you and others have (pp. 210–211, 217)
4. describe your home in terms of objects and colors (pp. 222–223)
5. describe ownership (p. 227)
6. tell time (p. 230)

Actividades

A **En mi escuela.** Make a list of your school or classroom rules.
Post them on the bulletin board.

Por ejemplo:

> Debemos llegar a la escuela a las ocho.

B **Venta de propiedades.** A friend of Pilar's family, Sr. Hernández, has come to the U.S. and needs an apartment for his family of five. Using the ads below, describe to him what is available. A classmate plays the part of Sr. Hernández and asks questions, tells you what he likes and dislikes about each apartment, then selects the one he likes best and tells you why. Tell him the phone number he needs to call for more information.

JEFFERSON PARK Sunny 3 BR-2 bths, with park vu. K,LR, DR, study, d/w, 24 hour doorman, parking avail. $1,450   549-8131

BELLAIRE EAST   Large!
Newly renovated 1900 sq ft apart. 3 bedrooms, sep kit, dishwasher. $940
COSMO   18 W. 21 St   714-1929

80s E OFF OAK AVE
BEAUT STREET ELEV BLDG
THE ENTIRE FLOOR IS YOURS
A MAMMOTH SIZE APT!
CAN YOU AFFORD THE $2,000?
IF SO, CALL SINKIN 702-4762

80s E-off the PARK, charming 3BR
Condo, enormous space, $1,075
234 E 81   CITYVIEW   512-4444

Por ejemplo:

ESTUDIANTE A

Hay un apartamento de tres habitaciones.

ESTUDIANTE B

¿En qué calle está? (¿Cuánto es?, ¿Es muy grande?, etc.)

C **Un viaje imaginario.** You are at a famous landmark or tourist attraction, writing a postcard to a friend. Without revealing the name of the place, tell what you are going to visit and see. Your partner will try to guess where you are. Then read your postcard to other classmates and see if they can guess where you are.

Por ejemplo:

ESTUDIANTE A

Querida Pam:
¿Qué tal? Mañana voy al Paseo del Río. También pienso visitar El Álamo.
¡Hasta pronto!
Tu amigo, Bo.

ESTUDIANTE B

Estás en San Antonio, ¿verdad?

D **¡Buen viaje!** You've decided to send your teacher on a trip. In groups of two or three, describe your plans for him or her by answering the questions below. The class votes on which group's travel plans are best.

1. ¿Adónde va?
2. ¿Va a estar muy ocupado(a)?
3. ¿Dónde va a vivir, en un hotel o en un apartamento?
4. ¿Qué debe hacer antes de salir?
5. ¿Qué va a hacer allí?
6. ¿Qué debe llevar?

E **Imagínate.** Imagine that you are in Madrid for the first time. Write a letter to a parent, friend, or teacher. Use the following questions as a guide in writing your letter.

1. ¿Adónde vas?
2. ¿Qué ves?
3. ¿Qué haces?
4. ¿Qué cosas te gustan?
5. ¿Qué cosas no te gustan?
6. ¿Cómo estás? ¿Estás cansado(a)? ¿Por qué? ¿Estás contento(a)? ¿Por qué?

Por ejemplo:

> Querida Gina:
> ¡Estoy en Madrid! Voy a... También veo... Esta noche pienso...

F **En mi ciudad.** A new student in your school asks about what he or she should do to have a good time in your area. Tell the student what to see, what to take pictures of, what to buy, and where the best places are to eat. The new student asks at least five questions. Play the roles with a classmate.

Por ejemplo:

ESTUDIANTE A	ESTUDIANTE B
¿Adónde voy si quiero comer algo bueno?	Si quieres comer algo bueno, debes ir al restaurante La Boca.

G **En la tienda.** Write the name of a common object (in Spanish) on a piece of paper. The class then forms teams: sellers **(vendedores)** and buyers **(compradores)**. Each group of five **vendedores** forms a store containing only the objects written on their papers. Each group of five **compradores** tries to purchase the objects on their lists.

COMPRADORES

Give an appropriate greeting.

Ask if they have the object you have on your paper.

If they don't have any, ask for another object.

Continue until you have asked about everything you have on your lists.

Every time the clerk tries to sell you something that is not on your list, answer, "What a shame. I already have one."

Say thank you and good-bye.

VENDEDORES

Respond with an appropriate greeting.

If you don't have it, say "What a shame. We don't have _____."

If you do, say "What luck, we have _____."

Repeat with the other objects.

Before your customer gets away, try to sell him or her some of the things you have. Ask "Don't you want _____?"

Say thank you and good-bye.

CAPÍTULO 4

¿Cómo son los españoles?

CAPÍTULO 4

Lección 1

Querida señora Rivera

¡A comenzar!

The following are some of the things you will be learning to do in this lesson.

When you want to . . .	You use . . .
1. tell someone you speak to formally what he or she likes to do	• **A usted le gusta** + activity.
2. describe what something or someone seems to be like	• **Parece...**
3. talk about what belongs to others	
one thing	• **su**
more than one	• **sus**
4. identify family members	• **los hermanos, la mamá, el papá, la abuela, etc.**

Now find examples of the above words and phrases in the following letter.

Kim le escribe una carta a su maestra de español que vive en Los Ángeles.

Madrid
10 de julio

Querida señora Rivera:

Sé que a usted le gusta recibir cartas de sus estudiantes. Pues, aquí estoy en Madrid con Pilar. No tengo tiempo para contar toda mi confusión con la planta baja y el primer piso. ¡Qué lío! Pero por fin estoy aquí en casa de los Mestre. ¡Qué simpáticos son! Pilar manda abrazos para todos.

El apartamento parece bastante pequeño para toda la gente que vive aquí. Son Pilar y sus tres hermanos, su mamá y su papá, y la abuela doña Beatriz. La abuela es del campo, pero no sé cuándo regresa a su pueblo.

Saludos afectuosos de

Kim

Actividades preliminares

A Ask your teacher three questions about what he or she likes to do.

Por ejemplo:

¿A usted le gusta jugar tenis?

B Your family has agreed to host Javier, a foreign exchange student from Argentina. On a separate sheet of paper, complete the following letter to Javier. Use Kim's letter to Sra. Rivera as a guide.

_____ Javier:

¡Hola! Me llamo _____. Vivo en _____. Mi casa (apartamento) es bastante _____ y (no) me gusta porque _____.
En mi familia somos _____, _____ y yo. A mi familia le gusta _____ pero no le gusta _____. ¿Qué te gusta hacer a ti? Todos esperamos tu visita.

Tu amigo(a) _____

Vocabulario

Los parientes

los padres — *parents*

los tíos
la tía — *aunt*
el tío — *uncle*

los primos — *cousin*
la prima
el primo

la madre (la mamá) — *mum*

el padre (el papá) — *dad*

los hijos — *kids*
la hija — *daughter*
el hijo — *son*

los abuelos — *grandparents*
el abuelo — *grandpa*
la abuela — *grandma*

el hermano mayor — *brother/older*
los hermanos — *sibling*
la hermana menor — *sister/younger*

anoche - last night
fui - I went
vi - I saw

A **¿Dónde viven tus parientes?** Make a list of six of your relatives and tell where each one lives.

B **La familia de mi compañero(a) de clase.** Ask a classmate the following questions and take notes. The class will then exchange notes and read the descriptions. See if you can guess who is being described.

1. ¿Dónde está tu casa? ¿Cómo es?
2. ¿Cuántas personas son en tu familia?
3. ¿Cuántos hermanos tienes?
4. ¿Quién es el/la mayor de la familia?
5. ¿Quién es el/la menor de la familia?
6. ¿Tienes muchos primos? ¿Quién es tu primo(a) favorito(a)? ¿Cómo es?

UNA NOTA DE CUMPLEAÑOS
Para Una Tía Muy Querida

Para Un Tío Especial
EN TU CUMPLEAÑOS

C **Tengo mucha familia.** Talk about three of your favorite relatives, using the questions below as a guide.

1. ¿Cómo son?
2. ¿Dónde viven?
3. ¿Qué hacen durante las vacaciones?
4. ¿Vas a su casa a veces?
   ¿Cuándo? ¿Qué hacen ustedes?

D **La familia de Pilar.** Describe what each member of Pilar's family seems like to you, based on their appearance in the photo below.

1. La madre de Pilar parece ———.
2. El padre de Pilar parece ———.
3. El hermano mayor parece ———.
4. Los hermanos menores parecen ———.
5. La abuela parece ———.

Don y doña

Cuando Kim habla con la abuela de Pilar, dice "doña Beatriz". Los títulos "don" y "doña" se usan cuando "señor" y "señora" parecen demasiado formales. También hay otra diferencia: "don" y "doña" se usan con el nombre de la persona y no con el apellido.

Por ejemplo:

señor Jorge García   don Jorge
señora Ana Vilas   doña Ana

Pedro

Actividad

Which title would you use to refer to the following people?

1. your teachers
2. your principal
3. an old friend of the family
4. an athletic coach

Estructura 1

How to Indicate Possession and Ownership

Su / sus

You have already learned to say the following things about what people have.

- To talk about what you own, using **mi** and **mis**.

  Tengo mi libro y mis lápices.

- To talk to a friend about what he or she has, using **tu** and **tus**.

  Maricarmen, ¿tienes tu libro y tus lápices?

- To talk about what someone else has, using **de**.

  Es el libro de Jaime. Son los libros del maestro.

1. To talk about what someone else owns or what other people own, you will use **su** or **sus**. Su or **sus** can mean "his," "her," or "their." Use **su** with one thing owned and **sus** with more than one.

   Pilar y su familia viven en un apartamento. Su apartamento es bonito y cómodo.

   José Luis tiene una colección de trofeos. Sus trofeos son muy grandes.

2. You also use **su** or **sus** to mean "your" when talking to one person formally or to more than one person both formally and informally (**usted** or **ustedes**).

   Señor Mestre, su casa está en la calle Goya, ¿verdad?

   Señora Mestre, sus abuelos son del campo, ¿no?

   José Luis y Pilar, ¿tienen su tarea para la clase de inglés?

"¿Son sus maletas, señora?"

A **¡Qué mala memoria!** Bruno is so forgetful in the morning that his sister must make sure he has everything. What are the things she checks?

Por ejemplo:

lápices
Ella Quiere saber si tiene sus lápices.

1. libros
2. bolígrafos
3. dinero
4. papel
5. cuaderno
6. tareas
7. mochila

B **¿Quién está preparado?** Check to see what a classmate has brought—or not brought—to class today. Make a list of five items to ask about. Reverse roles. Then report back to the class.

Por ejemplo:

el libro | sí ✓ | no

ESTUDIANTE A

John, ¿tienes tu libro?

(A la clase:) John tiene su libro.

ESTUDIANTE B

Sí.

C **¿Y usted, maestro?** Ask your teacher about the following. Use the suggestions below or think of some of your own. Your teacher will then ask you about the same things.

Por ejemplo:

coche
¿Cómo es su coche? (Su coche es nuevo, ¿verdad?, Su coche es grande, ¿no?)

1. casa o apartamento
2. ciudad
3. calle
4. familia
5. amigos

Una tarjeta postal de Madrid

Madrid
23 de julio

Querida señora Rivera:
¡Hola! ¿Cómo está usted? ¡Madrid es estupendo!
El jueves pasado fui con Pilar al Museo del
Prado donde vi las pinturas que estudiamos en
clase. Anoche fui al cine donde vi una película
en español. Para mí todavía es un poco difícil
entender las películas en español, pero
practico el idioma todos los días y ahora
creo que hablo bastante bien. Mañana
pensamos visitar El Escorial. Adiós y
hasta luego.
                    Saludos de
                    Kim

Las Meninas de Velázquez.

Actividad

Answer the following questions about what happened in the past.

1. What word does Kim use to say she went somewhere?
2. What word does she use to say that she saw something?
3. Use these two words to tell a place you went last week **(la semana pasada)** and something you saw there.

Por ejemplo:

La semana pasada _____ a (a la, al) _____ y vi _____.

Estructura 2

How to Talk about What Others Like to Do

Le(s) + gusta

You have already learned to say what you like to do and to ask a friend or family member if he or she likes to do something.

Me gusta ir a España. ¿Te gusta viajar?

1. To say what someone else likes to do, use **le gusta** + activity.

   A Jorge le gusta ahorrar dinero.

2. To say what someone to whom you speak formally likes to do, you also use **le gusta** + activity.

   A usted le gusta jugar tenis, ¿verdad?

3. To say what more than one person likes to do, use **les gusta** + activity.

   A los estudiantes les gusta hablar español.

4. When speaking to more than one person about what they like to do, also use **les gusta** + activity.

   ¿A ustedes les gusta escuchar discos?

Notice that in each case, when you are talking about what people like to do, the word **gusta** does not change.

5. In the above examples, the words **a Jorge, a usted, a los estudiantes,** and **a ustedes** clarify who the **le** or **les** is in each case. These words are not necessary if the meaning of **le** or **les** is already clear.

   Mi hermano favorito es José Luis. Le gusta bailar.

6. When you want to emphasize what you like to do or contrast it with what a friend likes to do, use **a mí** and **a ti.**

   Tú y yo somos diferentes. A mí me gusta ir a la playa y a ti te gusta dar paseos por el campo.

You may also use the phrases **a mí** and **a ti** by themselves.

   A Pilar le gusta jugar tenis. A mí no. ¿Y a ti?

A **La maleta.** Judging from the contents of Kim's suitcase, what do you think she likes to do? Say six things.

Por ejemplo:

> A Kim le gusta escuchar música.

B **¿Qué les gusta?** What do the following people like to do?

Por ejemplo:

> tus compañeros de clase
> *A mis compañeros de clase les gusta hablar español.*

1. tus amigos
2. tus padres
3. los deportistas
4. tus hermanos
5. los actores
6. los maestros

Now compare what you like to do with each of the above groups.

Por ejemplo:

> A mis amigos les gusta correr pero a mí no.
> (A mis amigos les gusta correr y a mí también).

C **Mis compañeros y yo.** Interview a classmate to find out if he or she likes to do the following. Reverse roles. A third classmate (**Estudiante C**) takes notes and reports back to the class about your similarities and differences.

Por ejemplo:

> ¿Le gusta escribir? ¿Qué escribe?

ESTUDIANTE A

(1) ¿Te gusta escribir?

(3) ¿Qué escribes?

ESTUDIANTE B

(2) Sí, me gusta.

(4) Escribo cartas.

ESTUDIANTE C

A Bill le gusta escribir. Escribe cartas.

1. ¿Le gusta leer? ¿Qué lee?
2. ¿Le gusta ver películas? ¿Qué películas ve?
3. ¿Le gusta ver la tele? ¿Qué programas ve?
4. ¿Le gusta practicar deportes? ¿Qué deportes practica?
5. ¿Le gusta salir por la noche? ¿Adónde va?

Finalmente

Situaciones

A conversar

1. Choose a musician, musical group, actor, actress, or athlete whom you admire. Describe him or her to a classmate. Reverse roles.

2. What else do you know about the celebrity? Describe his or her likes and dislikes. Describe his or her family.

A escribir You have been asked to write an article for the Spanish Club newspaper about a member of your Spanish class. Choose someone you know well.

1. Include the person's name **(Se llama...)** and address.
2. Tell what grade **(el...grado)** the person is in.
3. Describe the person by telling what he or she likes and doesn't like to do.
4. Also describe his or her family.

Repaso de vocabulario

PREGUNTAS
¿Le gusta?
¿Les gusta?

POSESIÓN
su
sus

OTRAS PALABRAS Y EXPRESIONES
a mí
a ti
parece

LA FAMILIA
los abuelos
  la abuela
  el abuelo
los hermanos (mayores / menores)
  la hermana (mayor / menor)
  el hermano (mayor / menor)
los hijos
  la hija
  el hijo

los padres (los papás)
  la madre (la mamá)
  el padre (el papá)
el/la pariente
los primos
  la prima
  el primo
los tíos
  la tía
  el tío

Lección 2

¿Cuántos años tiene José Luis?

··

¡A comenzar!

The following are some of the things you will be learning to do in this lesson.

When you want to . . .	You use . . .
1. ask how much something costs	• ¿Cuánto vale?
2. ask about someone's age	• ¿Cuántos años tiene?
3. say what someone is studying to be	• Estudia para + profession.
4. express an opinion	• Creo que...
5. give someone's profession	• Es ingeniero(a) / empleado(a) de banco, etc.

Now find examples of the above words and phrases in the following conversation.

MADRID
DIR. GRAL. DE POLICIA Y TRANSITO

FECHA EXP.	FECHA VENC.	OFNA.
10/08/91	10/08/95	07
LIC. NUMERO	FECHA NAC.	
1038920	01/08/73	
RESTRICC.	SANGRE	
	0	

MESTRE FERNANDEZ, JOSE LUIS
GOYA, 85 1º B
MADRID

EL DIRECTOR GENERAL
DE POLICIA Y TRANSITO

0304 9167

Pilar y Kim están en un almacén en el centro de Madrid.

PILAR: Necesito comprar un regalo para mi hermano mayor. El jueves es su cumpleaños. Sé que le gusta jugar tenis. ¿Te gusta esta raqueta de tenis?

KIM: Sí, mucho. ¿Cuánto vale?

PILAR: No sé. Creo que no es muy cara.

KIM: ¿Cuántos años tiene José Luis?

PILAR: El jueves cumple diez y nueve años.

KIM: ¿Y qué estudia en la universidad?

PILAR: Estudia para ingeniero.

KIM: Tu papá es ingeniero también, ¿no?

PILAR: Sí, trabaja para la RENFE.

KIM: ¿Y tu mamá?

PILAR: Mi madre es empleada de banco.

Actividad preliminar

Give the age of each of the following people. Then tell if each is younger or older than you.

Por ejemplo:

> tu hermano
> *Mi hermano tiene once años. Es menor que yo.*

1. tu amigo(a) favorito(a)
2. tu hermano(a)
3. un(a) vecino(a) (neighbor)
4. un(a) compañero(a) de clase

Vocabulario

Quiero ser...
Quiero estudiar para...

dentista
dentist

periodista
journalist

electricista
electrician

enfermero(a)
nurse

policía   mujer policía
police officer

arquitecto(a)
architect

carpintero(a)
carpenter

bombero(a)
firefighter

mecánico(a)
mecanic

abogado(a)
lawyer

veterinario(a)
vet

ingeniero(a)
engineer

agricultor/a
farmer

empleado(a)
employee

supervisor/a
supervisor

profesor/a
professor

doctor/a → *title*
el médico
la médica

GONZÁLEZ y COMPAÑÍA

mujer de negocios
business woman

AGENCIA DE VIAJES GARCÍA

hombre de negocios
businessman

(el señor González)
dueño(a) de una fábrica
factory owner

(la señora García)
dueño(a) de una compañía
company owner

ama de casa
el / los amas de casa.
homemaker

Actividades

A **Ocupaciones.** Using the **Vocabulario** on pages 256 and 257, make a list of the occupations that appeal to you and another list of those that don't. Use the following headings.

Las ocupaciones	Las ocupaciones
que me gustan	que no me gustan

B **¿Qué le gusta hacer?** A classmate describes what various people like to do. Decide what profession each is preparing for, based on these descriptions.

Por ejemplo:

Marta / estudiar biología y zoología, jugar con animales

ESTUDIANTE A

A Marta le gusta estudiar biología y zoología y jugar con animales.

ESTUDIANTE B

Creo que estudia para veterinaria.

1. Enrique / dibujar casas y edificios, estudiar matemáticas
2. Inés / cuidar (care for) niños, leer libros y aprender cosas nuevas
3. Dolores / estudiar matemáticas y trabajar con computadoras
4. Luis y Raúl / estudiar mecánica, trabajar con coches y motores
5. Mauricio / escribir, sacar fotos, saber qué pasa
6. Anita / ganar dinero, ahorrar dinero, tomar decisiones, trabajar en una oficina

AARON ABOGADOS

ABOGADOS
4458862

MATRIMONIAL
ARRENDAMIENTOS
PENAL
LABORAL
DECLARACION RENTA

48011 MADRID
Vallehermoso, 20 - 6° A izda.
4458862

ALBERTO SANCHEZ
ELECTRICISTAS

INCLUSO SABADOS Y FESTIVOS

- INSTALACIONES Y REPARACIONES ELECTRICAS
- PORTEROS AUTOMATICOS
- NO COBRAMOS VISITA
Llámenos, le atenderemos personalmente
449 72 57
296 91 34
C/ Gral. Kirkpatrick, 23

ACYS S. A.

Agencia de cuidados y servicios profesionales de enfermería
Asistencia 24 horas endomicilio a enfermos, ancianos niños...
Asesoramiento en salud
Ayuda doméstica

Centro Denta

ODONTOLOGIA GENERAL
NIÑOS, ADOLESCENTES Y AD

* PREVENCION.   * PERIODONCIA.   * CIR
CON LUZ HALOGENA.   * ESTETICA
* PROTESIS INMEDIATA.   * FIJA.   * REP
* ORTODONCIA. * RADIOGRAFIAS.
* URGENCIAS.

FINANCIACION TOTAL

CONSULTA: Todo el año
C/. Hermano Gárate, 8, 1" D
(Esquina Sor Angela de la Cruz)

C **Cien por ciento.** The people below are describing what percentage of their time they spend doing different activities related to their jobs. For each, tell what you think his or her profession is.

Por ejemplo:

> Juan: Trabajo cincuenta por ciento del tiempo con una computadora. El treinta por ciento del tiempo contesto el teléfono.
>
> *Creo que es empleado de oficina (de banco, etc.).*

1. Víctor: Paso sesenta por ciento del día en el hospital y veinte por ciento en la oficina donde veo a mis pacientes. Por la noche descanso y leo libros de medicina.
2. Roberto: Paso setenta por ciento de mi tiempo afuera. Saco fotos en la calle y escribo artículos para el periódico.
3. Gloria: Paso noventa por ciento del día en casa. Es un trabajo muy difícil y no gano dinero. Limpio, cocino, voy de compras y trabajo todo el día.
4. Alicia: Paso todo el día afuera en el campo donde manejo un tractor.
5. Yolanda: Paso ochenta por ciento de mi tiempo en mi oficina y veinte por ciento afuera donde visito a los animales.

D **¿Por qué?** Choosing from the list of professions in the **Vocabulario**, tell two things you would like to be and two you would not like to be. Tell why, using reasons such as those below.

trabajar afuera	hacer trabajos manuales
trabajar adentro	trabajar con animales
trabajar con la gente (people)	ganar mucho dinero
trabajar con los números	reparar cosas

Por ejemplo:

> bombero
> *Quiero ser bombero porque me gusta trabajar afuera, hacer trabajos manuales y trabajar con la gente.*

¿Quieres comprar algo?

En Madrid y en otras ciudades españolas hay muchas tiendas pequeñas, pero mucha gente prefiere comprar en los grandes almacenes. Hay dos almacenes principales en Madrid con sucursales en otras ciudades grandes. Son El Corte Inglés y Galerías Preciados. Venden una gran variedad de productos y también ofrecen muchos servicios para sus clientes. Por ejemplo, allí puedes comprar muebles, alimentos y ropa, y también puedes cambiar dinero y hacer reservaciones para viajes.

EDIFICIO MO[D]

1° SÓTANO Imagen y Sonido. Discos. Microinformática. Fotografía. Fumador. Papelería. Librería. Tienda de la Naturaleza. Turismo.

B PLANTA BAJA Complementos de Moda. Perfumería y Cosmética. Joyería. Bisutería. Bolsos. Relojería. Marroquinería. Stand Dunhill. Cartier. Bombonería Godiva.

1ª PLANTA Señoras. Confección. Punto. Peletería. Boutique Internacionales. Lencería y Corsetería. Futura Mamá. Tallas Especiales. Complementos de Moda.

2ª PLANTA Caballeros. Confección. Ante y Piel. Boutiques. Ropa Interior. Sastrería a Medida. C. Gourmet. Artículos de Viajes. Complementos de Moda.

3ª PLANTA Infantil: Niños/as (4 a 10 años). Confección. Boutique. Complementos Bebés. Carrocería. Canastillas. Confección Bebé. Zapatería Bebé. **Chicos/as (11 a 14 años). Confección** Boutique Agua Viva. Complementos. **Juguetería.**

4ª PLANTA Zapatería. Señoras, Caballeros y Niños. Deportes. Confección. **Deportiva.** Zapatería Deportiva Armería. Marcas Internacionales. Complementos.

5ª PLANTA Juventud. Confección. Tienda Vaquera. Lencería y Corsetería.

6ª PLANTA Promociones y Ferias. Cosas (regalos juventud). **Servicios:** Cafetería. Restaurante. Pizzería. Bufé.

Actividad

You are at the information desk on the **planta baja** of **El Corte Inglés.** Your friend asks where the following items can be purchased. Use the directory to tell which floor each item is on and whether it is up or down.

Por ejemplo:

zapatos

ESTUDIANTE A
Perdón, señorita (señor), quisiera comprar zapatos.

ESTUDIANTE B
Están arriba en la cuarta planta.

1. discos
2. libros y revistas
3. una cámara
4. una maleta
5. un sandwich y un refresco
6. perfume

Estructura 1

How to Say How Much or How Many

Adjectives of quantity

To ask how much or how many, you have used **¿cuántos?** or **¿cuántas?**

> **¿Cuántos discos quieres comprar?**
> **¿Cuántas muchachas hay en tu clase?**

1. You can also use the singular form of these words.

> **¿Cuánto dinero necesitas?**
> **¿Cuánta leche debo comprar?**

2. When you want to ask how much one thing costs, you say **¿Cuánto vale?** for one thing and **¿Cuánto valen?** for more than one.

> **¿Cuánto vale el disco?**
> **¿Cuánto valen las camisetas?**

3. When you want to ask someone's age, you say **¿cuántos años?** and the appropriate form of **tener**.

> **¿Cuántos años tienes?**
> **¿Cuántos años tienen tus hermanos?**

¿Cuántos casetes tienes?

4. To tell how much or how many, you can use a specific number or the following words. Note that these words can be used to describe one thing or more than one.

poco / poca / pocos / pocas	a little, few
mucho / mucha / muchos / muchas	a lot, many
todo / toda / todos / todas	every, all

> **¿Tienes muchas camisetas? No, tengo pocas.**
>
> **Luis está enfermo. Debe pasar toda la semana en casa.**
>
> **En mi escuela, muchos estudiantes estudian español. Pocos estudian latín.**
>
> **Mañana Ana va a estudiar todo el día. Todas sus clases son difíciles.**

Actividades

A **Mis hermanos.** Ask if your classmate has brothers or sisters. Also find out how old they are. Report back to the class about who's older and younger in your classmate's family.

Por ejemplo:

ESTUDIANTE A

(1) ¿Tienes hermanos?

(3) ¿Y cuántos años tiene?

ESTUDIANTE B

(2) Sí, tengo una hermana.

(4) Bueno, mi hermana tiene diez y nueve años.

(A la clase:) Sara tiene una hermana mayor.

B **¿Todos los días?** Describe your routine by completing the following sentences.

1. Todos los sábados...
2. Todos los domingos...
3. En muchas clases...
4. Muchas veces...
5. Pocas veces...
6. Todas las noches...

C **Mis compañeros.** Working in groups of three or four, poll your classmates using the following questions. Report back to the class.

Por ejemplo:

¿Cuántos piensan comer en la cafetería hoy?

(A la clase:) Todos pensamos comer en la cafetería hoy. (Muchos estudiantes piensan comer afuera. Pocos piensan comer en la cafetería. Nadie (nobody) piensa comer en la cafetería hoy, etc.).

¿Cuántos...

1. ... quieren ser doctores? ¿abogados? ¿ingenieros?
2. ... tienen una familia grande?
3. ... tienen abuelos en casa?
4. ... viven en un apartamento? ¿en una casa?
5. ... tienen una colección en casa?
6. ... practican deportes?

La lotería

¿Qué es una lotería? Pues, compras un billete que lleva un número. Si seleccionan tu número, ganas mucho dinero. En España hay muchas loterías. En una lotería, el ganador recibe cincuenta por ciento del dinero y el otro cincuenta por ciento es para el estado, o el gobierno. Las ganancias del estado pagan muchos servicios. Por ejemplo, se usan para los niños que no tienen padres y para las viudas (señoras que ya no tienen esposos). Una de las loterías más grandes es la de la ONCE (Organización Nacional de Ciegos). Con las ganancias de esta lotería se pagan los salarios de los vendedores de billetes y también se mantienen escuelas para los ciegos (personas que no pueden ver).

Actividades

A The above tells about the Spanish lottery. What do you know about how a lottery works? In the paragraph above, find five people or groups of people who benefit from the lottery system. Which one receives the most money?

B Complete the following sentence:
Si gano la lotería, pienso comprar _____, _____ **y** _____.

JUGAR A LA LOTERIA TRAE SUERTE

lotería 🌐 nacional
La Lotería

ONCE

DON QUIJOTE

"EL RETIRAR NO ES HUIR
NI EL ESPERAR ES CORDURA
CUANDO EL PELIGRO
SUPERA A LA
ESPERANZA."

100 p
Lune
22 Oc
1990

SERIE 063 7 4 8 2 7
SIETE CUATRO OCHO DOS SIE

Estructura 2

....

How to Count from 100 to 500

You have learned that the word **cien** is used for 100.

> **Necesito cien pesetas, por favor.**

1. For numbers between 101 and 199, use **ciento**.

> **El televisor vale ciento cincuenta dólares.**

2. Below are the words for 200, 300, 400, and 500.

doscientos(as)	**cuatrocientos(as)**
trescientos(as)	**quinientos(as)**

Notice that the ending you use for 200 to 500 (**-os** or **-as**) depends on whether you are describing masculine or feminine words.

> **¿Cuántos discos tiene José? ¡Tiene doscientos!**
>
> **¿Cuántas páginas tiene el libro? Tiene trescientas páginas.**

3. Follow the hundreds with single- and double-digit numbers.

105	**ciento cinco**
240	**doscientos cuarenta**
590	**quinientos noventa**

Actividad

¿Cuánto vale? Pilar has just purchased the items below. Tell how much each one costs.

```
PZA.DEL.ANGEL,16
ART. INFORMATICA
TELEFONO 4692230


TARJETAS
POSTALES
IVA INCLUIDO----    365
TOTAL
            365
```

```
PZA.DEL.ANGEL,16
ART. INFORMATICA
TELEFONO 4692230


BOLÍGRAFO     180
IVA INCLUIDO-----
TOTAL         180
```

```
        kG    PT/kG    61
        CARTEL         PTAS
                       400

   A *  TOTAL          400
```

```
CIF A/78668751
 IVA INCLUIDO


   CAMISETA
    TOTAL
                550
                550
001CAJERA
            39001
```

```
CIF A/78668751
 IVA INCLUIDO


   REFRESCO
   PASTEL
    TOTAL        65
               160
               225
001CAJERA
            39001
```

Finalmente

Situaciones

A conversar It's the year after your graduation and you happen to see a former classmate. Greet each other and converse about the following.

1. where each of you lives and what your home is like
2. your possessions
3. your daily activities

A escribir You are preparing to interview a local Hispanic professional. Write down questions you will ask this person to obtain the following information.

1. name and profession
2. name and address of his or her company
3. what he or she likes and dislikes about the job
4. what a student must do to prepare for this kind of work

Repaso de vocabulario

PREGUNTAS

¿Cuánto vale?
¿Cuántos años
   tiene(s)?

OCUPACIONES

el/la abogado(a)
el/la agricultor/a
el ama de casa (f.)
el/la arquitecto(a)
el/la bombero(a)
el/la carpintero(a)
el/la dentista
el/la doctor/a

el/la dueño(a)
el/la electricista
el/la empleado(a)
el/la enfermero(a)
el hombre de negocios
el/la ingeniero(a)
el/la mecánico(a)
la mujer de negocios
la mujer policía
el/la periodista
el policía
el/la profesor/a
el/la supervisor/a
el/la veterinario(a)

NÚMEROS

ciento
doscientos(as)
trescientos(as)
cuatrocientos(as)
quinientos(as)

CANTIDADES

mucho(a)
poco(a)
todo(a)

LUGARES

la compañía
la fábrica

EXPRESIONES

Creo que...
estudiar para

Lección 3

No comprendo a la abuela

¡A comenzar!

The following are some of the things you will be learning to do in this lesson.

When you want to . . .

1. talk about one thing that someone likes
2. talk about several things that someone likes
3. say how something or someone appears to be

You use . . .

- **A** + person + **le gusta** + thing.
- **A** + person + **le gustan** + things.
- **Parece que...**

Now find examples of the above words and phrases in the following postcard.

ZOO
DE LA CASA DE CAMPO
M A D R I D

Kim le escribe una tarjeta postal a la señora Rivera.

> Madrid
> 26 de julio
>
> Querida señora Rivera:
> Aquí estamos Pilar, sus hermanos menores Felipe y Miguel Ángel, la abuela y yo en el parque zoológico de Madrid. Felipe es simpático, pero creo que Miguel Ángel está demasiado mimado (claro, la abuela cree que es el niño perfecto).
> No comprendo a la abuela. Creo que a ella no le gustan los jóvenes. Pasa los días en casa con Miguel Ángel. Parece que la abuela no está en Madrid de visita. Creo que vive aquí con la familia. ¡Hasta luego!
> Un saludo
> afectuoso de
> Kim

> Ms. Sonia Rivera
>
> 17 Dover Place
>
> Los Ángeles, CA
>
> 91600   E.E.U.U.

ESPAÑA 20+5 Pre-Olímpica   Barcelona '92 CORREOS

Actividad preliminar

Say whether you know that the following statements are true or whether you're not entirely sure. Begin each statement with **Sé que...** or **Parece que...**

Por ejemplo:

> Madrid es una ciudad divertida.
> *Parece que Madrid es una ciudad divertida.*

1. José Luis es hermano de Pilar.
2. Madrid es la capital de España.
3. Pilar vive en Madrid.
4. José Luis saca buenas notas en la universidad.
5. Kim y Pilar son buenas amigas.

Vocabulario

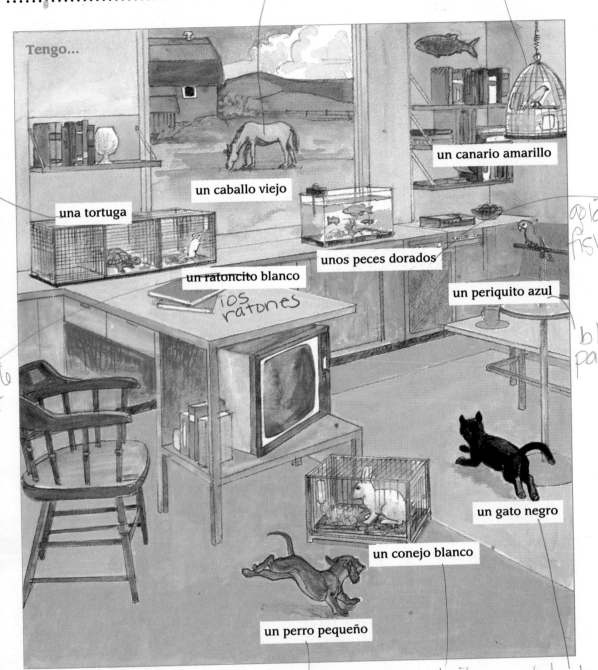

Tengo...

un canario amarillo

un caballo viejo

una tortuga

unos peces dorados

un ratoncito blanco

un periquito azul

un conejo blanco

un gato negro

un perro pequeño

Handwritten annotations: old horse, yellow canary, gold fish, blue parrot, los ratones, little dog, white rabbit, black cat

En el parque zoológico cuidan...

los pingüinos

los leones

los elefantes

los monos

los tigres

los osos

los gorilas

los camellos

las llamas

las serpientes

Lección 3 **269**

Actividades

A **Preferencias.** Ask a classmate which animals presented in the **Vocabulario** he or she likes. Then report to the class.

Por ejemplo:

ESTUDIANTE A
¿Te gustan los gatos?

ESTUDIANTE B
Sí, (No, no) me gustan.

(A la clase:) A Mary (no) le gustan los gatos.

B **¿Cómo son los animales?** Use the following traits to describe the animals listed below.

bonito
divertido
feo
grande
independiente
inteligente
listo

misterioso
paciente
peligroso (dangerous)
pequeño
perezoso
simpático
tímido

Por ejemplo:

los gatos
Los gatos son (parecen) independientes y misteriosos.

1. los perros
2. las serpientes
3. los caballos
4. los conejos
5. los leones

6. los osos
7. los pingüinos
8. los monos
9. los gorilas
10. los canarios

11. las tortugas
12. los ratoncitos
13. los camellos
14. las llamas

C **De vacaciones.** Write a note to your neighbor thanking him or her for agreeing to take care of your pet while you're on vacation. Answer the following questions to provide information about your pet. If you don't have a pet, think of a friend's or relative's pet.

1. ¿Cómo es?
2. ¿Cuándo come?
3. ¿Qué le gusta hacer?

4. ¿Qué no le gusta hacer?
5. ¿Dónde duerme?
6. ¿Qué más necesita?

Here is the first line of your letter.

Querido(a) ———:
Gracias por cuidar a *(nombre del animal)*...

Los abuelos

En las culturas hispanas, los abuelos son muy importantes en la familia. Cuidan y supervisan a los niños (sus nietos) y controlan muchas de las actividades de la casa. Algunos viven en sus propias casas, pero la mayoría vive con un hijo o una hija. Allí, hacen el trabajo de la casa, preparan la comida o hacen las compras. Todos respetan las opiniones y recomendaciones de los abuelos.

Actividades

A According to the above reading, which of the following activities do many Hispanic grandparents do?

Por ejemplo:

> limpiar la casa
> *Sí, limpian la casa.*

1. cocinar
2. cuidar a los niños
3. ir de compras — go shopping
4. descansar todo el día
5. expresar sus opiniones
6. ver la tele todo el día
7. jugar con los niños
8. ir a discotecas
9. ganar dinero
10. vivir con sus hijos
11. dar recomendaciones

B Answer the following questions about your grandparent(s).

1. ¿Dónde viven tus abuelos?
2. ¿Hablas por teléfono con ellos?
3. ¿A tus abuelos les gustan los jóvenes? ¿Les gustan tus amigos?
4. ¿Les gusta tu música? ¿Les gusta tu ropa?

Estructura 1

How to Describe Other People's Likes and Dislikes

Le gusta(n) /Les gusta(n)

You have already learned to say what another person likes and doesn't like to do.

A Kim le gusta viajar. También le gusta sacar fotos.

You have also learned to say what two or more people like and don't like to do.

A mis compañeros les gusta bailar. No les gusta cantar.

1. To say that someone likes one thing, use **le gusta** + object.

   A Pilar le gusta el parque zoológico.
   A Kim le gusta Madrid.

2. To say that someone likes more than one thing, use **le gustan** + objects.

   A José Luis le gustan sus clases.
   A Miguel Ángel le gustan las serpientes.

3. To say what more than one person likes or does not like, use **les gusta** or **les gustan.**

   A los estudiantes les gusta la señora Rivera.
   A los hermanos de Pilar les gustan las vacaciones.
   ¿A ustedes les gustan los bailes de la escuela?
   A mis padres no les gusta la tele.

AQUI
CHU-LIN
NATURAL DE
MADRID

ZOO DE LA CASA DE CAMPO

Actividades

A **¿Qué le gusta?** List at least two likes and dislikes for the following people.

Por ejemplo:

> un amigo
> *A mi amigo Tom le gustan los videojuegos.*
> *No le gustan los exámenes de historia.*

1. **tu amigo(a)**
2. **tu mamá o tu papá**
3. **tu primo(a)**
4. **tu maestro(a) de español**
5. **tu hermano(a)**
6. **un/a compañero(a) de clase**

B **¿Qué les gusta?** Complete the sentences below to describe differences in the interests of the following groups of people.

1. **A los niños les gusta(n)...**
2. **A los jóvenes les gusta(n)...**
3. **A los padres les gusta(n)...**
4. **A los abuelos les gusta(n)...**
5. **A los maestros les gusta(n)...**

C **Animales.** List two animals you like and two you don't like.

Por ejemplo:

> **Me gustan los perros pero no me gustan los gatos.**

Then compare the results in a small group, announcing the similarities and differences to the class.

Por ejemplo:

> **A Mark y a Chris les gustan los osos pero no les gustan los elefantes.**

Kim escribe en su diario

Madrid
27 de julio

Querido diario:
Estoy muy contenta aquí. La semana pasada Pilar y yo fuimos a la casa de Maura, una amiga de Pilar, y luego las tres fuimos de compras en la calle Serrano. ¡Es increíble la calle! La gente es tan elegante. Vi muchas cosas que quisiera comprar pero las tiendas son demasiado caras para estudiantes pobres. Ayer fui sola a un concierto en la Plaza Mayor y allí vi un grupo de estudiantes norteamericanos. Después del concierto fuimos dos de los estudiantes y yo a comer paella.

Actividades

A From Kim's diary, name the places she went alone (**sola**) and the places she went with someone (**acompañada**). What word does Kim use to say "I went"? "We went"?

B Find the words in this postcard that answer the question **¿cuándo?** Which of these refer to times in the past?

C What would Kim say she saw in each of the following places?

En la calle Serrano vi _____. **En la Plaza Mayor vi** _____.

Estructura 2

How to Count from 600 to the Thousands

You have learned that the numbers for 200, 300, 400, and 500 end either in **-os** or **-as,** depending on what you are describing.

> **El televisor vale trescientos dólares.**
> **Hay doscientas personas en el estadio.**

1. The numbers from 600 to 900 work the same way. They are:

600	seiscientos(as)
700	setecientos(as)
800	ochocientos(as)
900	novecientos(as)

2. The word for 1,000 is **mil.** To say 2,000, 3,000, 4,000, and so on, you say:

> **dos mil, tres mil, cuatro mil, etc.**

3. Notice how numbers are combined. To give numbers in the thousands in Spanish, use a period instead of a comma, as in the last three examples.

115	ciento quince
231	doscientos treinta y uno
355	trescientos cincuenta y cinco
1.400	mil cuatrocientos
2.800	dos mil ochocientos
3.335	tres mil trescientos treinta y cinco

4. When you combine numbers, as in the examples above, only the numbers that indicate "hundreds" (200, 300, 400, etc.) change endings, depending on whether you are describing masculine or feminine nouns.

> **Hay doscientas quince muchachas en la escuela.**
> **Y hay doscientos veinte y dos muchachos.**
>
> **El coche vale nueve mil quinientos dólares.**
> **El trofeo vale tres mil cuatrocientas pesetas.**

Actividad

¡Qué suerte! On a TV game show, you have won $6,500 and now you must decide how to spend the money. Choose from the selection of prizes below.

Por ejemplo:

> *Quiero la bicicleta. Vale quinientos treinta y cinco dólares. También quiero _____. Vale _____.*

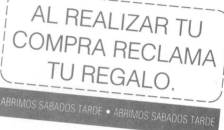

la bicicleta $535

el teléfono portátil $750

el viaje a Miami $1400

la moto $1100

el estéreo $695

la videocasetera $620

el viaje a España $3225

Finalmente

Situaciones

A conversar You want to buy a pet at the mall. A classmate will play the role of the salesclerk.

1. Ask the salesclerk what pets the store has.
2. Ask about the age, colors, and other characteristics of three pets the salesclerk has mentioned.
3. Ask about the cost of each one.
4. Make a selection.

A escribir On a separate sheet of paper, complete the application for part-time work at the local veterinary clinic.

¿Cómo se llama? _____

¿Cuál es su dirección? _____

¿Cuál es su número de teléfono? _____

¿Cuántos años tiene? _____

¿Por qué quiere trabajar en la clínica? _____

¿Qué animales le gustan más? _____

¿Hay animales que no le gustan? _____

¿Cuántas horas quiere trabajar? _____ ¿Qué días? _____

¿Tiene experiencia? _____ ¿Dónde? _____

Repaso de vocabulario

ANIMALES

el caballo
el camello
el canario
el conejo
el elefante
el gato
el gorila
el león
la llama
el mono
el oso
el periquito
el perro
el pez dorado
   (pl. los peces dorados)
el pingüino
el ratoncito
la serpiente
el tigre
la tortuga

NÚMEROS

seiscientos(as)
setecientos(as)
ochocientos(as)
novecientos(as)
mil

PERSONAS

los/las jóvenes
el/la niño(a)

OTRAS PALABRAS Y EXPRESIONES

cuidar
Parece que...
el parque zoológico

Lección 4

El álbum de familia

¡A comenzar!

The following are some of the things you will be learning to do in this lesson.

When you want to . . .	You use . . .
1. describe someone's characteristics	• pelirrojo(a), rubio(a), etc.
2. talk about someone's features	• ojos azules, pelo negro, frenos en los dientes, bigote, etc.
3. say what someone must do	• **Tiene que** + activity.
4. talk about specific people	• ... **a** + person

Now find examples of the above words and phrases in the following conversation.

Kim y Pilar miran fotos de la familia de Pilar.

PILAR: Mira, Kim, aquí hay una foto de mis tíos. A la derecha está mi tía Elena. Es periodista. Es muy divertida. Ya ves que es muy guapa. Tiene pelo negro y ojos azules.

KIM: ¿Y quién es el niño con frenos en los dientes?

PILAR: Es José Antonio, el hijo de tía Elena. A ver... ¿ves a la pelirroja con anteojos? Es mi otra tía, Lidia, que trabaja en la RENFE. Siempre está muy ocupada. Tiene que trabajar mucho, incluso los fines de semana. Ahora, ¿ves al hombre con bigote?

KIM: ¿El señor alto que está a la izquierda?

PILAR: Sí. Es Juan Ignacio, el esposo de mi tía Lidia. Enseña historia en la universidad y escribe novelas policiales.

KIM: ¿Y quién es la niña rubia?

PILAR: Es Paloma, la hija de Lidia y Juan Ignacio.

INFORMACION RENFE MADR

RESERVA TELEFONICA DE PLAZAS - BILLETES A DOMICILIO
INFORMACION GENERAL VIAJEROS

INFORMACION GENERAL MERCANCIAS

	SERVICIO TIDE MERCANCIA FRACCIONA
SERVICIO DE PAQUETERIA - EXPRESS	
— INFORMACION GENERAL *314 00 00	— INFORMACION GENERAL
— SERVICIO A DOMICILIO *314 00 00	— SERVICIO "PUERTA A PUERTA"
SERVICIO INTERNACIONAL	SERVICIO CONTENEDORES - VAGON
PAQUETERIA CHAMARTIN *314 00 00	— TERMINAL
BROÑIGAL 467 86 04	MADRID - ABROÑIGAL

Actividades preliminares

A The following relatives appear in the photo Pilar shows Kim.

Elena   José Antonio   Lidia   Paloma   Juan Ignacio

Based on Pilar's explanation, tell who is being described.

1. Es el esposo de Lidia.
2. Es periodista.
3. Son los primos de Pilar.
4. Es la hija de Lidia.
5. Es el hijo de Elena.
6. Es profesor y escritor.
7. Es pelirroja y tiene anteojos.
8. Tiene pelo negro y ojos azules.
9. Tiene frenos en los dientes.

B Think of four people you enjoy seeing. Tell when or where you usually see them.

Por ejemplo:

Veo a mi prima Inés los fines de semana.

Vocabulario

¿Cómo es? Tiene...

light: claro
Dark: osaro

straight hair
pelo lacio

black hair
pelo negro

curly hair
pelo rizado

blue eyes
ojos azules

barba *beard*

Usa anteojos.
uses glasses

es calvo - a

pelo corto
short hair

ojos negros
black eyes

ojos verdes
green eyes

pelo largo
long hair

red-headed
Es pelirroja.

castaño

Usa lentes de contacto.
contact lens

frenos en los dientes
braces

Es rubio. *blond*

bigote
mustache

ojos de color café
brown eyes

es canoso-a

Actividades

A Mis compañeros de clase. Give the name of at least one classmate who has the following characteristics.

Por ejemplo:

> ojos negros
> *Carlos tiene ojos negros.*

1. ojos azules
2. pelo corto
3. ojos de color café
4. anteojos
5. pelo rubio
6. frenos en los dientes
7. pelo negro
8. lentes de contacto
9. pelo rizado

¿Cómo es él? ¿Y ella?

Unos viajeros jóvenes en la Estación de Atocha.

B **No somos gemelos.** Think of a friend and compare what the two of you look like, what characteristics you have in common, and what you like to do. Complete the following statements.

1. Mi amigo(a) se llama _____.
2. Los (Las) dos somos (tenemos) _____.
3. A _____ le gusta _____, y a mí también (pero a mí _____).

C **Mis parientes.** Choose two of your favorite relatives and describe each one as completely as you can, answering the following questions.

Por ejemplo:

¿Usan anteojos?
Mi prima Kay usa anteojos pero mi tío Luke usa lentes de contacto.

1. ¿De qué color tienen los ojos y el pelo?
2. ¿Cuántos años tienen?
3. ¿Qué les gusta? ¿Qué no les gusta?
4. ¿Dónde viven?
5. ¿Cómo son?

¡Vamos a tomar el tren!

La **RENFE** (Red Nacional de los Ferrocarriles Españoles) es el sistema nacional de trenes. **Viajar en tren es muy popular y muy rápido en España. Hay varias clases de trenes: el tranvía es el más lento porque tiene muchas paradas en todos los pueblos pequeños. El rápido y el expreso son, claro, más rápidos. Pero el más rápido y el más cómodo de todos es el famoso Talgo. Durante los 260 "días azules", es posible comprar billetes más baratos y ahorrar dinero.**

Actividades

A When are train tickets cheaper?

B Scan the following ad for information on a special student card **(la tarjeta joven)** for the railway system. Find out the following.

1. **¿Cuántos años debes tener para usar la tarjeta?**
2. **¿Cuánto vale la tarjeta?**
3. **¿Cuándo es posible viajar?**
4. **¿Cuántos kilómetros necesitas viajar?**
5. **¿Dónde compras la tarjeta?**

¡Ésta es tu marcha!!
Tarjeta Joven de la Renfe.

Ésta es la marcha del tren. La Marcha de la Tarjeta Joven d[e] RENFE. Con ella, si tienes de 12 a 26 años, puedes viajar en [...] a mitad de precio de la Tarifa General. Al precio que tú puede[s ...]

Con la Tarjeta Joven no tienes excusas, cuesta sólo 2.500 [...] y puedes recorrerte España de punta a punta siempre que salg[as ...] días azules y a más de 100 Kms. de donde estés.

Además, por sacarte la Tarjeta, tienes un recorrido en lite[ra] gratis.

Y por si fuera poco, RENFE te dedica un super program[a] musical: todos los sábados, de 13.00 a 14.00 h., Emilio Ara[...] directo en "Entrentenidísimo." (Cadena Ser O. M. y F. M.)

Cómprala ya.
Puedes hacerlo en Estaciones, Oficinas de Viaje RENFE[...] Agencias de Viaje autorizadas.

Estructura 1

How to Talk about Specific People

The personal a

In the following pairs of sentences, in one sentence in each pair the direct object refers to a person; in the other, the direct object refers to a thing.

> **Veo a Julia en la clase de arte. En la clase vemos muchas fotos.**
>
> **No comprendo a la maestra de geometría. No comprendo el libro tampoco.**
>
> **En julio pensamos visitar Nueva York. Allí pensamos visitar a mis abuelos.**

1. Did you notice that if a word referring to a specific person or persons follows the verb, you use **a** before that word?

   > **Los domingos visito _a_ mi amiga Inés. Inés y yo vamos al parque donde siempre vemos _a_ mis compañeros. También vemos _al_ hermano de Inés, que juega baloncesto con sus amigos. Generalmente invito _a_ Inés a tomar algo después en una cafetería.**

En el comedor del apartamento de la familia Mestre. ¿A quiénes ves?

2. Did you notice in the above paragraph that if the **a** comes before **el**, the two words combine to form **al?**

   > **Inés piensa invitar al primo de Susan a la fiesta.**
   > **También va a llamar al hermano de Eva.**

3. The personal **a** also appears in questions about specific people.

   > **¿A quién llamas?**   **Llamo a Pilar.**
   > **¿A quién invitas al baile?**   **Invito a José Luis.**

4. You do not use **a** before specific people after the verb **tener.**

   > **Tengo dos hermanos.**

Actividades

A **Mi mundo.** Think of three people you visit frequently. Tell when you usually visit each of them.

Por ejemplo:

> mi amigo Sam
> *Visito a mi amigo Sam los sábados por la tarde.*

B **Mis amigos.** Tell about the people who are important to you by answering the following questions.

Por ejemplo:

> **¿A quién llamas cuando no entiendes la tarea?**
> *Llamo al hermano de Pat.*

1. **¿A quién invitas al cine?**
2. **¿A quién ves cuando vas a las fiestas?**
3. **¿A quién ayudas** (help) **con la tarea?**
4. **¿A quién visitas los fines de semana?**
5. **¿A quién llamas cuando tienes un problema?**

C **Un mensaje.** When Pilar and Kim return home one day, they find a phone message Pilar's mother left. Complete it by inserting a personal **a** in the blanks where necessary.

Pilar:
Debes llamar ___ Maura. Parece que ___ todos van a ver ___ José Antonio porque sale para Segovia el sábado. Maura quiere saber si debe invitar ___ Felipe y ___ su novia. Sabes ___ el número de teléfono de Maura, ¿no?

Toledo, Ávila y Segovia

Muchos turistas que visitan Madrid hacen excursiones a tres ciudades pequeñas que están a poca distancia de la capital: Toledo, Ávila y Segovia.

Toledo es una ciudad histórica. Como tiene influencia árabe, hebrea y católica, los turistas se maravillan ante la sinagoga, la catedral, las iglesias, los monasterios y calles y edificios medievales. También visitan la casa de El Greco, uno de los pintores más famosos de España.

Ávila es una ciudad medieval, completamente rodeada por una muralla construida como protección contra los moros. En Segovia, vemos el acueducto romano que pasa por el centro de la ciudad.

EXCURSIONES Y VISITAS

VIAJES ORBE, S.A.

MEDIO DÍA EN TOLEDO

En Toledo, ciudad-museo de gran belleza artística, visitamos la Catedral y su riquísimo Tesoro, y la Iglesia de Santo Tomás, donde está la obra más importante de El Greco: "El Entierro del Conde de Orgaz." Visitamos también la Sinagoga de Santa María la Blanca y el Monasterio de San Juan de los Reyes.

Salidas julio: 9, 10, 12, 13, 14, 21, 22, y 24.

Precio por persona: 2.200 ptas.

ÁVILA-SEGOVIA

En Ávila, visitamos la Catedral y la Iglesia de Santa Teresa. Más tarde salimos para Segovia, donde comemos cochinillo asado en un restaurante típico. En esta ciudad podemos contemplar el Acueducto Romano de unos 2.000 años de antigüedad, y visitar el Alcázar.

Salidas julio: 11, 16, 19, 20 y 21.

Precio por persona: 4.700 ptas.

Actividad

Help Kim give advice on what to see in the following cities.

1. Si estamos en Toledo, ¿qué debemos hacer?
2. ¿Y si estamos en Ávila?
3. ¿Y si estamos en Segovia?

Estructura 2

How to Say What You Must Do   Tener que + *infinitive*

To say what you or others must do or have to do, use a form of the
verb **tener,** followed by **que** and the activity.

> **Tengo que hacer la tarea.**
> **¿Tienes que llamar a tu hermano?**
> **José no tiene que trabajar hoy.**
> **Todos tenemos que ganar dinero.**
> **Raquel y su prima tienen que visitar a sus abuelos.**

Actividades

A **¡Vamos a España!** A group of students is going to Spain for a
week. You are in charge of giving them final instructions. Which of
the following must they do? Which do they not need to do?

Por ejemplo:

> recibir el pasaporte
> *Tienen que recibir el pasaporte.*
> llevar el libro de inglés
> *No tienen que llevar el libro de inglés.*

1. saber la dirección del hotel
2. llevar cheques de viajero
3. estudiar el mapa
4. llegar temprano al aeropuerto
5. comprar regalos para la maestra
6. hablar español
7. ser muy amables
8. ahorrar cinco mil dólares

Una vista de Toledo.

B **En tu casa.** List five things that your parents would say you
have to do at home. Use **primero, luego, después, entonces.**

Por ejemplo:

> **Primero tienes que limpiar tu habitación.**

C **Estoy muy ocupado.** Bruno asks you to do the following things, but you think he's boring. Tell him that you have to do something else.

Por ejemplo:

> ¿Quieres tomar algo en la cafetería?
> *¡Qué pena! Tengo que ver al maestro de inglés.*

1. ¿Quieres ir al centro comercial?
2. ¿Por qué no jugamos tenis?
3. ¿Quieres ir al cine el sábado?
4. ¿Por qué no vamos al partido esta noche?
5. Te gusta el fútbol, ¿verdad? ¿Quieres jugar?

D **Imposible.** Suggest to a classmate that the two of you do the following things. Your classmate will reject your suggestions and say something else you both have to do instead.

Por ejemplo:

> ir al cine

¿Qué tienen que hacer los muchachos?

ESTUDIANTE A	ESTUDIANTE B
¿Por qué no vamos al cine?	No. Tenemos que ir al centro.

1. ir al partido
2. tomar algo
3. bailar
4. hablar inglés
5. descansar
6. salir esta noche
7. limpiar tu habitación

E **Resoluciones.** Think of three things that you don't do enough of. Share these with a classmate. Then tell what you have to do to improve. Report back to the class.

Por ejemplo:

ESTUDIANTE A	ESTUDIANTE B
No trabajo bastante en mis clases. Tengo que trabajar más.	Nunca llevo a mi hermano menor al cine. Tengo que llevar a mi hermano al cine más.

(A la clase:) Jill dice que tiene que trabajar más. Yo también.

Finalmente

Situaciones

A conversar A classmate has witnessed a robbery. You will play the role of a police officer who asks about what the suspect looks like.

1. Find out if the person is a man or a woman.
2. Find out the person's approximate (**más o menos**) age.
3. Ask if the person is tall or short, thin or heavy.
4. Ask about the color, length, and type of hair. If it is a man, ask about facial hair and its color and length.
5. Find out if the person wears glasses.

A escribir Write a note to a classmate describing a well-known personality, such as an athlete, politican, musician, actor, or actress. Don't give the person's name; your classmate will guess whom you are describing.

1. Give the person's profession.
2. Describe what the person looks like.
3. Give one or two other details, such as the person's recent achievements or favorite activities.

Repaso de vocabulario

DESCRIPCIÓN PERSONAL	DESCRIPCIÓN DE PELO	EXPRESIÓN
los anteojos	corto	tener que
la barba	lacio	
el bigote	largo	
los dientes	pelirrojo(a)	
los frenos	rizado	
los lentes de contacto	rubio(a)	
los ojos		
el pelo		

Lección 5

¡Qué divertido es Madrid!

¡A comenzar!

The following are some of the things you will be learning to do in this lesson.

When you want to . . .	You use . . .
1. say what someone prefers to do	• **Prefiere** + activity.
2. report what someone says	• **Dice que**...
3. talk about other things	• **otros(as)**...

Now find examples of the above words and phrases in the following letter.

Madrid de Noche

DISCOTECAS Y SALAS DE FIESTA

BOITE DEL PINTOR. Goya, 59. Metro Goya. Tel. 465 06 17. Discoteca de 20 a 3 h. de la madrugada. Domingo cerrado.

CARIBIANA - Boite. Paseo de la Castellana, 23 (Nuevos Ministerios). Autobuses 27 y 14. Tels. 295 77 69 y 268 78 07.

CARNAVAL. Cartagena, 89. Metro Avenida América/ Tel. 266 71 67. Abierto todos los día de 19 a 22 h. Baile.

LA CARROZA. Flor Baja, 6 (entre Isabel La Católica y Leganitos). Tel. 372 53 77. Sesió continua de 18 a 4 madrugada Bailes con orquestas recordando los años 40 al 60.

EL CASINO. Boite-espectáculo. Carrera de Coruña, km. 28,300. Torrelodones. Tel. 25 12. Abierto de 24 a 4 de la madrugada.

Kim le escribe una carta a Josh, un compañero de clase
en Los Ángeles.

Querido Josh:

Aquí estoy en Madrid con Pilar. Madrid es fantástico y Pilar es sensacional, tan guapa y simpática como siempre. Por la tarde, Pilar y yo salimos con su hermano mayor, José Luis, y sus amigos. Vamos al cine y comemos tapas, o vamos a las discotecas y después tomamos un café en una de las plazas. Hay muchas discotecas—son fantásticas y tienen toda la música de los Estados Unidos, Inglaterra, Alemania y, claro, de España también. Si no salimos, a veces veo telenovelas y otros programas interesantes. Pero a Pilar no le gustan las telenovelas. Prefiere hacer otras cosas. Por ejemplo, le encanta leer. También vive con la familia la abuela de Pilar. A la abuela no le gustan las discotecas— dice que son malas para las jóvenes. (Me gusta mucho la familia de Pilar, pero no comprendo a la abuela). Bueno, termino la carta ahora. Esta tarde empiezo un curso de arte en el Museo del Prado.

¡Hasta pronto!

Tu amiga,
Kim

Actividades preliminares

A Based on Kim's letter, tell whether the following statements are true (**Es verdad**) or false (**No es verdad**).

1. Kim cree que Pilar es amable.
2. Kim y Pilar nunca salen por la tarde.
3. Parece que a Kim le gusta Madrid.
4. Pilar ve la tele muy poco.
5. A las chicas les gusta bailar.
6. A Kim no le gusta escribir a su maestra de español.

B Tell at what time each of the following begins and ends.

Por ejemplo:

    tu primera clase
    Empieza a las ocho y cuarto y termina a las nueve.

1. tu clase de español
2. tu programa favorito
3. el programa favorito de tu hermano (mamá, papá, etc.)

Vocabulario

En los ratos libres quiero aprender a...
free time

jugar cartas
play cards

jugar ajedrez
play chess
damas

A veces prefiero leer novelas...
sometimes I prefer to read novels...

románticas
romances

policiales
detective

de ciencia ficción
science fiction

También me gusta leer revistas de...

historietas
comic strips

moda
fashion

deportes
sports

Y me gusta jugar juegos de mesa.
table

Me gusta ganar pero a veces pierdo.*

board games

I like to win but sometimes I lose

* perder (ie)

¿Qué clase de programa prefieres?
Prefiero ver...

las telenovelas (*soap operas*)

las noticias (*news*)

los concursos (*game shows*)

los programas deportivos (*sport shows*)

los programas educativos (*educational*)

los programas cómicos (*comidies*)

las películas extranjeras (*foreign films*)

las películas de terror (*horror*)

las películas de aventuras (*adventure*)

Actividades

A **Las películas.** List a recent movie for each of the following categories.

1. películas cómicas
2. películas de aventuras
3. películas románticas
4. películas de ciencia ficción
5. películas de terror
6. películas policiales

B **Opinión pública.** The following are the opinions some people have expressed about U.S. television programming. For the statements you agree with, say or write **De acuerdo.** If you disagree, say or write **No estoy de acuerdo.**

1. Deben incluir más programas cómicos.
2. Existe un exceso de telenovelas.
3. Deben incluir más programas educativos.
4. Deben prohibir las películas de terror.
5. Un programa de noticias a las 7:00 de la mañana y otro a las 6:00 de la tarde es suficiente.
6. Deben incluir más programas deportivos, por ejemplo de fútbol y de otros deportes también.
7. Deben presentar más programas extranjeros.
8. Hay demasiados concursos.

C **Quiero aprender.** List five things that you would like to learn how to do some day.

Por ejemplo:

> Quiero aprender a esquiar.

D **¿Cuál prefieres?** Interview a classmate using the following questions. Then report back to the class about his or her preferences.

Por ejemplo:

ESTUDIANTE A	ESTUDIANTE B
¿Lees libros o ves la tele?	Leo libros.

(A la clase:) Bob dice que prefiere leer libros.

1. ¿Practicas deportes o juegas cartas?
2. ¿Juegas cartas o juegas ajedrez?
3. ¿Ves programas deportivos o telenovelas?
4. ¿Lees libros románticos o libros de terror?
5. ¿Ves programas cómicos o programas policiales?
6. ¿Lees novelas o biografías?
7. ¿Qué clase de revistas te gusta leer?
8. Cuando vas al cine, ¿qué clase de película prefieres?
9. Cuando juegas juegos de mesa, ¿a veces pierdes o siempre ganas? ¿y cuando practicas deportes?

El cine y la tele en España

A los españoles (como a los norteamericanos) les gusta mucho ir al cine. Pero en España no es raro ir a ver una película después de cenar, como a las once de la noche.

En España la televisión es muy popular también. Muchos de los canales son controlados por el gobierno. Por eso, ves menos anuncios comerciales, y los programas no siempre empiezan y terminan a la hora o a la media hora como en los Estados Unidos.

Actividad

Find at least one program in the Madrid listing below that fits each of the following categories.

1. programas extranjeros
2. de niños
3. concursos
4. cómicos
5. de noticias
6. deportivos
7. de música
8. de aventuras

DOMINGO

09.15 TVE-1 **CONCIERTO**

12.00 TVE-2 **DOMINGO DEPORTE**

Espacio deportivo que presenta MARÍA ESCARIO, y que ofrece las siguientes transmisiones:
12.15: BALONCESTO. En directo, desde el Pabellón de Villalba, se ofrece la transmisión del encuentro correspondiente a la Liga ACB, que enfrenta a los equipos del ATLÉTICO DE MADRID VILLALBA y al JOVENTUT DE BADALONA. **15.00: GOLF.** En directo, desde el campo de Valderrama se ofrece la transmisión de la última jornada del TROFEO VOLVO MASTERS. **CICLISMO:** Resumen de la Escalada al Montjuich. **GIMNASIA.** En directo, desde el Pabellón de Bruselas, transmisión de la final de la Copa del Mundo de este deporte.

13.00 CANAL + **EL GRAN MUSICAL**

14.30 ANTENA-3 **NOTICIAS**

16.30 CANAL + **PREVIO LIGA DE FÚTBOL**

17.20 TELE-5 **LASSIE**

17.45 TVE-1 **JUEGO DE NIÑOS**

XAVIER SARDÁ presenta este concurso en el que los participantes...

19.00 TVE-2 **PLAYA DE CHINA**
"EL MUNDO" (II)
Capítulo 21 de esta serie estadounidense que consta de 22 episo...
Colleen, tras el entierro de su padre, está muy confundida y se plantea el permanecer en Estados Unidos en lug... de regresar a Vietnam.

19.35 TVE-5 **MISIÓN IMPOSIB...**
"LA PRUEBA" (Capítulo 16)

19.45 TVE-2 **NOTICIAS**

20.00 TVE-5 **EL NUEVO BENNY H...**

20.05 ANTENA-3 **LA RULETA DE LA FORTUNA**
Concurso presentado por IRMA SORIANO.

20.30 ANTENA-3 **DIBUJOS ANIMADO...**
"EL CAMPEÓN"

21.30 TVE-2 **CHEERS:**
"LOS CHICOS DEL BAR"
Un antiguo compañero de equipo de Sa... decide organizar en Cheers una rueda de prensa. En el transcurso de la misma va a presentar un libro autobiográfico en el qu... relata las juergas que él y Sam disfrutaro...

Estructura 1

How to State Preferences   The verb **preferir**

1. When you want to state your preferences or those of others, use the appropriate form of the verb **preferir (ie),** followed by the activity you prefer to do.

SINGULAR	PLURAL
prefiero	preferimos
prefieres	preferís*
prefiere	prefieren

*This form is rarely used in the Spanish-speaking world, except for Spain.

2. When you want to ask which one someone prefers, use **¿cuál?**

   ¿Cuál película prefieres ver?
   Prefiero ver la película romántica.

3. When you want to offer someone choices, use the word **o.**

   ¿Prefieres nadar o descansar?

En un quiosco de Madrid.

Actividades

A **En los ratos libres.** Choosing from the following list, decide which types of magazines you, your family, and your friends prefer.

revistas de casa y cocina
revistas de coches
revistas de deportes
revistas policiales
revistas de historietas

revistas cómicas
revistas de moda
revistas de noticias
revistas de política
revistas financieras

1. tú
2. tu hermano(a)
3. tu mamá o tu papá
4. tú y tus amigos
5. tus abuelos

B **¿Cuál prefieres?** Interview a classmate to find out which activity from the list below he or she prefers to do. Report back to the class.

Por ejemplo:

ir al cine o jugar videojuegos

ESTUDIANTE A
¿Prefieres ir al cine o jugar videojuegos?

ESTUDIANTE B
Prefiero ir al cine (jugar videojuegos).

(A la clase:) Jill dice que prefiere...

1. salir con los amigos o descansar en casa
2. ver telenovelas o escuchar música
3. leer en la biblioteca o estudiar en casa
4. tomar un café o un refresco
5. comer tapas o papas fritas
6. practicar deportes o correr
7. comer en la cafetería de la escuela o comer afuera
8. limpiar tu habitación o estudiar
9. jugar cartas o escuchar música
10. jugar juegos de mesa o ajedrez
11. ver películas extranjeras o películas de ciencia ficción

¡Me gusta esta ciudad!

6 de agosto

Querido diario:

Ayer por la tarde fui a una tienda a comprar un regalo para la señora Rivera. Anoche fuimos a la discoteca a bailar Pilar, José Luis y yo. ¡Qué bien baila ese chico! Después, Pilar fue a casa y José Luis y yo fuimos a tomar algo en el café ¡a las dos de la noche! Mañana él y yo vamos a hacer un picnic y pasar el día en el Parque del Retiro. Dice que es muy divertido pasear en bote en el lago. Luego, por la noche, vamos a ir a una fiesta en casa de un amigo de Pilar y José Luis. ¡Me gusta esta ciudad! (También me gusta José Luis).

Actividades

A Name the places Kim went in Madrid. Name the places she is going to go.

B What word does Kim use to say she went somewhere? To say that she and José Luis went somewhere? To say Pilar went somewhere?

C What can you tell about what Kim likes?

D Compare where you went yesterday (ayer) to where you're going to go tomorrow. Complete the following sentences.

Ayer fui a _____. Mañana voy a _____.

Estructura 2

How to Talk about Another   Otro
or Others

1. If you want to express the idea of "another" or "others," use the
   word **otro.** This word will come before the person(s) or thing(s)
   you are referring to and end in **-o, -os, -a,** or **-as.**

   > **¿Quieres otra cosa? Sí, necesito otro bolígrafo.**
   > **Muchos estudiantes son aplicados, otros son perezosos.**

2. If you want to express the idea of "the other one" or "the other
   ones," use the word **el, la, los,** or **las** before the appropriate form
   of **otro.**

   > **¿Te gustan los anteojos negros? No, prefiero los otros.**
   > **¿Hablas del chico rubio? No, hablo del otro, del pelirrojo.**

Actividades

A **¿Quieres otro?** Tell whether you are satisfied with the following things or whether you want others. Explain why.

Por ejemplo:

> **tu cama**
> *No me gusta mi cama. Es vieja y no es muy cómoda. Quiero
> otra. (Me gusta mi cama. Es nueva y grande. No necesito
> otra).*

1. **tus discos**
2. **tu mochila**
3. **tu estéreo**
4. **tu habitación**
5. **tu gaveta**
6. **tu libro de matemáticas**
7. **tu perro o tu gato**

El Escorial, al norte de Madrid.

B **¿De acuerdo o no?** Write down your preferences for each of the following topics. Then, with a partner, find out how many topics the two of you agree on. Report back to the class.

Por ejemplo:

> leer (una revista)

ESTUDIANTE A

(1) ¿Quieres leer la revista *People*?

(3) ¿Cuál prefieres?

ESTUDIANTE B

(2) Sí, me gusta.
(No, prefiero leer otra).

(4) Prefiero *Sports Illustrated*.

(A la clase:) Yo prefiero la revista *People* pero Jaime dice que prefiere *Sports Illustrated*.

1. ver (una película)
2. ver (un programa de televisión)
3. practicar (un deporte)
4. ir a (un partido)
5. ser (una ocupación)
6. tener (un animal)
7. comer (una comida)
8. tomar (un refresco)

C **¿Cómo es diferente?** Describe the people and things below by telling how one of each group is different from the others.

Por ejemplo:

> Uno de los muchachos no tiene anteojos, los otros tienen anteojos.

1.

2.

3.

Finalmente

Situaciones

A conversar Converse with a classmate about leisure activities.

1. Ask what kinds of leisure activities your partner likes to do.
2. Find one activity that you both have in common and invite your classmate to do something related to that activity.
3. Agree on a day, time, and place.

A escribir Your school has decided to begin a Spanish-language collection for the library. Complete the following note to your librarian, telling all the types of books, magazines, and videos that would appeal to a wide variety of students in your school.

Estimado(a) ____:

A muchos estudiantes les gusta(n) ____, ____ y ____. Entonces, usted debe comprar ____, ____ y ____.

Repaso de vocabulario

PREGUNTAS

¿Cuál prefiere(s)?
¿Qué clase de...?

DIVERSIONES

el ajedrez
las cartas (cards)
el concurso
la historieta
el juego de mesa
la novela
el programa
la telenovela

ACTIVIDADES

aprender a
empezar (ie)
ganar (to win)
perder (ie)
terminar

DESCRIPCIONES

cómico(a)
de aventuras
de ciencia ficción
de moda
de terror
deportivo(a)
educativo(a)
extranjero(a)
policial
romántico(a)

OTRAS PALABRAS Y EXPRESIONES

Dice que
otro(a)
preferir (ie)
las noticias
los ratos libres

Lección 6

Escribe la señora Rivera

¡A comenzar!

The following are some of the things you will be learning to do in this lesson.

When you want to . . .	You use . . .
1. tell a friend what he or she can do	• **Puedes** + activity.
2. say what someone else can or can't do	• **(No) Puede** + activity.
3. refer to an event to take place one day next week	• **el lunes (martes, etc.) que viene**
4. to say the day and the month something occurs	• **el** + date + **de** + month

Now find examples of the above words and phrases in the following letter.

Kim recibe una carta de la señora Rivera.

15 de agosto
Los Ángeles

Querida Kim:

¡Gracias por todas tus cartas y tarjetas postales! Y ¡qué bien escribes en español! Parece que te gustan mucho José Luis y su grupo y veo que puedes salir con ellos por la noche. ¡Qué experiencia para ti!

Creo que con el tiempo vas a comprender a la abuela. Es de otra generación y no puede comprender bien los intereses de los jóvenes como Pilar y tú, José Luis y los otros. Debes comprender también que, para los hispanos, la abuela es una parte muy importante de la familia. Por eso, creo que ella no va a regresar a su pueblo.

Bueno, tu mamá dice que vas a regresar a Los Ángeles el lunes que viene. ¡Quiero saber todas las noticias de tu viaje a Madrid!

Saludos afectuosos de

Sonia Rivera

P.D. Otra cosa: Si tienes tiempo antes de regresar, ¿me puedes comprar unas revistas y periódicos españoles?

Actividades preliminares

A Tell two things you plan to do on the following days next week.

Por ejemplo:

> el viernes que viene
> *El viernes que viene pienso ir al cine.*

1. el sábado que viene
2. el domingo que viene
3. el martes que viene

B Tell what time you return home in the following situations.

Por ejemplo:

> después de las clases
> *Regreso a las tres y media.*

1. después de un partido
2. después de una fiesta

3. después del cine

Vocabulario

¿Qué vas a hacer...?

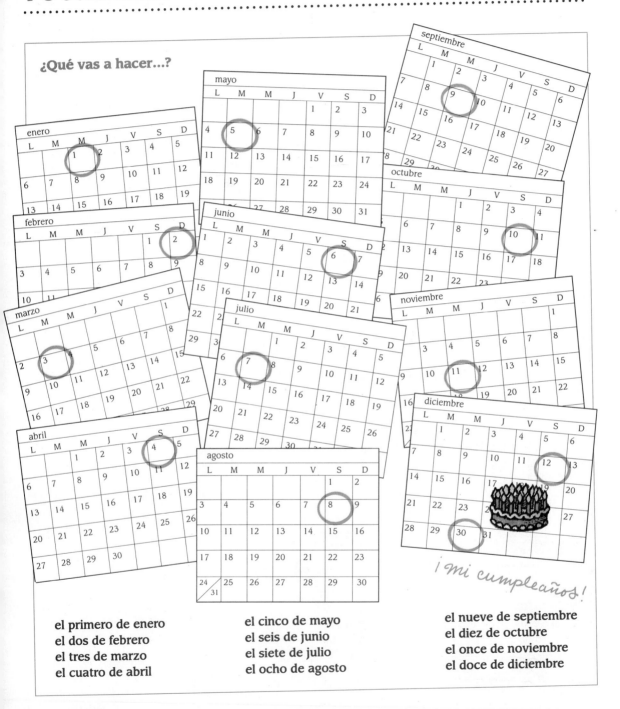

el primero de enero
el dos de febrero
el tres de marzo
el cuatro de abril

el cinco de mayo
el seis de junio
el siete de julio
el ocho de agosto

el nueve de septiembre
el diez de octubre
el once de noviembre
el doce de diciembre

el año/el mes que viene

la semana que viene

enero

L	M	M	J	V	S	
				1	2	3
						10
						17
						24
						31

diciembre

L	M	M	J	V	S	D
1	2	3	4	5	6	
7	8	9	10	11	12	13
14 hoy	15 mañana	16 pasado mañana	17	18	19	20
21 el lunes que viene	22 el martes que viene	23	24	25	26	27
28	29	30	31			

Actividades

A **El año que viene.** Imagine that New Year's Day is coming up. List five of your resolutions.

Por ejemplo:

> El año que viene voy a hacer la tarea todos los días.

B **Mis planes.** Interview a classmate about his or her plans for the following times.

Por ejemplo:

> esta tarde

ESTUDIANTE A

¿Qué vas a hacer esta tarde?

ESTUDIANTE B

Voy a trabajar.

1. pasado mañana
2. esta noche
3. la semana que viene
4. el miércoles que viene
5. el mes que viene
6. el año que viene

C **Cada mes del año.** Tell what you do each month of the year.

Por ejemplo:

> enero
> *En enero juego baloncesto y esquío.*

D **Fechas importantes.** Give the dates of the following celebrations.

Por ejemplo:

> el día de San Valentín
> *el 14 de febrero*

1. el Año Nuevo
2. el Día de los Veteranos
3. el Día de la Independencia
4. la Navidad (Christmas)
5. el Día de la Raza
6. tu cumpleaños

E **¿Vacaciones de invierno?** Your school board plans to change your vacation time from summer to November, December, and January. Compare the winter vacation plan to your summer vacation plan in terms of your usual activities.

Por ejemplo:

> En junio voy a la playa, pero en noviembre no quiero (no es posible, no me gusta, etc.) ir a la playa.

F **El sábado que viene.** Ask two or three classmates what their plans are for the weekend. Then report back to the class, comparing your plans with those of your classmates.

Por ejemplo:

ESTUDIANTE A	ESTUDIANTE B
¿Qué vas a hacer el sábado (domingo) que viene?	Voy a ir a la biblioteca por la tarde.

(A la clase:) Yo voy a correr, pero Sue va a ir a la biblioteca y Tom va a ir al partido de baloncesto. Gina y Eva van a trabajar.

Los jóvenes españoles

A los jóvenes españoles les gusta tomar clases particulares (lecciones privadas) para aprender, por ejemplo, a tocar un instrumento, a bailar, a practicar ciertos deportes o artes marciales o aprender idiomas, especialmente inglés.

Pero los jóvenes no pasan todo el tiempo en clases. Por la noche, desde las once hasta la una o las dos de la mañana, muchos bailan, comen y conversan en las discotecas.

Actividad

Spanish teenagers like to spend free time taking lessons on things of interest to them. List the classes below that (a) you would like to take, (b) you are already taking, and (c) you already know how to do.

Por ejemplo:

Quisiera estudiar (Ya estudio, Ya sé)...

IDIOMAS	INSTRUMENTOS	DEPORTES	OTRAS CLASES
francés	guitarra	tenis	artes marciales
español	piano	vóleibol	baile moderno
chino	batería (drums)	fútbol	ajedrez
japonés	saxofón	natación	
italiano	violín	esquí	
		gimnasia	

Estructura 1

How to Request Information   Summary of Question Words

You have learned to request information using question words.

1. You have learned to ask where people and things are located, using **dónde**.

   ¿Dónde está la calle Serrano? Está a la derecha.

2. You have asked where people go, using **adónde**.

   ¿Adónde vas mañana? No voy a ningún lugar.

3. You have asked where people are from, using **de dónde**.

   ¿De dónde son ustedes? Somos de Puerto Rico.

4. You have used **cómo** with forms of the verb **ser** to ask what someone or something is like.

   ¿Cómo es la muchacha de Colombia? Es muy lista.

5. You have used **cómo** with **estar** to ask how people feel.

   ¿Cómo está, señora Dávila? Estoy bien, gracias.

En una escuela de Madrid.

6. To ask when someone does something or when something takes place, you have used **cuándo** and **a qué hora**.

   ¿A qué hora es el baile? Es a las ocho.
   ¿Cuándo sales para España? El viernes a la una y media.

7. To ask for a reason, you have used **por qué**.

   ¿Por qué necesitas estudiar esta noche?
   Porque tengo dos exámenes mañana.

8. You have asked "what," using **qué**.

   Oye, ¿qué quieres hacer esta noche? Bueno, no sé.

9. You have used a form of **cuánto** to ask how much or how many.

   ¿Cuánto dinero necesitas? Necesito dos dólares.
   ¿Cuántas chicas juegan tenis en tu escuela? Veinte y dos.

10. You have used **quién** to ask who does something and **de quién** to ask to whom something belongs.

> ¿Quién sabe hacer la tarea de español?   Marta González.
> ¿De quién es el libro?   Es de Jaime Suñer.

11. To ask someone to choose between two things, you have used **cuál**.

> ¿Cuál prefieres ver, el programa deportivo o la telenovela?
> Me gusta más el programa deportivo.

Actividades

A **La carta de presentación.** Your class has decided to exchange letters with students studying English in Spain. Write a letter introducing yourself, answering the following questions.

1. ¿Cómo te llamas?
2. ¿De dónde eres? ¿Dónde vives?
3. ¿Cuántos hermanos tienes? ¿Cuántos años tienen? ¿Cómo son?
4. ¿Cómo eres?
5. ¿Qué te gusta hacer en los ratos libres?
6. ¿Te gusta practicar deportes? ¿Cuál prefieres?
7. ¿Sales mucho con los amigos? ¿Cuándo? ¿Adónde van?
8. ¿Quién es tu músico favorito?

B **La invitación.** A classmate invites you to go someplace with a friend of his or hers this weekend. Since you don't know your classmate's friend, find out the following information.

Por ejemplo:

> ¿Quién es el/la amigo(a)?

ESTUDIANTE A	ESTUDIANTE B
¿Quién es tu amigo(a)?	Es Dana.

1. ¿Cómo es?
2. ¿De dónde es?
3. ¿Cuánto dinero van a necesitar?
4. ¿Adónde van a ir?
5. ¿Dónde van a comer?
6. ¿A qué hora van a regresar a casa?

Los Ángeles: una ciudad bilingüe

Kim y la señora Rivera son de Los Ángeles, California.
Los Ángeles es una gran ciudad con mucha gente
hispana de origen mexicano, centroamericano y sudamericano.
Si visitas Los Ángeles, vas a ver que el español está por todas
partes. Puedes hablar español en las calles, los restaurantes
y las tiendas. Puedes leer revistas y periódicos en español.
Y puedes oír español en la radio y la televisión.

U N I V I S I O N P R E S E N T A

DESDE HOLLYWOOD

Revista de Espectáculos

Noticias del mundo
del cine y el espectáculo.
Entrevistas a talento hispano,
los nuevos artistas cross-over y
estrellas internacionales.

Con Luca Bentivoglio

El popular animador,
de importante trayectoria en la
televisión hispana, es también
creador de "Tu Música," el
exitoso show video-musical
de Univisión.

todos los martes a las 10 pm este

UNIVISION

VEALO EXCLUSIVAMENTE POR UNA AFILIADA DE UNIVISION. LO NUESTRO

Actividad

Name the countries from which the following groups
of residents in Los Angeles come.

Por ejemplo:

   los costarricenses
   Son de Costa Rica.

1. los guatemaltecos
2. los hondureños
3. los nicaragüenses

4. los salvadoreños
5. los mexicanos

Guía de Restaurantes

Una guía práctica de restaurantes, según clase d

Colombianos	E
	MADR

LOS ARRIEROS RESTAURANT
2619 W Sunset Bl LA 583 0074

C
E
Y

Cubanos

EL CHORI RESTAURANT
5147 E Gage Av Bell 873 3011

Guatemaltecos

EL NAYARIT RESTAURANT
18822 W Sunset Bl LA ....584 0766   Ami

GUATELINDA RESTAURANT
2220 W 7th LA........................485 7420   EVA

MI GUATEMALA RESTAURANT
Especialidad En Comida
Guatemalteca
695 S Hoover LA 487 4296

Estructura 2

....

How to Describe What People Can and Can't Do

The verb poder

To say what you or others can and can't do, use a form of the verb **poder (ue)**.

SINGULAR	PLURAL
puedo	podemos
puedes	podéis*
puede	pueden

*This form is rarely used in the Spanish-speaking world, except for Spain.

> No puedo salir esta noche. ¿Puedes ir al cine mañana?
> Pilar no puede ir con nosotros al campo.
> Podemos invitar a quince personas a la fiesta.
> ¿Pueden ustedes traer discos a la fiesta?

Actividades

A **Soy increíble.** Write down four things that you can do very well.

Por ejemplo:

> Puedo nadar muy bien.

B **Mi compañero y yo.** Now ask a classmate if he or she can do each of the things on your list from activity **A**. Take notes and report back to the class, comparing what you and your partner can do.

Por ejemplo:

ESTUDIANTE A
¿Puedes nadar muy bien?

ESTUDIANTE B
Sí, puedo. (No, no puedo).

(A la clase:) Puedo esquiar muy bien, pero Ana no puede. Ella puede montar a caballo, pero yo no puedo. Los (Las) dos podemos nadar muy bien.

C **Prohibido.** Tell whether or not you are allowed to do the following things at home.

Por ejemplo:

> comer en la cama
> *En mi casa no puedo comer en la cama.*

1. salir muy tarde por la noche
2. ver la tele después de las diez de la noche
3. escuchar el estéreo durante la cena
4. tener un perro
5. decir (to say) **malas palabras**

D **¿Quién puede?** Working in groups of three, find out whether your classmates are allowed to do the things listed in activity **C**. Take notes and report back to the class.

Por ejemplo:

> ¿Quién puede comer en la cama?
>
> (A la clase:) Ana y Curt pueden comer en la cama, pero yo no puedo.

E **Cuando están aburridos.** List five suggestions about what your classmates can do when they are bored.

Por ejemplo:

> Cuando ustedes están aburridos, pueden jugar con el perro.

F **El último día de clases.** Ask your teacher to change five class or school rules for the last day of school. How many of your requests will your teacher grant?

Por ejemplo:

> ¿Podemos tener clase afuera?

¿Quién puede contestar la pregunta?

Finalmente

Situaciones

A conversar Converse with a classmate about the next school vacation.

1. Ask your partner where he or she plans to go. Give your reaction.
2. Find out what your partner will do there.
3. Ask if your partner will go with family or friends.
4. Find out when your partner will return.
5. Reverse roles.

A escribir

1. Write a note to several friends telling them about a party at a classmate's home.
2. Give a specific date and time when the party will be.
3. Tell the various activities that all of you can do at the party.
4. Ask who can contribute **(llevar)** various items (cassettes, food, etc.).
5. Say that you need to know if they can go to the party by next Monday.

Repaso de vocabulario

EXPRESIONES DE TIEMPO

el año (que viene)
el mes (que viene)
pasado mañana
la semana (que viene)

LOS MESES

enero 17, 1985
febrero
marzo
abril
mayo
junio
julio
agosto
septiembre
octubre
noviembre
diciembre

ACTIVIDAD

regresar

OTRAS PALABRAS

el cumpleaños
poder (ue)

Lectura

You'll be able to figure out many of the words from the context in which they appear or because they look like English words that have similar meanings. First, look over the reading below. Then complete the activities, which follow.

Correo VÍA SATÉLITE

¿Quieres ponerte en contacto con amigos de todas partes? Envíanos tus datos utilizando este cupón.

Nombre:_____

Dirección:_____

Edad:_____
Pasatiempos:_____

El cupón dirígelo a:
Correo vía Satélite

Nombre: Silvia Ortiz
Dirección: Heredia, Urb. La Esperanza 15, COSTA RICA
Edad: 15 años
Pasatiempos: Coleccionar todo lo referente al joven cantante Chayanne, tomar fotografías, estudiar, ver televisión y tener amigos de diferentes nacionalidades.

Nombre: Alfonso Marín
Dirección: Calle 19 #4-56, Apto. 1117, Edificio Sabana, Bogotá, COLOMBIA
Edad: 16 años
Pasatiempos: Leer, practicar deportes, escuchar música variada, escribir poemas, salir con mis amigas y coleccionar monedas de diferentes países.

Nombre: María del Carmen Sánchez
Dirección: Rdo. Rosendo Llanes, Danlí, El Paraíso, HONDURAS
Edad: 18 años
Pasatiempos: Intercambiar correspondencia, estampillas, carteles, escuchar música romántica, leer artículos sobre la cultura de diferentes países y escribir versos.

Nombre: Eugenia Vila Ávila
Dirección: Libertad 1261, Huancayo, PERÚ
Edad: 16 años
Pasatiempos: Practicar deportes, bailar, ver los vídeos musicales de mis artistas favoritos, salir con mis amigos y mantener correspondencia con jóvenes de todo el mundo.

Nombre: Juan José Pereira
Dirección: 15668 San Miguel de Sarandón, Santiago de Compostela, La Coruña, ESPAÑA
Edad: 15 años
Pasatiempos: Escribir, practicar deportes, ir al cine y a la playa, escuchar música variada, leer artículos sobre mis artistas favoritos y viajar.

Nombre: Lilia Calas
Dirección: Calle 8° de Los Jardines #4, H. Caborca, Sonora, MÉXICO.
Edad: 14 años.
Pasatiempos: Intercambiar correspondencia con otros jóvenes, cantar, bailar, tocar piano y coleccionar todo lo referente al grupo musical Flans.

Nombre: Angélica Trujillo
Dirección: 2351 Penn Rd., El Monte, California, 91765, ESTADOS UNIDOS
Edad: 16 años
Pasatiempos: Bailar, ver televisión, lee revistas, escuchar música variada, estudiar con mis amigas, coleccionar versos, practicar deportes e ir a la pla

Nombre: Gromyko Watts
Dirección: Santa Rosa, Weg 173, Curaçao, ANTILLAS HOLANDESAS
Edad: 17 años
Pasatiempos: Mantener corresponde con chicos y chicas de todo el mund practicar deportes, ver televisión, coleccionar carteles de mis artistas favoritos.

Nombre: Griselda M. Álvarez
Dirección: Col. Serramonte 3, Ser Casa # 51, EL SALVADOR
Edad: 19 años
Pasatiempos: Coleccionar calcon y posters, escuchar música e inter biar correspondencia con chicos y chicas de diferentes países.

Nombre: Cinthya Miralda
Dirección: Boul. de las Rosas, 2 Loacalco, Estado de México C.P MÉXICO.
Edad: 17 años
Pasatiempos: Dibujar, leer, escu música variada, planear activida mis amistades, practicar deport intercambiar correspondencia c chicas y chicos de diferentes pa

Actividades

A The magazine column on page 314 publishes requests from young people looking for pen pals. Look at the coupon in the upper left corner. Which of the following questions do you need to answer when writing to this column?

1. ¿Cómo te llamas?
2. ¿Cuántos hermanos tienes?
3. ¿Dónde vives?
4. ¿Cuál es tu apellido?
5. ¿Adónde vas?
6. ¿Cuál es tu número de teléfono?
7. ¿Cómo eres?
8. ¿Cuántos años tienes?
9. ¿De dónde eres?
10. ¿Qué te gusta hacer?

B Determine which pastimes are the most popular for these young people by listing the activities mentioned and tallying the number of times each activity is mentioned.

Por ejemplo:

> Escribir cartas: 2

Determine the five most popular activities and tell whether you like to do each of them.

C Choose one of the people who interests you the most and write a letter to him or her by responding to the questions below. Use the following format for your letter.

1. ¿Cuántos años tienes?
2. ¿En qué grado estás?
3. ¿Cómo es tu familia?
4. ¿Cómo es tu ciudad?
5. ¿Qué te gusta hacer?
6. ¿Qué haces todos los días?
7. ¿Qué estudias?
8. ¿Qué haces los fines de semana?
9. ¿Cuál es tu pasatiempo favorito? ¿Por qué?
10. ¿Cómo eres?

Estimada Raquel:
¿Cómo estás? Me llamo Julia.
Tengo diez y seis años.
Estoy en el décimo grado.
Mi familia .....

Saludos de
Julia Allen

Capítulo 4 Repaso

¿Recuerdas?

Do you remember how to do the following things, which you learned in **Capítulo 4?**

LECCIONES 1–3

1. describe what someone or something seems to be like (p. 242)
2. identify family members (p. 244)
3. describe possession or ownership (p. 248)
4. talk about what others like to do (p. 251)
5. ask how much something costs (p. 254, 261)
6. ask about someone's age (p. 254)
7. express an opinion (p. 254)
8. tell what someone is studying to be (p. 254)
9. name common occupations (pp. 256-257)
10. ask how much or how many there is of something (p. 261)
11. use numbers from 100 to 500 (p. 264)
12. identify common pets and zoo animals (pp. 268–269)
13. talk about things that others like (p. 272)
14. use numbers from 600 to the thousands (p. 275)

LECCIONES 4–6

1. describe someone's physical characteristics (p. 280)
2. talk about specific people (p. 284)
3. tell what you and others must do (p. 287)
4. report what someone says (p. 290)
5. identify pastimes (pp. 292–293)
6. tell and ask about preferences (p. 296)
7. talk about another or others (p. 299)
8. tell what will take place at a given time in the future (pp. 304–305)
9. give dates (pp. 304–305)
10. request information (pp. 308–309)
11. say what people can and can't do (p. 311)

Actividades

A **Sueños.** Compare your home with one you want to have. Use two paragraphs, starting one with **En mi casa...** and the other with **Pero en la casa que quiero...**

B **Mi gente preferida.** Find out from a classmate the following: (a) who his or her two favorite people are, (b) what they do, (c) what relationship they have to him or her, (d) what they like and dislike the most, and (e) why your classmate likes them. Then report back to the class.

C **Mi horario.** Tell the class about your schedule. Include the following.

1. **cinco cosas que haces todos los días**
2. **un lugar adonde fuiste** (you went) **la semana pasada (Fui a...)**
3. **dos cosas que vas a hacer la semana que viene**

D **¿Cuál es mi trabajo?** Work in pairs or small groups and think of a profession. The other pairs or groups in the class will then ask yes/no questions to try to guess what the profession is.

Por ejemplo:

> bombero
> *¿Trabaja usted en casa?*
> *¿Tiene que trabajar por la noche?*
> *¿Trabaja con niños?*
> *¿Gana mucho dinero?*

E **¿Dónde está el señor X?** Draw the face of a fictitious person. On a separate sheet, describe the person, giving a name, occupation, and personality. Your teacher will distribute the drawings around the class. Read your description as a "missing person report." Which of your classmates has your "person"?

PARA VER

Buenos días, buenos clips
7:30 / Canal +

Vídeos musicales de todo tipo y condición para comenzar el día con buen pie.

Jazz entre amigos
1:00 / TVE-1

Celebración del sexto aniversario del programa con la actuación del quinteto de Tom Harrell y la entrega de los premios de *Jazz entre amigos*.

Rockopop
15:00 / TVE-1

Programa musical con entrevistas y actuaciones, presentado por Beatriz Pécker.

Club Disney
18:30 / TVE-1

Programa infantil nuevo en emisión que incluye dibujos animados, telefilmes, juegos y concursos.

De película
19:00 / TVE-2

Espacio cinematográfico con entrevistas y reportajes sobre el Festival Internacional de Cine de San Sebastián.

Queenie
22:30 / TVE-2

Serie que trata de la historia de una niña mestiza, de padre ingles y madre india, en la Calcuta de 1931. La mezcla de su origen le complicará tremendamente la vida.

F **En la tele.** Using the Madrid TV listing at right, what would you suggest to a friend that the two of you watch at the following times of day?

Por ejemplo:

> a las ocho de la noche
> ¿Por qué no vemos _____?

1. a las seis y media de la tarde
2. a la una de la mañana
3. a las tres de la tarde
4. a las siete y media de la mañana
5. a las siete de la tarde
6. a las diez y media de la noche

G **Recomendaciones.** Choose one of the programs listed in activity **F** for a member of your family and one of your friends. Tell what time it is on and why that person should watch it.

Por ejemplo:

> Mi papá debe ver... porque...

H **La familia de Ildefonso.** Pilar describes a family she knows in Los Angeles. Fill in the name of each family member to show their relationship.
In the chart below, + means they are married; / means children.

Mi hermano dice que el año que viene, va a los Estados Unidos. Tiene un amigo, Ildefonso, que vive en Los Ángeles. Creo que la casa está en las afueras de la ciudad, en un barrio donde hay mucha gente de habla española.

Los padres de Ildefonso son españoles y amigos de mis padres. Bueno, el papá, Tomás, es español. Creo que la mamá, Úrsula, es argentina. Ildefonso es muy amable y tiene un hermano mayor, Roberto. ¡Fíjate qué guapo! Tengo una foto aquí en el escritorio. ¿Ves?

Aquí está la familia entera: la esposa de Ildefonso, Érica y el hijo, Esteban. ¿Precioso, no? Erica es norteamericana pero habla español. Y el pequeñito es el primo de Esteban, Zacarías. Es una familia de varones. La mamá de Zacarías es Raquel. Sí, Roberto está casado. Qué pena, ¿no? Pues, mira la casa. ¡Qué elegante! Y debe ser muy grande, porque todos viven allí, también el abuelo, don Gilberto. Es un señor muy divertido. Juega con los nietos todo el día.

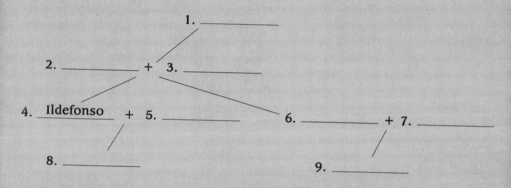

I **Ya sé muchas palabras.** List as many words as you can think of to identify and describe people in terms of the following categories.

1. los parientes
2. las ocupaciones
3. la apariencia
4. la personalidad

J **Sabelotodo.** In groups of three or four, play the Spanish version of Trivial Pursuit (**Sabelotodo**). Think of three or four questions dealing with information or vocabulary that you have studied so far in Spanish class. Use the following categories of questions:

(C) Cultura (L) Lengua (G) Geografía (CSD) ¿Cómo se dice?

Have your teacher look over your questions and then see who can stump the rest of the class.

CAPÍTULO 5

¡Me gusta vivir en Miami!

Lección 1

¡Gran oferta!

¡A comenzar!

The following are some of the things you will be learning to do in this lesson.

When you want to . . .

1. ask a favor of a friend
2. ask a favor of several people
3. offer to do something for a friend

You use . . .

- **¿Me puedes** + activity?
- **¿Me pueden** + activity?
- **Te puedo** + activity.

Now find examples of the above words and phrases in the following conversation and advertisement.

Carmen Marín vive en Miami. Habla por teléfono con su amiga Elena.

CARMEN: ¿Recibes la revista *Ritmo*, ¿verdad?

ELENA: Sí, ¿por qué?

CARMEN: ¿Me puedes prestar el nuevo número? Tiene un anuncio muy interesante.

ELENA: Bueno, te puedo llevar la revista esta noche después de comer. Paso por tu casa a las siete.

CARMEN: Perfecto. Muchas gracias, ¿eh? Hasta luego.

¡Gran oferta! Camiseta de Gloria Estefan y Miami Sound Machine

Todas las tallas: pequeña, mediana, grande, extra grande
Cinco colores: blanco, azul celeste, amarillo, verde claro, rojo
De algodón Perma-Prest
$14.50 cada una, o dos por el super precio de $24.95

¡Sí, quiero aprovechar esta gran oferta!

Me pueden mandar, por favor:

Cantidad	Color	Talla	Precio	Total
2	⬭blanco⬭ rojo	P M G XG ⬭M⬭	$14. 50 2=$24.95	24.95

Carmen Marín

(305)555-9783
TELÉFONO

NOMBRE
2193 30 St. NW
CALLE
Miami   FL   33165
CIUDAD   ESTADO   ZIP CODE

Incluyo mi ☒ cheque   ☐ giro postal a nombre de COLECCIÓN JUVENTUD,

Favor de cobrar a mi   ☐ Visa No. _____   ☐ Mastercard No. ____

Fecha de vencimiento _____ mes año   firma autorizada

☒ ¿Me pueden mandar un catálogo también?

Actividad preliminar

Ask a classmate for the following favors.

Por ejemplo:
   prestar cinco dólares

ESTUDIANTE A
¿Me puedes prestar cinco dólares?

ESTUDIANTE B
Sí, cómo no. (No, no puedo).

1. llamar esta noche
2. comprar un refresco
3. limpiar la habitación esta tarde
4. visitar el sábado

Vocabulario

¿Me puedes hacer un favor?
¿Me puedes...?

escribir el nombre aquí
write your name here

prestar la tarjeta de crédito
lend me your credit car[d]

hacer un cheque
write me a cheque

dar un sello para la carta
put a stamp on the letter

enseñar el anuncio
show me the ad

llevar en coche al correo
take the car to the post office

mandar la carta
mail the letter

ayudar con el formulario
help me ~ the form

traer* un sobre
bring an envelope

*The **yo** form of **traer** is **traigo**.

Actividades

A **¿Te gusta escribir cartas?** Complete the following sentences about writing and sending letters.

1. Me gusta escribir a _____.
2. Para escribir la carta, necesito _____.
3. En la dirección, escribo _____.
4. En la carta a un amigo, pregunto _____.
5. Para mandar la carta, necesito _____.
6. En el correo puedo comprar _____.

B **Por favor.** Ask a classmate if he or she can lend you the following things.

Por ejemplo:

un bolígrafo

ESTUDIANTE A

Por favor, ¿me puedes prestar un bolígrafo?

1. diez dólares
2. unos lápices
3. un sobre
4. tu calculadora
5. tu estéreo
6. la tarea
7. el libro de español
8. unos discos
9. dinero para comprar algo en la cafetería

ESTUDIANTE B

Sí, cómo no. (No, no puedo).

Servicio "Express Mail".®

Obtenga seguridad de entrega "al-día-siguiente" más conveniente y más económica.

Por sólo $8.75.

C *presents + loans*
Regalos y préstamos. Tell five things you are willing to lend, and five things you are willing to give.

Por ejemplo: *lend / give*
prestar // dar
Puedo prestar cinco dólares. Puedo dar mis discos viejos.

D **¿Me puedes hacer un favor?** For each problem below, request some help and give a reason.

Por ejemplo:
No tienes coche y quieres ir al baile.
Papá, ¿me puedes prestar el coche? Quiero ir al baile.
(Tía, quiero ir al baile. ¿Me puedes llevar?)

1. No tienes una camiseta buena para ir a la playa.
2. Necesitas mandar unas cartas y no tienes sellos.
3. Necesitas hacer la tarea pero no tienes el libro en casa.
4. Quieres comprar el nuevo disco de tu cantante favorito pero no tienes el dinero.
5. Estás en el centro comercial y necesitas llamar a tu casa pero no tienes dinero.
6. Tu amiga dice que hay un anuncio para un concierto de tu cantante favorito pero no sabes dónde está el periódico.
7. Tu amigo dice que tiene una amiga muy guapa. Quieres ver una foto.

Aquí pueden hablar español

Hoy día hay más o menos setecientos cincuenta mil (750.000) cubanoamericanos en la ciudad de Miami. Este número representa casi el cincuenta por ciento de la población total de la ciudad. Muchos de ellos son doctores, abogados, profesores, directores de compañías y otros profesionales. Las contribuciones de todos los cubanos al comercio y a la economía de la ciudad son muy grandes.

El éxito de los cubanos y su decisión de mantener su idioma y cultura maternos son evidentes en la gran cantidad de periódicos, revistas, programas de radio y televisión en español.

Actividad

In the above reading, see if you can determine the following.

1. what percentage of Miami's current population is Cuban
2. what professions many Cubans practice
3. how Cubans have contributed to Miami's success as a city
4. how you could use your Spanish in Miami

Bienvenidos a Miami

Estructura 1

How to Request Favors   Object pronoun me

1. When you want to request help or a favor from a friend, use **¿Me puedes** + activity?

    ¿Me puedes prestar tu coche?

2. When you want to request help from someone you address formally, use **¿Me puede** + activity?

    Señorita, ¿me puede ayudar con la tarea?

3. When you want to request help from more than one person, use **¿Me pueden** + activity?

    Tíos, ¿me pueden llevar al cine?

Actividades

A **¡Qué exigente!** Your teacher makes some extra requests of the class. Tell your teacher that you and your classmates can't do what he or she asks because you already do each activity enough.

Por ejemplo:

> **¿Me pueden limpiar la clase?**
> *No, señor(a, -ita), ya limpiamos bastante.*

1. **¿Me pueden escribir diez palabras más?**
2. **¿Me pueden hablar más de la cultura hispana?**
3. **¿Me pueden escuchar dos minutos más?**
4. **¿Me pueden leer dos páginas más?**
5. **¿Me pueden ayudar después de la clase?**

Una clase de inglés en Buenos Aires, Argentina.

B **¿Qué puedes decir?** What do you say in the following situations to get what you want? Choose either the formal or friendly form of address, depending on the person to whom you are speaking.

Por ejemplo:

> Quieres ir al cine con Marta y no tienes dinero.
> Marta,...
> *Marta, ¿me puedes prestar diez dólares? (¿Me puedes hacer un favor?)*

1. Estás en el gimnasio y necesitas tu mochila que está en tu gaveta. Pablo,...
2. Estás en la oficina de la escuela y necesitas ayuda. Señorita,...
3. Estás en el correo y quieres mandar una carta. Señor,...
4. Estás en la clase de español y necesitas ayuda con la tarea. Susan,...
5. Tu cumpleaños es el sábado y quieres una grabadora nueva. Tía,...
6. El club de español va a hacer un viaje y necesitas un cheque. Mamá,...

C **Favores.** Write down the name of the person you would ask for each of the favors listed below. Then, ask the favor of each person you listed.

Por ejemplo:

> hablar en inglés
> *Señor(a, -ita), por favor, ¿me puede hablar en inglés?*

1. prestar cinco dólares
2. ayudar con la tarea
3. dar buenas notas
4. prestar el cuaderno
5. llevar en coche al centro comercial
6. comprar un regalo
7. hablar más despacio (slowly)
8. limpiar la habitación
9. prestar tus discos
10. escuchar
11. llamar esta noche
12. enseñar las fotos de tu fiesta

Una tarjeta postal a la Argentina

24 de febrero

Querido primo:
  ¿Cómo estás? Aquí estamos
de vacaciones ahora. Aquí tienes
una postal de Disneyworld. Mi
familia y yo fuimos allí el
fin de semana pasado. ¡Es
fantástico! Yo también fui
al Epcot Center pero mis
padres no fueron.
  Mis padres me dicen que
ustedes fueron a Mar del
Plata la semana pasada.
Dicen que la playa es muy
linda.
  Abrazos para tío y tía.
      Muchos cariños de
      tu prima Carmen

Sello

Rafael Revueltas
Av. Libertad 642
Buenos Aires
ARGENTINA

Correo aéreo

Actividades

A Name the places Carmen went.

B Tell where she went alone. Tell where she went with someone.

C Find the words that answer the question **¿cuándo?** Which of these refer to time in the past?

D Complete the sentences below to tell the following.

1. where you went last week: **Fui a** _____.
2. where you and family members or friends went:
   _____ **y yo fuimos a** _____.
3. where friends or family members went without
   you: _____**fueron a** _____. **Yo no fui.**

Estructura 2

You have used the word **me,** which means "to me" or "for me," when you want to request favors for yourself.

> **¿Me puedes ayudar con la tarea?**

When you want to offer a favor to a friend or family member or describe what you can do for him or her, use **te,** which means "to you" or "for you."

> **Te puedo prestar mi libro.**
> **No te puedo prestar mis discos.**
> **Miguel te puede ayudar con la tarea.**
> **Mis padres te pueden llevar al centro comercial.**
> **David y yo te podemos dar cinco dólares, si quieres.**

Actividades

A   **Buenos amigos.** Tell a classmate three things that you can do for him or her. Then say three things you cannot do.

Por ejemplo:

> **Te puedo visitar si estás enfermo(a).**
> **No te puedo ayudar con la tarea de historia.**

B   **El estudiante nuevo.** Tell five places in your area that you and your friends can show a new student. Say something interesting about each place. Use the suggestions below or think of your own.

Por ejemplo:

> **Te podemos enseñar el zoológico. Es muy grande y divertido. Tiene muchos animales.**

el centro	una tienda	un parque
un centro comercial	un lugar secreto	una playa
un estadio	una calle	un restaurante

C **Donaciones.** The Spanish Club is having a sale of used items to raise money for a trip to Mexico. You have been asked to collect items. Your partner will tell you five things he or she can give you. Write down your partner's responses and report back to the class.

Por ejemplo:

ESTUDIANTE A

¿Qué me puedes dar?

ESTUDIANTE B

Te puedo dar mis tarjetas de béisbol.

¡México te invita!

Finalmente

Situaciones

A conversar You need to borrow some money from a classmate to buy a birthday gift for a friend.

1. Ask if your partner can lend you some money.
2. Your partner asks you why you need the money.
3. Tell what you plan to buy and for (**para**) whom. Then tell how much it costs.
4. Your partner hesitates about lending the money.
5. Tell what favor you can do for your partner if he or she lends you the money.
6. Your partner agrees to give you the money but asks you for a favor in return.

A escribir You have seen an advertisement for some of your favorite audio cassettes for only four dollars each. Order several cassettes. Begin your letter with **"Estimados señores"** and include the following information.

1. Give the titles of the cassettes you want to buy.
2. Give the price of each title and the total amount of your purchase (**El precio total es...**).
3. Ask if you can pay by credit card or check.
4. Give your name, address, and telephone number.

Repaso de vocabulario

COSAS

el anuncio
el cheque
el favor
el formulario
el nombre
el sobre
la tarjeta de crédito

ACTIVIDADES

ayudar
dar
enseñar
hacer un favor
llevar
mandar
prestar
traer

LUGAR

el correo

EXPRESIONES

hacer un cheque
por favor

Lección 2

¿Cómo se dice "T-shirt"?

¡A comenzar!

The following are some of the things you will be learning to do in this lesson.

When you want to . . .	You use . . .
1. ask a favor of someone	• ¿Me + activity?
2. give the meaning of a word in Spanish	• Se dice...
3. tell what things are made of	• Son de + material.

Now find examples of the above words and phrases in the following conversation.

Carmen habla con su papá.

CARMEN: Oye, papá, ¿me das un cheque, por favor?

PAPÁ: ¿Para qué? A ver.

CARMEN: Mira, quiero comprar dos "T-shirts".

PAPÁ: *Camisetas,* Carmen. Y no comprendo por qué necesitas dos. Son muy caras.

CARMEN: Pero, papá, son del último "tour". Y además, son de puro "cotton".

PAPÁ: *Algodón,* Carmen. ¡Por Dios! Se dice "algodón".

Actividades preliminares

A Think of five of the most difficult words you know in Spanish. Write them down in English. Quiz a classmate.

Por ejemplo:

ESTUDIANTE A

¿Cómo se dice "chemistry" en español?

ESTUDIANTE B

Se dice "química". (No sé cómo se dice).

B Ask a classmate for the following items.

Por ejemplo:

un dólar

ESTUDIANTE A

¿Me prestas un dólar, por favor?

ESTUDIANTE B

Sí, cómo no. (No tengo, No puedo, etc.).

1. papel   2. un bolígrafo   3. la calculadora   4. la tarea

Vocabulario

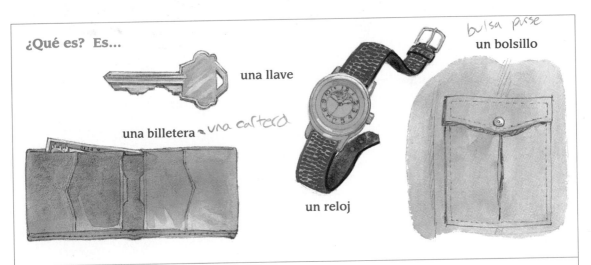

¿Qué es? Es...

una llave

una billetera ~ una cartera

un reloj

bolsa purse
un bolsillo

¿Para qué sirve? Sirve para...

guardar libros y otras cosas

abrir
la puerta

llevar cosas

saber la hora

¿De qué es?
Es un aparato de...

plástico

metal

Es una cosa de...

papel

goma

algodón

madera

plata

vidrio

cuero

oro

¿Cómo es? Es...

redondo(a)

cuadrado(a)

rectangular

Actividades

A **¿De qué es?** Tell what five things in your classroom are made of.

Por ejemplo:

> la silla
> *La silla es de metal (madera).*

B **Para mí es de oro.** Name five of your most prized possessions and tell what they are made of.

Por ejemplo:

> tu radio
> *Mi radio es de plástico. (Tengo un radio de plástico).*

C **Descripción.** Tell what the following items are made of, what they look like, and what they are for.

Por ejemplo:

> un lápiz
> *Un lápiz es de madera y de goma. Es delgado y largo. Sirve para escribir.*

1. una llave
2. una tarjeta de crédito
3. un calendario
4. un reloj
5. una billetera
6. una mochila
7. unas monedas
8. un bolsillo
9. un televisor
10. un teléfono
11. una cámara
12. una maleta

D **Adivina, buen adivinador.** Prepare descriptions of three objects and see if a classmate can guess what you are talking about. In your description, answer the following questions.

¿Para qué sirve?   ¿De qué es?   ¿Cómo es?

Por ejemplo:

ESTUDIANTE A

Es un aparato para trabajar con números. Es de plástico. Es rectangular.

ESTUDIANTE B

Es una calculadora, ¿verdad?

La música latina

El ritmo latino, que es la base de la "salsa" y la música "disco" en los Estados Unidos, tiene su origen en Cuba y el Caribe. La música del Caribe es una combinación de ritmos africanos e hispanos. Muchos bailes como la rumba, la conga y el chachachá tienen su origen en el Caribe.

Los instrumentos de percusión son muy importantes para estos ritmos. Aquí hay algunos de los instrumentos usados en Cuba y el Caribe.

Pégate...
Suave 12-60
Tenemos lo que te gus

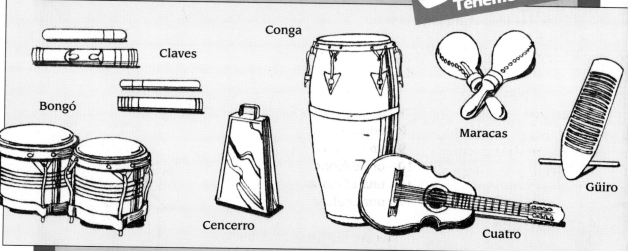

Claves

Conga

Bongó

Maracas

Cencerro

Cuatro

Güiro

Actividad

Éstas son las diez canciones más populares durante una semana en Miami.

1. ¿Qué estación de radio debes escuchar si te gustan estas canciones?
2. ¿Qué canción es la más popular?
3. ¿Qué canciones son menos (less) populares?
4. ¿Quiénes son los cantantes más populares?

SUPER Q 108 SUPER HITS

SUPER HIT	ARTISTA(S)
1. UN BUEN PERDEDOR	Franco de Vit
2. DÉJALO QUE REGRESE	Hansel y Raú
3. TÚ Y YO	Julio Iglesias
4. ME VAS A ECHAR DE MENOS	José José
5. CREO EN EL AMOR	José Luis Rodr
6. EN CARNE VIVA	Charanga '76
7. SERÉ	Salsa Latina
8. AMAR A MUERTE	Luis Ángel
9. POR SI ACASO	Braulio
10. TE QUIERO TE QUIERO	Orq. Éxito

Estructura 1

How to Describe Something You Don't Know the Word For

If you forget a word or don't know the word for something, you can still communicate by using the following strategies.

1. Use stalling devices to gain time to think.

    A ver... Bueno... Pues...

2. Use general terms when you can't remember a word. For example, **la cosa** (thing) or **el aparato** (mechanical thing).

    ¿Dónde está la cosa redonda?
    ¿Me das el aparato para el pelo?

3. Ask how to say something.

    ¿Cómo se dice "key"? **Se dice "llave".**

4. Describe what something is used for.

    ¿Para qué sirve? Sirve para escribir.

5. Ask what a word means.

    ¿Qué quiere decir "mochila"?

Actividades

A **Descripciones.** Match the following objects with their descriptions on page 341.

A.

B.

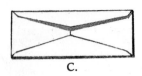
C.

D.

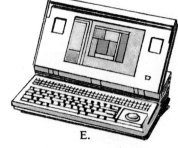
E.

F.

1. Es la cosa en que mandas una carta. Aquí escribes el nombre y la dirección. Tiene un sello.
2. Es el aparato de plástico con los números de cero a nueve. Ayuda mucho en las clases de matemáticas y ciencias.
3. Es el aparato que sirve para escribir algo oficial o formal. Las secretarias usan este aparato.
4. Es la cosa para llevar dinero, las tarjetas de crédito y otras tarjetas importantes.
5. Es la cosa que sirve para abrir puertas, maletas y otras cosas.
6. Es el aparato que sirve para saber qué hora es. Puede ser grande o pequeño.

B **Así se dice.** Describe each of the objects below to a class-mate. Your classmate will tell you what you've described. Provide the following types of information:

color   size   shape   use   material   appearance   condition

Por ejemplo:

ESTUDIANTE A

Es una cosa rectangular para llevar libros. Es azul y bastante vieja.

ESTUDIANTE B

Es la mochila.

3.

2.

1.

4.

5.

El español en el trabajo

El papá de Carmen es abogado y trabaja en una compañía internacional en Miami. Todos los días habla inglés y español con sus clientes.

Si sabes más de un idioma, hay muchos trabajos que puedes hacer. Hay muchas instituciones y compañías en los Estados Unidos que necesitan empleados que hablen inglés y español. Por ejemplo, los bancos, hospitales y clínicas; las agencias de servicios sociales y las escuelas; toda clase de compañías internacionales; los canales de televisión, los periódicos, las estaciones de radio, compañías de aviación y muchísimas otras. Si sabes dos idiomas, no sólo tienes más oportunidades de trabajo, sino que tu trabajo puede ser más interesante.

Actividad

Based on the above reading, list five occupations in which you think you could use Spanish.

Por ejemplo:

Empleados de bancos, compañías como...

EMPLEOS

Solicito médico bilingüe para curso de enfermería con E. K. G. 822-5951

Necesito hombre o mujer con experiencia para tienda de ropa. Servir al público bilingüe. Salario y comisión. 558-3978.

Se solicita ayudante legal, preferible hablar inglés. Llamar lunes a viernes de 10 a 6 pm. 823-9831

Mecánico para trabajar en gasolinera. Debe ser bilingüe. Inf. 853-9800.

¿Necesita trabajo? Llame Avance Personal para empleos de oficina. Poco inglés necesario. Llamar 245-8761.

Barnett Bank

En La Florida, Barnett es el Banco.

Estructura 2

How to Request, Offer, and Describe Favors

Me *and* te *with conjugated verbs*

You have learned to request favors and tell favors you do for others, using **me** or **te** and a form of the verb **poder**.

> **¿Me puedes traer mi camiseta verde?**
> **Te puedo dar mi bolígrafo, si quieres.**

1. You can use **me** and a form of other verbs to request a favor.

   > **¿Me traes mi camiseta verde?**
   > **¿Me das el bolígrafo?**
   > **Señorita, ¿me hace un favor?**

2. You also use **me** to describe what people do or don't do for you or to you.

   > **Mi maestra me da buenas notas.**
   > **Mi hermana siempre me ayuda con la tarea.**
   > **Mis amigos no me prestan dinero.**

3. To offer a favor to a friend or family member, or to describe what you do for that person, use **te**.

   > **Te invito a mi fiesta.**
   > **Te voy a comprar unos discos para tu cumpleaños.**

4. The following are some things friends or family might offer to do for each other.

-ar verbs		-er and -ir verbs
mandar	hablar	hacer
escuchar	llamar	leer
enseñar	dar	escribir
ayudar		abrir
prestar		traer
llevar		
guardar		
comprar		

Una familia cubanoamericana en Miami.

Actividades

A **¿Quién te hace favores?** Tell who does things for you by responding to the following questions.

Por ejemplo:

> ¿Quién te da dinero en tu familia?
> *Mi mamá me da dinero.*

1. ¿Quién te hace favores?
2. ¿Quién te ayuda cuando no entiendes algo?
3. ¿Quiénes te llaman por teléfono?
4. ¿Quiénes te escuchan cuando tienes problemas?
5. ¿Quiénes te escriben cartas o tarjetas postales?
6. ¿Quiénes te dan regalos?

B **Consecuencias.** Tell what will happen if the following favors are not granted.

Por ejemplo:

> Si no me prestas tus discos...
> *Si no me prestas tus discos, mi fiesta va a ser un poco aburrida.*

1. Si no me ayudas con la tarea...
2. Si no me traes tus discos nuevos...
3. Si mis padres no me permiten salir esta noche...
4. Si mi maestro no me da exámenes fáciles...
5. Si mis compañeros no me prestan sus vídeos nuevos...
6. Si no me guardas una silla en la cafetería...

C **¿Qué pasa?** Ask the following people why they don't do what you expect them to.

Por ejemplo:

> Tu amiga nunca te manda cartas cuando viaja.
> *¿Por qué no me mandas cartas cuando viajas?*

1. Tu amigo nunca te trae regalos de sus viajes.
2. Tu papá nunca te da dinero cuando lavas el coche.
3. Tus amigos nunca te hablan cuando te ven.
4. Tu maestra nunca te da buenas notas cuando trabajas mucho.
5. Tu primo nunca te da regalos para tu cumpleaños.

Finalmente

Situaciones

A conversar You have lost your backpack at school. Your partner is working in the office where the lost-and-found box is.

1. Greet your partner.
2. Tell your partner you don't know where your book bag is and ask for help.
3. Your partner asks what the bag is like. Describe it, telling the color, size, shape, and material.
4. Your partner asks what's in the bag. Describe the contents.
5. Your partner asks if you can come back in 15 minutes. Tell your partner why you need the book bag now.

A escribir A close friend suddenly decides you're not a good friend. Write your friend a note, listing all the favors you do for him or her. Then invite him or her to do something with you this weekend.

Repaso de vocabulario

PREGUNTAS

¿Cómo se dice?
¿De qué es?
¿Para qué sirve?

COSAS

el aparato
la billetera
el bolsillo
la cosa
la llave
el reloj

ACTIVIDADES

abrir
guardar
llevar (to carry)

MATERIALES

el algodón
el cuero
la goma
la madera
el metal
el oro
el papel

el plástico
la plata
el vidrio

FORMAS

cuadrado(a)
rectangular
redondo(a)

EXPRESIONES

se dice
sirve para

Lección 3

Tienes que practicar el español

¡A comenzar!

The following are some of the things you will be learning to do in this lesson.

When you want to . . .	You use . . .
1. say what nationality you and others are	• **Somos** + nationality.
2. say that something has been going on since a certain date	• Activity + **desde** + date.
3. give a year in the twentieth century	• **Mil novecientos...**
4. ask a friend or relative if he or she went somewhere	• **¿Fuiste a** + place?
5. say that you went someplace yesterday	• **Fui ayer.**

Now find examples of the above words and phrases in the following conversation.

DIARIO LAS AMÉ

Por la Libertad, la Cultura y la Solidaridad Hemisférica

Fundado el 4 de Julio de 1953

MIAMI, FLA., MIERCOLES 17 DE OCTUBRE

AÑO XXXVIII   NUMERO 89

Carmen habla con su padre.

PAPÁ: ¿Ya fuiste al correo a mandar el cheque?

CARMEN: Sí, papá. Fui ayer. Gracias por el cheque. Te van a gustar las "T-shirts".

PAPÁ: Carmen, tienes que practicar el español.

CARMEN: Pero, papá, estamos aquí en Miami desde mil novecientos sesenta y tres. ¿Por qué no puedo hablar inglés en casa?

PAPÁ: Bueno, porque somos cubanos y tienes que hablar bien el español.

EXPRESS MAIL.®

Cuando decimos "al-día-siguiente"...
¡es al-día-siguiente!

Actividad preliminar

Ask a classmate if he or she went to the following places yesterday.

Por ejemplo:

al cine

ESTUDIANTE A

¿Fuiste al cine?

1. al partido de _____
2. a la cafetería
3. al centro comercial

ESTUDIANTE B

Sí, fui con Miriam. (No, no fui).

4. al trabajo
5. a la casa de _____

Miembro de la Sociedad
Interamericana de Prensa

25 CENTAVOS EN MIAMI

Vocabulario

Soy...

CANADIENSE

(NORTEAMERICANO) *americano*
ESTADOUNIDENSE

JAPONÉS(ESA)

INGLÉS(ESA)
FRANCÉS(ESA)
ESPAÑOL(A)

RUSO(A)
ALEMÁN(ANA)
ITALIANO(A)

CHINO(A)

CUBANO(A)
DOMINICANO(A)
PUERTORRIQUEÑO(A)

MEXICANO(A)
HONDUREÑO(A)
NICARAGÜENSE
COLOMBIANO(A)
VENEZOLANO(A)

GUATEMALTECO(A)

SALVADOREÑO(A)

COSTARRICENSE

PANAMEÑO(A)

ECUATORIANO(A)

PERUANO(A)

BOLIVIANO(A)

PARAGUAYO(A)

CHILENO(A)
URUGUAYO(A)

ARGENTINO(A)

¿Qué idioma estudias?
Estudio...

español

inglés

francés

alemán

japonés

italiano

chino

ruso

Actividades

A **¿De dónde son?** What countries are the following people from?

Por ejemplo:

los cubanos

Los cubanos son de Cuba.

1. los hondureños
2. los colombianos
3. los guatemaltecos
4. los venezolanos
5. los ecuatorianos
6. los bolivianos
7. los dominicanos
8. los peruanos
9. los norteamericanos
10. los uruguayos
11. los costarricenses

B **Una ciudad internacional.** Tell what kinds of food you can eat in Miami based on the following restaurant ads. Then tell what kinds of restaurants there are in your area.

Por ejemplo:

En Miami hay restaurantes _____.
En mi ciudad hay restaurantes _____.

Casona de Carlitos

El restaurante argentino de la esquina de la alegría con motivo de cumplir un año de su apertura, se hace un deber en agradecer a toda su estimada clientela el apoyo brindado, esperando continuar contando con su presencia en su casa, con la seguridad de una continua superación para una excelente atención.

LES RECORDAMOS NUESTRA ÚNICA DIRECCIÓN:
COLLINS AVE. Y 23 ST. MIAMI BEACH
TELÉFONO: 354-7013

TABLAO-FLAMENCO
del Restaurante
MADRID

RESERVACIONES: **558-4224**

477 S. W. 8TH ST. Miami, Fl.

SHIBUI

A JAPANESE RESTAURANT

En la Ave. 102 del S.W. unos pasos al norte de Sunset (S.W. 72 St.)

abierto diariamente para la cena solamente de 6 P.M. a 12 A.M.
277-7785
Se aceptan reservaciones.

El Inka Restaurant

Presenta Directamente de LIMA a:
ARMANDO DE DIOS y su PIANO
Todos los sábados a partir de las 10 p.m.
LA GRAN PEÑA CRIOLLA DE PAPÁ JUAN
(Guitarras y Cajón)
Participe Ud. cantando o tocando algún instrumento
Saboree la mejor comida peruana e internacional
Sirviéndoles en Miami por 7 AÑOS.

Menú Especial | De lunes a jueves | Se atienden Buffets

Reserv. 885-0432 1756 S. W. 8 St.

Canton DRAGON

CANTONESE & SZECHUAN CUISINE

CHOP SUEY - SEAFOOD

14051 S.W. 40 ST. (Bird Road) Miami

TARJETAS DE CRÉDITO
ABIERTO LOS 7 DÍAS
11:30 a 10:30

ÓRDENES PARA LLEVAR
522-5577 · 533-9144

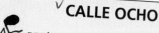

CALLE OCHO

DIVIÉRTASE ESCUCHANDO MELODÍAS, TANGOS Y MÚSICA COLOMBIANA

3610 S. W. 8 ST. TEL. 445-8965

LA CARRETA

UN RESTAURANTE

UN RESTAURANTE CAMPESTRE EN ESTILO Y SABOR AL SERVICIO DE USTED CON GRAN ESPECIALIDAD EN COMIDAS TIPICAS CUBANAS

PARA COMPLACER A NUESTROS CLIENTES

17704 S.W. 87 ST. 659-4646

C **¿Qué idioma habla?** Tell the language that each of the following people speaks.

Por ejemplo:

una mexicana
Una mexicana habla español.

1. una chilena
2. una japonesa
3. un italiano
4. un canadiense
5. una puertorriqueña
6. un francés
7. un norteamericano
8. un guatemalteco
9. una alemana
10. una española

La televisión en español

En Miami así como en Nueva York, Los Ángeles, Chicago y en casi todas las otras grandes ciudades de los Estados Unidos, puedes ver televisión en español. Hay casi 500 canales que transmiten programas en español en nuestro país.

Actividad

Using the advertisements below, tell each of the following persons the name and time of a show he or she should watch.

Por ejemplo:

> Gabriela: Me gustan los concursos.
> *Debes ver "Super Sábados" a las cuatro de la tarde.*

1. Sarita: Me gustan los programas de mujeres.
2. Paco: Yo prefiero ver programas cómicos.

¡PARTICIPE Y GANE DESDE SU CASA!

SUPER SÁBADOS

DESDE EL 1ᴿᴼ DE AGOSTO
4PM A 9PM

CANAL 51
WSCV-TV
TELEMUNDO

UNIVISION PRESENTA

SABADO GIGANTE

Concursos y Variedades

Tres horas y media de concursos, juegos, música, comedia, conversación y mucho más.

Con "Don Francisco"

Todos los sábados a las 7 pm

UNIVISION PRESE

TV MUJER

Revista Femenina

El único programa en los Estados Unidos, la mujer hispana para la mujer hispana.

lunes a viernes a las 3 pm

UNIVISION

Estructura 1

How to Give Dates and Count to a Million

You have learned to use numbers in the thousands.

La computadora vale mil trescientos quince dólares.
El coche vale diez mil dólares.

1. To tell the year of an event, use the numbers you have already learned. For example, the year 1992 would be the same as the number 1,992: **Mil novecientos noventa y dos.**

   Notice how to give various years in the twentieth century.

1963	mil novecientos sesenta y tres
1975	mil novecientos setenta y cinco
1980	mil novecientos ochenta

2. To give the year you were born, use **Nací en...**

   Nací en 1972.
   Nací en 1981.

3. To give the date on which you first started doing something, you use *activity* + **desde** + *date.*

   Vivo en Orlando desde 1980.
   Estudio español desde 1990.

4. A million is **un millón.** To state that there are a million of something, say **Hay un millón de...** To form the plural, add **-es** to **millón** and drop the accent mark.

   Hay un millón de dólares en el banco.
   Cuatro millones de personas viven en Madrid.

Actividades

A Estudiante de historia. Tell the year in which each of the following events took place, choosing from the list on the right.

Por ejemplo:

> independencia de los Estados Unidos
> *1776 (mil setecientos setenta y seis)*

1. Los primeros hombres llegan a la luna (moon).
2. asesinato del presidente Kennedy
3. asesinato del presidente Lincoln
4. Constitución de los Estados Unidos
5. asesinato de Martin Luther King, Jr.
6. Alexander Graham Bell inventa el teléfono.
7. Cristóbal Colón llega a América.

a. 1492
b. 1787
c. 1865
d. 1876
e. 1963
f. 1968
g. 1969

B ¿Desde cuándo? Tell how long you have been doing the following things.

Por ejemplo:

> ¿Desde cuándo vives aquí?
> *Vivo aquí desde 1978.*

1. ¿Desde cuándo practicas tu deporte favorito?
2. ¿Desde cuándo estudias español?
3. ¿Desde cuándo sabes leer?
4. ¿Desde cuándo eres miembro de un club?
5. ¿Desde cuándo eres amigo(a) de (nombre de la persona)?

C Autos usados. A favorite relative is thinking of buying you a used car. Look at the ads to the right. Decide on a model you like, tell how much it costs, then tell the telephone number your relative needs to call for further information.

Por ejemplo:

> Me gusta el Nova. Vale mil cincuenta dólares. Debes llamar al ocho, cincuenta y ocho, sesenta y ocho, treinta.

9901 - VENTA AUTOS

Nova '87, 6 cil. Buen estado $1,050. Llamar al 858- 6830

Toyota Corolla,'86, 1.8,4 ptas, 5 vel. A-C, PB, exc. conds. $1,795. Telf 635-2267

Mustang II '84, motor 302 stereo aire $800 o mejor oferta 823-9660

VW Rabbit '86, a/c, radio casete, azul $19,999. 262-5289

Chevette '88,hatchback, 4 ptas. A/C, PS-PB, AM-FM, stereo, $1950. (559-2909)

HONDA '86, AUTO CHIQUITO, 2 PTAS. $1,250. TELF: 556-0084

'85 Subaru DL, 5 veloc. pocas millas, A/C, $1,750. Inf 844-5752

Camaro '83, A/C, 45,000 millas, extras, como nuevo.

Una carta a la Argentina

La mamá de Carmen le escribe a su hermano Lucas, el papá de Rafael.

Miami, 25 de marzo

Querido hermano Lucas:

Te escribo para saber cómo estás; ¿todavía estás enfermo? Estoy un poco preocupada por ti. ¿No fuiste al doctor? Sé que él te va a decir que trabajas demasiado y que necesitas descansar. ¿Por qué no descansas aquí en Miami? Y ¿por qué no vienes con Rafael? Aquí puede practicar el inglés y conocer a los amigos de Carmen.

Bueno, hermanito, te mando un gran abrazo y una sincera invitación a nuestra casa. Todos esperamos tu visita. Hasta entonces te manda un fuerte abrazo

tu hermana que te quiere,

Alicia

Actividades

A Tell about the person writing the letter and the person who will receive it by choosing the appropriate words in parentheses.

1. Alicia y Lucas son (hermanos / primos).
2. Alicia es de (la Argentina / Cuba) pero vive en (Miami / Buenos Aires).
3. Alicia cree que Lucas (está demasiado ocupado / es muy listo) y que debe (trabajar más / descansar).

B Give the sentence that Alicia uses to ask if Lucas went somewhere. Ask a classmate if he or she went somewhere (movies, game, mall, etc.) last Saturday.

Estructura 2

How to Say Where People Went
The preterit of ir

1. To say where people went, use forms of the verb **ir** in the past (preterit) tense. Here are the forms of the verb you will need to talk about different people.

SINGULAR	PLURAL
fui	fuimos
fuiste	fuisteis*
fue	fueron

*This form is rarely used in the Spanish-speaking world, except for Spain.

2. To ask where someone went, use **¿adónde?**

   ¿Adónde fueron ustedes anoche? Fuimos al centro.

3. To say you went somewhere to do something, use **ir + a + place + a + infinitive.**

   ¿Fuiste a casa a descansar? No, fui a la piscina a nadar.

4. The following are words and phrases you can use to talk about various times in the past.

ayer	la semana pasada	el lunes (martes,
anoche	el año pasado	etc.) pasado

Actividades

A **Lugares.** Tell three places you went last week and three places you have to go next week.

Por ejemplo:

   La semana pasada fui a _____.
   La semana que viene tengo que ir a _____.

B **¿Adónde fue el maestro?** With a classmate, make a list of five places you think your teacher went after school yesterday. Read your list to your teacher, who will say whether you're right or wrong.

Por ejemplo:

> ¿Fue usted anoche a una fiesta a bailar?

C **Mi compañero y yo.** Have a classmate tell you three places he or she went yesterday. Then report back to the class, comparing where you went to where your classmate went.

Por ejemplo:

ESTUDIANTE A	ESTUDIANTE B
(1) ¿Adónde fuiste ayer?	(2) **Fui a un partido.**
(3) ¿Y luego?	(4) **Fui al centro comercial.**

(A la clase:) Pam fue ayer a un partido y luego al centro comercial. Yo fui a casa y después a la piscina. Anoche los (las) dos fuimos al cine.

D **El diario de Carmen.** To the right are some of the headings of Carmen's diary last year. Tell the places she went, the things she did, and when she did them.

Por ejemplo:

> El 22 de enero fue al Carnaval con Jorge a las siete.

E **Mi conjunto.** You are part of a rock group touring Latin America and the U.S. Give your group a name. Tell a classmate six places where you and your group went. Your classmate will report back to the class.

Por ejemplo:

> Somos "Las Serpientes" y somos muy populares. El mes pasado fuimos a Buenos Aires, Santiago...
>
> (A la clase:) El mes pasado "Las Serpientes" fueron a Buenos Aires, Santiago...

ENERO
22 Carnaval con Jorge 7:00

FEBRERO
24 Disneyworld y Epcot Ce con la familia

ABRIL
5 fiesta de cumpleaños con los compañeros de clase 3:30

MAYO
15 concierto de Gloria Estefan con Jorge 8:00

OCTUBRE
12 desfile Día de la Raza con mamá, papá, tíos 12:15

NOVIEMBRE
25 casa de los abuelos

DICIEMBRE
30 concierto de Julio Iglesias con Carlos 2:30

Finalmente

Situaciones

A conversar Converse with a classmate about a memorable trip you once took. Reverse roles.

1. Tell where you went, with whom, and give the month and year of the trip. Ask if your partner knows where the place is.
2. Tell your partner why he or she should go there.

A escribir Write a letter of application to a pen pal club; include the following information.

1. Tell what nationality the pen pal should be.
2. Tell where you live. Give your date of birth.
3. Describe your appearance and your personality.
4. Tell about the activities you like to do in your free time.

Repaso de vocabulario

TIEMPOS EN EL PASADO

anoche
el año pasado
ayer
el lunes (martes, etc.)
    pasado
el mes pasado
la semana pasada

NACIONALIDADES

alemán, alemana
argentino(a)
boliviano(a)
canadiense
colombiano(a)
costarricense
cubano(a)
chileno(a)
chino(a)
dominicano(a)
ecuatoriano(a)
español, española
estadounidense
    (norteamericano[a])
francés, francesa
guatemalteco(a)
hondureño(a)
inglés, inglesa
italiano(a)
japonés, japonesa
mexicano(a)
nicaragüense
panameño(a)
paraguayo(a)
peruano(a)
puertorriqueño(a)
ruso(a)
salvadoreño(a)
uruguayo(a)
venezolano(a)

IDIOMAS

el alemán
el chino
el italiano
el japonés
el ruso

OTRAS PALABRAS

desde
un millón de
nací

Lección 4

Nuestro idioma

¡A comenzar!

The following are some of the things you will be learning to do in this lesson.

When you want to . . .

You use . . .

1. say "with me"
   - **conmigo**
2. say "with you" to a friend or family member
   - **contigo**
3. talk about what belongs to you and someone else ("our")
   - **nuestro(a)**

Now find examples of the above words and phrases in the following conversation.

abril						
L	M	M	J	V	S	D
		1	2	3	4	5
6	7	8	9	10		
13	14	15	16			
20	21	22	23			
27	28	29	30			

mayo				
L	M	M	J	V
			1	2
4	5	6	7	8	9
11	12	13	14	15	16
18	19	20	21	22	23

Carmen habla con su mamá.

CARMEN: Mamá, ¿me puedes explicar por qué papá está enojado conmigo?

MAMÁ: No está enojado contigo, Carmen. Es otra cosa. En nuestra casa todos tenemos que hablar español.

CARMEN: Claro, entiendo, pero...

MAMÁ: Y tienes que practicar porque tu tío y tu primo llegan de la Argentina el 20 de abril. Con ellos en casa, debes hablar nuestro idioma.

CARMEN: ¿Tío Lucas y mi primo Rafael? ¡Qué bueno! ¿Cuánto tiempo van a pasar con nosotros?

MAMÁ: Hasta el 4 de mayo —dos semanas. ¿No viste su carta?

Actividades preliminares

A Complete the following conversation between Carmen and her friend Carlos, using **conmigo** and **contigo**.

CARLOS: ¿Quieres ir al concierto el sábado?

CARMEN: Lo siento, no puedo ir _____ el sábado porque tengo que trabajar.

CARLOS: ¿Quieres ir al parque _____ el domingo a ver el partido?

CARMEN: Gracias por la invitación, pero tengo que estudiar para el examen de computadoras. No puedo ir _____ el domingo tampoco.

CARLOS: Carmen, ¿no quieres salir _____?

CARMEN: Ay, Carlos. Claro que quiero salir _____. ¿Por qué no vamos al cine el viernes?

B Complete this sentence to tell what people in your house have to do: **En nuestra casa todos tenemos que _____.**

Vocabulario

Te invito a mi casa.

¿Vas a pasar dos semanas con nosotros?
¡Qué bueno!

Voy a planear una semana estupenda.

Vamos a ir a la playa y tomar el sol.

También podemos saltar las olas.

Te puedo enseñar a...

practicar el esquí acuático

También podemos ir de pesca en el mar.

bucear

pasear en velero

No necesitas gastar mucho dinero.

Podemos asistir a conciertos y a fiestas por la noche.

Actividades

A **Sé hacer muchas cosas.** Tell whether you know how to do the following activities. If you don't know how to do something, say whether you want to learn how.

Por ejemplo:

> jugar ajedrez

ESTUDIANTE A	ESTUDIANTE B
(1) ¿Sabes jugar ajedrez?	(2) **No, no sé. ¿Y tú?**
(3) **Sí. Si quieres, te puedo enseñar.**	(4) **Gracias, quiero aprender. (No, gracias, no me gusta).**

1. ir de pesca
2. practicar el esquí acuático
3. pasear en velero

4. **bucear**
5. **saltar las olas**
6. **cuidar niños pequeños**

B **¿Qué te gusta hacer?** Converse with a classmate about whether you like or dislike doing the following activities. If you dislike an activity, tell what you prefer to do. Reverse roles.

Por ejemplo:

> cantar

ESTUDIANTE A	ESTUDIANTE B
¿Te gusta cantar?	Sí, me gusta mucho. (No, no me gusta. Prefiero bailar).

1. ir al mar
2. asistir a conciertos
3. tomar el sol

4. **pasar unos días con tus parientes**
5. **gastar dinero**
6. **planear fiestas**

C **Un plan estupendo.** You and a classmate are in charge of planning one of the following activities at school: **una fiesta / una excursión / un baile / un viaje / un partido.** Write the details of the event by answering the questions below. Report to the class.

1. ¿Qué clase de actividad van a planear?
2. ¿Cuándo va a ser? ¿Dónde?
3. ¿Cuánto tiempo van a pasar allí tus compañeros?
4. ¿Qué necesitan llevar?
5. ¿Qué pueden hacer?

Cuba linda

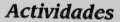

Cuba es la más grande de las islas del Caribe. Es una isla tropical de gran belleza natural. Hay muchas playas bonitas como Varadero en la costa norte. También tiene valles y bahías preciosos y puertos excelentes.

La Habana, la capital, es la ciudad más grande del país. También es un puerto muy importante.

España gobernó a Cuba de 1492 a 1898. Los españoles llamaron a Cuba la "llave del Golfo". Durante la época colonial de Cuba salían barcos llenos de oro, plata, café, azúcar, especias y otros productos importantes de las Américas.

Actividades

EL GOLFO DE MÉXICO

CUBA

CENTROAMÉRICA

N

A Which of the following could be said about where you live?

1. Tiene un clima tropical.
2. Hay playas bonitas.
3. Es una isla.
4. Tiene montañas y valles.
5. Hay puertos importantes.

B Which of the following words are *not* related to the ocean?

el puerto	la isla
el barco	la bahía
el azúcar	el golfo
la costa	el valle

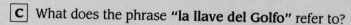

C What does the phrase **"la llave del Golfo"** refer to?

a. Cuba's key location in the Caribbean
b. the wealth of the island
c. a beautiful bay

Estructura 1

How to Say What People Possess

Nuestro(s) / Nuestra(s)

You have learned to say what is yours, his, hers, and theirs, using **mi, tu,** and **su** to describe one possession and **mis, tus,** and **sus** to describe several.

> **Mi papá está enfermo.**
> **¿Cómo están tus padres?**
> **Señora, ¿cómo está su hija?**

You have also indicated what belongs to someone else by using **de** + person.

> **Es la camiseta de Fernando.**
> **Me gustan las clases del señor García.**

When you want to talk about what you and someone else have, use **nuestro, nuestra, nuestros,** or **nuestras,** depending on what or whom you are describing.

> **En nuestra casa debemos hablar español.**
> **Nuestros padres son cubanos.**
> **Nuestro maestro de inglés es del Canadá.**

The following chart summarizes how to say what people possess.

SINGULAR	PLURAL
mi casa	mis padres
tu casa	tus cosas
su maestro	sus clases
nuestro tío	nuestros discos
nuestra tía	nuestras clases

En Tu Cumpleaños, Mamá

CON NUESTRO CARIÑO

Actividades

A **Somos amigos.** Think of a friend whose likes are similar to yours. Write down your and your friend's favorite people and things, using the categories below.

Por ejemplo:

>un deporte
>*Nuestro deporte favorito es el béisbol.*

1. un programa de televisión
2. un equipo
3. una comida
4. una clase
5. una película
6. un disco
7. un conjunto musical
8. un/a cantante
9. un actor
10. una actriz

Una fiesta de cumpleaños en Buenos Aires. ¿Cuántos años tiene el niño?

B **Un extranjero.** A visitor from Argentina comes to your class and asks all about your town, school, and Spanish class. Respond to the questions, either as a class or in groups.

Por ejemplo:

>En su clase de español, ¿qué hacen?
>*En nuestra clase leemos, hablamos y estudiamos.*

1. En su ciudad, ¿qué hay?
2. En sus fiestas, ¿qué hacen?
3. En sus clubes, ¿qué hacen?
4. En su estado, ¿cuáles son las ciudades más grandes? ¿las ciudades más divertidas?
5. En su escuela, ¿cuántos estudiantes hay?

La Argentina

Los parientes de Carmen viven en la Argentina, en Sudamérica. La Argentina es el país más grande del mundo hispano. Tiene una población de unos 31 millones de habitantes y 14 o 15 millones de ellos viven en el área metropolitana de Buenos Aires, la capital del país.

Como los Estados Unidos, la Argentina es un país de inmigrantes. Los inmigrantes forman el 95 por ciento de la población nacional. Son principalmente de Europa: Italia, Alemania, Rusia, Polonia, Hungría, Inglaterra, Irlanda e Escocia.

Gran parte del territorio argentino es una extensa pampa, donde hay grandes haciendas, en que trabajan los gauchos —los vaqueros o "cowboys" argentinos.

Actividades

A Describe the region where you live: una ciudad grande / la capital del estado (del país) / el campo / las afueras (suburbs) de una ciudad.

B Which is the principal group of immigrants in your area?

Por ejemplo:

> Hay muchos _____ donde yo vivo.

C Tell one thing that Argentina has in common with the U.S.

Por ejemplo:

> En la Argentina _____. También en los Estados Unidos _____.

En Buenos Aires.

En la pampa.

Estructura 2

....

How to Say with Whom You Do Things

The preposition con

1. To say with whom you do something, use the word **con** and the name of the person or the appropriate pronoun (him, her, you, them, us).

SINGULAR	PLURAL
conmigo	**con nosotros(as)**
contigo	**con vosotros(as)***
con Juan (con él)	**con mis amigos (con ellos)**
con María (con ella)	**con mis hermanas (con ellas)**
con usted	**con ustedes**

*This form is rarely used in the Spanish-speaking world, except for Spain.

2. Notice that to say "with me" and "with you" (a friend), you use **conmigo** and **contigo**.

> **¿Quieres ir al cine conmigo?** Sí, gracias.
> **¿José va contigo al partido?** No, no puede.

3. To ask "with whom?", say **¿con quién?**

> **¿Con quién fuiste al cine anoche?** Fui con Marilú.

Actividades

A **¿Con los amigos o con la familia?**
Name six places you like to go or things you like to do with others.

Por ejemplo:

> hablar por teléfono
> *Me gusta hablar por teléfono*
> *con mi amiga Eva.*

Una familia argentina que vive en el campo.

B **¿Con quién?** Tell things you do with the following people and pets.

Por ejemplo:

> tu hermano
> *Juego tenis con él los domingos.*

1. tu amiga
2. tu amigo
3. tu mamá
4. tus padres
5. tus primos
6. tu perro (gato, caballo, etc.)

Unos estudiantes argentinos.

C **¿Qué dices?** What would you say in response to each of the following situations?

Por ejemplo:

> Tu amigo te dice que no puede ir contigo a la fiesta.
> (A tu amigo:) *¿Por qué no puedes ir conmigo a la fiesta?*

1. Tus padres están enojados contigo y no sabes por qué.
2. Tu mamá dice que tienes que ir al banco con ella pero no quieres.
3. Tu hermana mayor dice que no puedes ir al centro con ella.
4. No sabes por qué tus padres te dicen que no debes salir con Bruno.
5. Tus primos van a ver una película estupenda y quieres ir con ellos.
6. Quieres invitar a Julia a ir contigo al concierto.

D **¿Quieren ir conmigo?** Work in groups of three or four. One person in the group will invite the others to do something after school or on the weekend. Another person will report back to the class.

Por ejemplo:

ESTUDIANTE A
¿Quieren ir al cine conmigo?

ESTUDIANTE B
Sí, cómo no.

ESTUDIANTE C
No puedo ir contigo. Tengo que trabajar.

(A la clase:) Todd y Alicia van a ir al cine pero Julie dice que no puede ir con ellos porque tiene que trabajar.

Finalmente

Situaciones

A conversar

1. Your partner will invite you to go someplace with him or her.
2. If you've already gone there, tell when. If you haven't gone, ask what the place is like. Also find out what the two of you can do there.
3. Decide on a day and time for your visit.

A escribir Write a letter to a friend inviting him or her to go with you to the beach this summer **(este verano)**.

1. Tell where you plan to go.
2. Tell when you will leave, how much time you will spend there, and when you will return.
3. Tell all the activities that the two of you can do at the beach.
4. Ask if your friend already knows how to do several water activities.
5. Tell what activities you can teach him or her to do, or that you both can learn to do.

Repaso de vocabulario

PREGUNTA

¿cuánto tiempo?

POSESIÓN

nuestro(a)

ACTIVIDADES

asistir a
bucear
enseñar a (to teach how to)
gastar (dinero)
invitar (a)
ir de pesca
pasar (tiempo)
pasear en velero
planear

practicar el esquí acuático
saltar las olas
tomar el sol

OTRAS PALABRAS Y EXPRESIONES

conmigo
contigo
estupendo(a)
el mar

Lección 5

Somos todos americanos

¡A comenzar!

The following are some of the things you will be learning to do in this lesson.

When you want to . . .	You use . . .
1. say how long someone has been doing something	• **Hace** + time + **que** + activity.
2. correct yourself as you speak	• **Digo...**
3. say what you did	• **-í** on the end of **-er** and **-ir** verbs
4. tell a friend or relative what he or she did	• **-iste** on the end of **-er** and **-ir** verbs

Now find examples of the above words and phrases in the following conversation.

Los cubanos llegan de Cuba a Miami en 1963.

Carmen habla con su mamá.

CARMEN: Mamá, no me molesta practicar el español, ¿entiendes? Pero hace casi treinta años que ustedes están aquí. Tú saliste de Cuba en el sesenta y tres, y papá en el sesenta y cuatro.

MAMÁ: Sí, hija. Salí de Cuba en el sesenta y tres, pero nací en la isla y allí viví diez y seis años.

CARMEN: Pero yo nací aquí en la Florida y aquí aprendí a hablar inglés. Somos todos "Americans", digo, americanos. ¿Por qué es tan importante el español?

Actividades preliminares

A Complete the sentences below to tell how many days, months, or years you have been doing the following.

1. Hace _____ que vivo aquí.
2. Hace _____ que estudio español.
3. Hace _____ que me gusta la música de _____.

B Carmen continually mixes English with her Spanish. Help her correct herself in the following sentences.

Por ejemplo:

> Somos todos "Americans".
> *Somos todos "Americans", digo, americanos.*

1. Mira, papá, quiero comprar estas dos "T-shirts".
2. Son de puro "cotton".
3. Estamos aquí desde "nineteen sixty-three".
4. Me gusta mucho la clase de "computers".
5. ¿Me prestas la "magazine" nueva?

Vocabulario

Hace tres días que estoy enferma.

¿Cuánto tiempo hace que...?

Hace catorce años que estamos aquí.

(lunes, martes, miércoles)

(de 1977 a 1991)

Hace mucho tiempo que conozco* a Paco.

Hace poco tiempo que la señorita Chávez conoce a sus vecinos.

(del 2 de abril al 15 de abril)

Hace seis meses que estudio español.

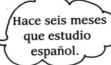

(de septiembre a marzo)

Hace dos meses que pertenezco* al club de español. Las reuniones son muy divertidas.

Hace un mes que Anita pertenece al club de ajedrez.

(de noviembre a enero)

(de septiembre a octubre)

*Conocer and pertenecer are regular -er verbs, with the exception of the yo form: conozco and pertenezco.

Hace casi veinte minutos que espero a Teresa.

(de 10:15 a 10:34)

Quiero comprar entradas para un concierto estupendo. Hace varias horas que hago cola.

Hace dos años que juego en el equipo de vóleibol.

(de 1990 a 1992)

Actividades

A **Una escuela internacional.** Many of Carmen's classmates and teachers are from Cuba as well as other countries. Below are their names, their countries of origin, and the years they left their countries. Tell each person's nationality and how long he or she has been in Miami.

Por ejemplo:

> Rodrigo: Guatemala, 1988
> *Rodrigo es guatemalteco. Hace _____ años que está en Miami.*

1. Manuel: la Argentina, 1980
2. Graciela: Nicaragua, 1982
3. Margarita: Costa Rica, 1990
4. la Srta. Camacho: Cuba, 1963
5. el Sr. Jiménez: la República Dominicana, 1975
6. la Sra. Costas: el Ecuador, 1969

B **¿Cuánto tiempo hace que los conoces?** Say how long you have known the following people.

Por ejemplo:

> tu amigo _____.
> *Hace varios meses que conozco a mi amigo Paco.*

1. tu amiga _____
2. tu amigo _____
3. tu maestro(a) de español
4. tu maestro(a) de educación física
5. un vecino ⎫
6. una vecina ⎭

C **¡Paciencia!** How long do you have to wait for the following people or things? Also tell whether or not you have to wait in line.

Por ejemplo:

> el autobús
> *A veces espero diez minutos. (No) Tengo que hacer cola.*

1. en la oficina del dentista
2. para comprar entradas en el cine
3. la nota después de un examen
4. en la cafetería a la hora de comer
5. a tu amigo(a) en el centro comercial
6. para comer en un restaurante
7. en el supermercado
8. en la tienda de vídeos

D **Somos miembros.** Ask a classmate if he or she belongs to the school clubs and teams below. Also find out how long he or she has been a member. Reverse roles.

Por ejemplo:

> el club de vídeo

ESTUDIANTE A

(1) ¿Perteneces al club de vídeo?

(3) ¿Cuánto tiempo hace que perteneces al club?

ESTUDIANTE B

(2) Sí.

(4) A ver... hace casi tres meses que pertenezco al club.

el club...
  de ajedrez
  de español
  de esquí
  internacional
  de agricultores
  de periodismo

el equipo de...
  baloncesto
  béisbol
  tenis
  fútbol
  fútbol americano
  vóleibol

Los cubanoamericanos

Aunque hoy día muchos cubanos son ciudadanos de los Estados Unidos, todavía son parte de dos culturas. Para los cubanoamericanos es muy importante mantener su idioma y cultura originales. También quieren mantener contacto con los amigos y familiares de su tierra. Muchos cubanoamericanos mandan dinero, ropa y medicinas a sus parientes y amigos que viven en la isla.

Carmen es parte de una nueva generación de cubanoamericanos que vive en dos culturas: la cubana (el idioma, la música, las costumbres, la comida, la familia) y la norteamericana (la escuela, las actitudes de sus compañeros de clase, las películas, la televisión).

Actividades

A In the first paragraph, to what place do the following phrases refer?

su tierra / la isla / la cultura original

B Cuban Americans live in two cultures. In the second paragraph, find as many things as you can that make up a "culture."

Estructura 1

How to Say What You Did, What I Did

Yo *and* tú *forms of the preterit of* -er *and* -ir *verbs*

You have already learned to say where you went in the past. You have also learned to ask where a friend or family member went.

> **Anoche fui a casa de mi amiga Carmen.**
> **¿Fuiste a la fiesta de Juan Carlos el sábado pasado?**

1. To tell other things you did in the past using **-er** or **-ir** verbs, replace the **-er** or **-ir** with the ending of the past (preterit) tense: **-í.** You must write an accent mark over the letter **i** to indicate that it is stressed when you pronounce the word.

escribir	**Ayer escribí una carta a mi prima.**
salir	**El domingo pasado salí con mis amigos.**
comer	**No comí en la cafetería ayer.**

2. When you talk about people or things you saw (**ver**), there is no written accent over the **i**.

   > **Anoche vi una película fantástica. Y en el cine vi a mi primo Carlos.**

3. To tell or ask a friend or relative what he or she did in the past using **-er** or **-ir** verbs, replace the **-er** or **-ir** with **-iste**.

escribir	**¿Ya escribiste a tu abuela?**
aprender	**¿Aprendiste el vocabulario nuevo?**
ver	**¿Viste a Irene en la clase de inglés?**

4. To ask a friend what he or she did, say **¿Qué hiciste?**

   > **¿Qué hiciste cuando fuiste a California?**

5. To say that you didn't do anything, say **No hice nada**.

   > **Anoche no salí. No hice nada.**

These two forms (**hice, hiciste**) are the past tense (preterit) forms of the verb **hacer**.

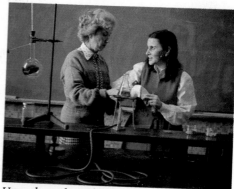

Una clase de química en Buenos Aires.

Actividades

A **¿Qué viste?** Tell three things or people you saw on your way to school this morning.

Por ejemplo:

> Vi a mi amiga Raquel.
> Vi un gato negro en la calle Oak.

B **Te vi ayer.** Tell three classmates that you saw each of them with someone yesterday and say where (even if it's not true). Each classmate will say whether it is possible or not.

Por ejemplo:

ESTUDIANTE A

Sam, te vi ayer con Carmen en la reunión del club de español.

ESTUDIANTE B

No me viste allí con ella.
(Sí, es posible).

C **¿Qué viste?** Ask two classmates how many hours they watch television during the week. Then ask what programs they saw last week.

Por ejemplo:

ESTUDIANTE A

(1) ¿Cuántas horas a la semana ves la tele?

(3) ¿Qué programas viste la semana pasada?

ESTUDIANTE B

(2) Veo la tele seis horas a la semana.

(4) Vi _____.

D **¿Qué hiciste ayer?** Answer the following questions about what you did yesterday.

1. ¿Saliste anoche? ¿Con quién?
2. ¿Leíste un libro ayer? ¿Cuál?
3. ¿Viste a todos tus amigos ayer? ¿A quiénes? ¿Dónde?
4. ¿Comiste algo delicioso? ¿Qué comiste? ¿Dónde?
5. ¿Recibiste una carta? ¿De quién?
6. ¿Fuiste a una reunión? ¿Dónde? ¿Con quién?

El correo argentino.

E **¿A qué hora?** Ask a classmate what time he or she did the following things yesterday. Then ask if he or she always does each thing at that time.

Por ejemplo:

hacer la cama

ESTUDIANTE A

(1) ¿A qué hora hiciste la cama ayer?

(3) ¿Siempre haces la cama a las siete?

ESTUDIANTE B

(2) A las siete.

(4) Sí, siempre. (No, no siempre).

1. salir para la escuela
2. hacer la tarea de español
3. ver a tus amigos
4. ir a la clase de inglés
5. comer en la escuela

F **Chismes.** Make up a rumor about what three of your classmates have done. They will say whether the rumor is true (**"Es verdad"**) or false (**"No es verdad"**) and give an explanation. Use the verbs suggested below.

leíste	saliste	perdiste	hiciste	recibiste
comiste	viste	fuiste	aprendiste	escribiste

Por ejemplo:

recibiste / escribiste

ESTUDIANTE A

(1) Sandra, dicen que recibiste una "A" en el examen de álgebra.

(3) Paul, dicen que escribiste en tu pupitre (desk).

ESTUDIANTE B

(2) Es verdad. Siempre saco buenas notas en álgebra.

(4) ¡No es verdad! Nunca escribo en mi pupitre.

Una compañera de clase.

Una carta de la Argentina

Buenos Aires
6 de abril

Queridísima Alicia:

Muchas gracias por la invitación a Miami. Te llamé anoche para hablar del viaje, pero nadie contestó. Rafael va a ir conmigo a Miami. Está muy entusiasmado con la idea de visitar los Estados Unidos. Vamos a llegar el día 20 de abril a las 7:55 de la mañana, vuelo de Aerolíneas Argentinas número 445. Recibí el cheque que me mandaste. Gracias, hermanita.

Si no me llamas este domingo, te llamo el lunes por la noche.

¡Hasta pronto!

Un fuerte abrazo de tu hermano que te quiere,

Lucas

Actividad

From Lucas's list of things to do, tell which he did by answering **sí** or **no**.

1. escribir a Alicia
2. llamar a Alicia
3. hacer las reservaciones en Aerolíneas Argentinas
4. hacer las compras para Alicia
5. recibir el cheque de Alicia
6. hacer las maletas
7. mandar a Alicia la información sobre el vuelo

Estructura 2

How to Report What Someone Says or Hears
The verbs decir and oír

How to Request Things
The verb pedir

You have already seen some forms of the verb **decir**, which means "to say" or "to tell." For example, when you use the wrong word and want to correct yourself, you have said **digo**.

> **Todos somos "Americans", digo, americanos.**

To report or summarize what someone said, you have used **Dice(n) que...**

> **Miguel dice que Juanita está enferma hoy.**
> **Mis padres dicen que no puedo salir esta noche.**

1. The following are all the forms of **decir** in the present tense.

SINGULAR	PLURAL
digo	decimos
dices	decís*
dice	dicen

¿Qué dices?
No te oigo.

2. Use a form of **decir** when you want to quote directly what someone says to you.

> **Siempre me dice: "Eres muy guapa".**

3. Use a form of **decir** to summarize what someone says to you.

> **Siempre me dice que soy muy guapa.**

4. You use the verb **oír** to tell what you and others hear. The following are all the forms of **oír** in the present tense.

SINGULAR	PLURAL
oigo	oímos
oyes	oís*
oye	oyen

5. The verb **pedir** ("to request, to ask for, or order something") changes from **e** to **i** in the same way **decir** does.

SINGULAR	PLURAL
pido	pedimos
pides	pedís*
pide	piden

Cuando vas a la cafetería, ¿qué bebida pides?
Para su cumpleaños mi hermana siempre pide ropa.

*This form is rarely used in the Spanish-speaking world, except for Spain.

Actividades

A **¿Qué me dices?** Ask a classmate what he or she says in the following situations.

Por ejemplo:

cuando salgo de clase

ESTUDIANTE A

¿Qué me dices cuando salgo de clase?

ESTUDIANTE B

Te digo ¡Adiós!

1. cuando te doy un regalo
2. cuando te digo gracias
3. cuando te llevo tu mochila
4. cuando no puedes salir conmigo
5. cuando te pido dinero
6. cuando te digo algo increíble

B **¿Qué dicen?** What do you and your friends say about the following?

Por ejemplo:

Los maestros dicen que ustedes van a tener clases los sábados.
Nosotros decimos que no queremos ir a la escuela los fines de semana.

1. Su maestro dice que ustedes deben tener muchos exámenes.
2. Dicen que la comida de la cafetería es excelente.
3. Los padres dicen que deben regresar a casa antes de las once de la noche.
4. Los dentistas dicen que los jóvenes no deben comer postres.

C ¿Qué oyen? Tell what or whom the people below might be hearing, according to where they are.

Por ejemplo:

> Miguel está en una fiesta.
> *Oye música (un vídeo musical, una guitarra, a sus amigos).*

1. Los turistas están en el parque zoológico.
2. Estás en tu habitación.
3. Tú y los compañeros están en tu casa. Escuchan la radio.
4. Estoy en la oficina del veterinario.
5. Maricarmen está en la casa de sus tíos en el campo.
6. Jorge y Elena están en la clase de español.

D Todos me piden favores. Tell one possession the following people frequently request from you.

Por ejemplo:

> tu mamá
> *Mi mamá me pide la bicicleta.*

1. tu compañero(a) de clase
2. tu papá
3. tus hermanos
4. tus maestros
5. tu abuelo(a)
6. tu amigo(a)

E Los platos favoritos. Working with a classmate, find out what each of you usually orders to eat in the following places or circumstances. Then report back to the class.

Por ejemplo:

> en la cafetería de la escuela

ESTUDIANTE A
(1) ¿Qué pides en la cafetería de la escuela?

ESTUDIANTE B
(2) Pido hamburguesas. ¿Y tú?

(3) Yo también.

(A la clase): Miguel y yo pedimos hamburguesas en la cafetería.

1. en un restaurante muy elegante
2. en un partido de béisbol
3. en un restaurante mexicano
4. en McDonald's
5. el día de tu cumpleaños

Finalmente

Situaciones

A conversar Converse with a classmate about birthday gifts.

1. Find out what gifts your partner asked for on a recent birthday.
2. Find out what gifts he or she actually received.
3. Ask which gift your partner likes best. Ask him or her to describe it.
4. Find out what your partner plans to ask for next year.
5. Reverse roles.

A escribir Write a note to a friend describing a memorable weekend. Include details about places you went, with whom, what you did and saw, what new friends you met (**Conocí a...**), what new things you may have learned how to do, and special foods you ate.

Repaso de vocabulario

PREGUNTA

¿Cuánto tiempo hace que...?

ACTIVIDADES

conocer (-zco)
decir
esperar
hacer cola
oír
pedir
pertenecer (-zco)

PERSONA

el/la vecino(a)

COSAS

el club
la entrada
el equipo
la hora (hour)
el minuto
la reunión
el tiempo

OTRAS PALABRAS

casi
varios(as)

EXPRESIÓN

Hace... que...

CRAZY LOBSTER

LANGOSTA · LOCA

MIAMI · FLORIDA

SERVICIO A DOMICILIO
Con un día de anticipación
Teléfono: 266-3033

Lección 6

El idioma es muy importante

¡A comenzar!

The following are some of the things you will be learning to do in this lesson.

When you want to . . .	You use . . .
1. say what you do for another person	• **Le** + activity + **a** + person.
2. say what you did at one point in the past	• **-é** at the end of **-ar** verbs
3. tell a friend or family member what he or she did at one point in the past	• **-aste** at the end of **-ar** verbs
4. tell a friend or family member what he or she gave	• **diste** + object
5. give a result of an action ("therefore," "that's why")	• **por eso**

Now find examples of the above words and phrases in the following conversation.

Sigue la conversación entre Carmen y su mamá.

CARMEN: Mamá, no me escuchaste.

MAMÁ: Claro que te escuché, hijita.

CARMEN: Pues, entonces...

MAMÁ: Mira, Carmencita, tú puedes hablar inglés todo el día en la escuela, con tus amigos, por todas partes. Pero también somos cubanos y el idioma es muy importante para nosotros.

CARMEN: Pero, mamá...

MAMÁ: Escúchame, Carmen. Cuando le hablaste ayer a tu papá en inglés, cuando olvidaste las palabras en español, le diste la impresión de que no respetas ni el idioma ni nuestra cultura. Por eso le debes hablar en español.

Actividades preliminares

A Complete the following sentences to say what you do for the people indicated.

1. A mi maestro le doy _____ todos los días.
2. A mi hermano le doy _____ para su cumpleaños.
3. A mi hermano nunca le presto mi(s) _____.
4. A mi amigo le compro _____ porque le gusta(n) mucho.

B Give a result of the following actions, using **por eso**.

Por ejemplo:

Enrique nunca estudia.

Por eso saca malas notas (no sabe contestar en clase, etc.).

1. Mi papá no me puede llevar a la escuela hoy.
2. A Raúl no le gusta practicar la guitarra.
3. Hace tres días que Susana llega tarde a la clase de español.

Vocabulario

A mi mamá le pido permiso para salir esta noche. Me permite salir si prometo hacer los quehaceres de la casa. Necesito...

cortar el césped

poner* la mesa

quitar los platos

lavar los platos

dar de comer al gato

sacar al perro

sacudir los muebles

sacar la basura

*The **yo** form of **poner** is **pongo**.

cuidar a mi hermano
menor

pasar la aspiradora

barrer el piso

planchar la ropa

A mi papá le explico
mis problemas.

Me da buenos consejos.

Le presento a mis amigos.

Me paga veinte dólares.

A mi amigo le vendo mi estéreo.

Actividades

A **Le hago favores.** Tell whether or not you do the following favors for your best friend.

Por ejemplo:

>prestar dinero
>*Le presto dinero (No le presto dinero).*

1. mandar tarjetas postales cuando vas de vacaciones
2. dar regalos caros para su cumpleaños
3. explicar tus problemas
4. prometer decir la verdad (truth)
5. permitir usar tus cosas
6. presentar a tu familia
7. dar buenos consejos

B **¿Tienes que pedir permiso?** Tell whether or not you must ask permission at home to do the following things.

Por ejemplo:

>salir con tus amigos
>*(No) Tengo que pedir permiso para salir con mis amigos.*

1. escuchar música
2. invitar a un/a amigo(a) a casa
3. ver la tele
4. ir al cine por la tarde
5. salir por la noche
6. dormir en casa de un/a amigo(a)
7. comer en casa de un/a amigo(a)
8. dar una fiesta
9. ir a una fiesta
10. hablar por teléfono
11. regresar a casa después de las diez de la noche
12. vender tu radio o tu grabadora

En la cocina después de comer.
¿Qué hace el muchacho?

C **¿Estrictos o no?** Tell how often your mother or father allows you to do each of the things in activity **B**.

Por ejemplo:

>salir con tus amigos
>*Mi mamá siempre me permite salir con mis amigos.*

D **Los quehaceres de la casa.** Find out from a classmate if he or she does the following household chores. Reverse roles and report back to the class.

Por ejemplo:

limpiar la habitación

ESTUDIANTE A

En tu casa, ¿tienes que limpiar la habitación?

ESTUDIANTE B

Sí, todos los sábados. (No, es el quehacer de mi hermana mayor).

(A la clase): Elena tiene que limpiar la habitación todos los sábados. (En la casa de Elena su hermana mayor limpia la habitación).

En un parque de Miami.

1. dar de comer al perro (gato, conejo, etc.)
2. sacar la basura
3. cocinar
4. poner la mesa
5. quitar los platos
6. lavar los platos
7. sacar al perro
8. cuidar a los hermanos menores
9. pasar la aspiradora
10. sacudir los muebles
11. cortar el césped
12. lavar el coche
13. hacer la cama
14. planchar la ropa
15. barrer el piso

E **Buenos negocios.** Make a list of some of your possessions that you are willing to sell. Share the list with a classmate. Your classmate tells you what items he or she would like to buy. Come to an agreement on the price of each item. Choose from the items below or think of your own.

bicicleta	casetes	grabadora	muebles
cámara	colecciones	historietas	revistas
camisetas	discos	juegos de mesa	vídeos musicales
carteles	estéreo	libros	videojuegos

Por ejemplo:

ESTUDIANTE A

(1) ¿Me vendes tu cámara de marca Kodak?

(3) Bueno, te doy veinte dólares.

(5) No puedo pagar más.

ESTUDIANTE B

(2) Depende. ¿Cuánto me pagas?

(4) Es muy poco. La cámara es casi nueva.

(6) Bueno, está bien.

Los diminutivos

Cuando Carmen habla con su mamá, su mamá le dice "hijita" y "Carmencita". Cuando el tío Lucas le escribe a la mamá de Carmen, le dice "hermanita". Cuando la mamá le contesta sus cartas, le dice "hermanito".

Los hispanos usan *-ito* e *-ita* al final de los nombres de las personas para indicar que sienten cariño por esas personas.

Actividad

How would you refer to the following to show affection?

Por ejemplo:

> tu abuela
> *mi abuelita*

1. tu hermano
2. tu prima
3. tu perro
4. tu gato
5. tu conejo

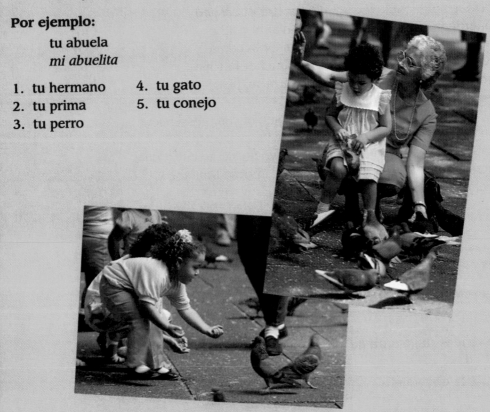

Estructura 1

How to Say What You Do to or for Another Person

Indirect object pronoun le

You have used **me** to request a favor for yourself or to describe favors done for you.

> **¿Me puedes prestar un sello?**

You have used **te** to offer a favor to a friend or a family member or to describe what you do for him or her.

> **Te puedo dar cinco dólares.**

1. To say that someone is doing something to or for another person, use **le** + activity.

   > **Pobre Miguel está enfermo. Sus amigos le hacen muchos favores.**

2. Also use **le** to say what you do to or for someone you address formally **(usted).**

   > **Señorita, le doy mi tarea esta tarde.**

3. The words **me, te,** and **le** go before the verb form that indicates who is doing the action. Word groups such as **voy a decir, puedo dar,** and **quieres prestar** cannot be broken up. The words **me, te** and **le** go before them.

   > **Te puedo dar mi tarea de inglés.**
   > **¿Me quieres prestar tu bolígrafo?**

4. If you use the word **no,** it goes before the **me, te,** or **le.**

   > **No le voy a decir mis secretos.**

5. Since **le** can refer to him, her, or you **(usted),** you will sometimes need to clarify who the **le** is. You do this by adding **a** + the name of the person.

   > **Todos los meses Ron le manda cartas *a Raquel*, pero Raquel no le escribe *a Ron* porque ella no sabe inglés.**
   >
   > **Señora, le voy a prestar cinco dólares *a usted*, pero no le puedo prestar nada *a Miguel*.**

Actividades

A ¿A quién? Name one person to whom or for whom you do each of the following things.

1. Le digo mis secretos a _____.
2. Le presto dinero a _____.
3. Le mando cartas a _____.
4. Le doy regalos especiales a _____.
5. Le hago muchos favores a _____.

B Pobre Alfredo. Read the story below; then complete the paragraph following it as if you were Alfredo's father.

Nadie sabe qué pasa con Alfredo. Cuando su papá le habla, Alfredo no le contesta. Está muy triste estos días y el papá está preocupado. No le dice nada a su papá. Prefiere estar en su habitación y tampoco le permite entrar cuando él le trae su comida.

(El papá de Alfredo le dice): Alfredo, yo no _____ qué pasa _____. Cuando _____ hablo, no _____ contestas. Veo que estás muy triste estos días. Francamente, _____ preocupado. No _____ _____ nada. Prefieres estar en _____ habitación y tampoco _____ _____ entrar cuando _____ _____ tu comida.

C Están peleados. Carmen had a fight with her friend Jorge. Use the ideas below to suggest things she can do for him to make up; then think of one idea of your own.

Por ejemplo:

hablar
¿Por qué no le hablas?

1. escribir una carta
2. hacer un favor
3. dar un regalo
4. pedir perdón

La mamá le prepara el desayuno a su hija.

D **Hoy y mañana.** Name two things you do for someone else during the course of the day. Then name two things you are going to do for someone tomorrow.

Por ejemplo:

> Todos los días le hablo a mi amiga
> Eva por teléfono...
> Mañana le voy a comprar un regalo
> a mi hermano...

Unos amigos en Miami.

E **Le quiero presentar a mis amigos.** Tomorrow a local Hispanic businesswoman will come to your Spanish class. Practice introducing four of your classmates to her. Also say something about each one.

Por ejemplo:

> Señora, le quiero presentar a Tony. Tony pertenece al
> equipo de baloncesto. Juega muy bien.

F **¿Qué le dices?** In the situations below, what would you say to or ask each person?

Por ejemplo:

> a tu prima cuando te visita
> *Le pregunto si quiere escuchar mi disco nuevo.*

1. a tu mamá o a tu papá cuando te pide sacar la basura
2. a tu amigo cuando no puedes ir a una fiesta porque tienes
   que cuidar a tu hermano menor
3. a tu maestro cuando no haces la tarea
4. a tu amigo cuando te pide consejos
5. a tu mamá o a tu papá cuando te pide poner la mesa
6. a tu abuela cuando le dices que necesitas cinco dólares
7. a tu compañero de clase cuando le dices que sacaste una "A"
   en el examen

El lenguaje: algo muy frágil

Para los inmigrantes hay, en realidad, dos problemas enormes. El primero es adaptarse rápidamente y aprender el idioma del nuevo país. El segundo es mantener el idioma materno —el idioma de los padres, los abuelos y los bisabuelos.

Parece increíble, pero puedes perder tu idioma. Tu idioma es muy frágil y si no lo usas, lo puedes olvidar. Los extranjeros que vienen a los Estados Unidos dicen que después de sólo dos años de no usar su idioma, empiezan a tener problemas con el vocabulario.

Actividades

A The following are some words used to describe what can happen to our language. Decide which of these words relate to remembering the language (**recordar**) and which relate to not remembering (**no recordar**). List them in the appropriate category.

1. abandonar
2. mantener
3. perder
4. olvidar
5. usar
6. practicar

B What two pieces of advice can you give a classmate about what he or she should do over summer vacation so as not to forget the Spanish he or she has learned this year?

Por ejemplo:

> Debes hablar español con los amigos por teléfono.

Estructura 2

....

How to Say What You Did and Ask What a Friend Did

Yo *and* tú *forms of the preterit of* -ar *verbs*

You have learned to say what you did and to ask a friend what he or she did in the past using -**er** and -**ir** verbs.

> **¿Qué hiciste anoche?**   **Fui al cine.**
> **¿Viste a Julia allí?**   **Claro, ¡salí con ella!**

1. To talk about what you did in the past using -**ar** verbs, use -**é** to replace the -**ar**.

> **Estudié mucho anoche. Terminé mi composición a las diez y media.**

2. To ask what a friend did in the past using -**ar** verbs, use -**aste** to replace the -**ar**.

> **¿Le hablaste a tu papá anoche? ¿Le enseñaste tus notas?**

3. The verb **dar** is irregular in the preterit tense. Although it is an -**ar** verb, it uses endings of -**er** and -**ir** verbs: **di, diste.**

> **¿Qué le diste a Sara?**   **Le di una camiseta.**

Actividades

A **Favores que le hice yo.** Tell for whom you did each of the following favors recently. If you didn't do one of the favors, use the sentence *No le (activity) a nadie.*

Por ejemplo:

> mandar una carta
> *Le mandé una carta a mi abuelo (No le mandé una carta a nadie).*

1. enseñar unas fotos
2. comprar un regalo
3. ayudar
4. presentar a tus amigos(as)
5. prestar discos
6. dar dinero

B **Para mí, es muy fácil.** Ask a classmate if he or she did the activities below yesterday. Your classmate will answer and tell his or her opinion of that activity, choosing from the following words.

interesante   fácil   difícil   aburrido   divertido

Por ejemplo:

> gastar mucho dinero

ESTUDIANTE A

¿Gastaste mucho dinero ayer?

ESTUDIANTE B

Sí, para mí es fácil gastar dinero.

1. escuchar música
2. cuidar niños
3. practicar deportes
4. ayudar a tus padres
5. limpiar la habitación
6. estudiar mucho
7. llamar a tus amigos

C **Este año y el año pasado.** Compare this school year to last year, considering the following questions.

Por ejemplo:

> ¿Vas a muchos partidos?
> *Este año voy a muchos partidos pero el año pasado fui a dos partidos.*

1. ¿Qué estudias?
2. ¿Vas a muchas reuniones?
3. ¿Lees muchos libros?
4. ¿Haces muchas tareas?
5. ¿Sales con muchos amigos?

D **Lugares.** What would you say you did in the following places?

Unos compañeros de clase.

Por ejemplo:

> en la tienda
> *Vi camisetas bonitas pero no compré nada.*

1. en la biblioteca
2. en la escuela
3. en el parque
4. en casa
5. en la playa
6. en el trabajo
7. en casa de los abuelos
8. en la fiesta
9. en las vacaciones

Finalmente

Situaciones

A conversar Converse with a classmate about your activities last weekend.

1. Ask your partner what he or she did at various times during the weekend. Find out where your partner went, what he or she did, and with whom. Give your reactions.
2. Reverse roles.

A escribir There's a special meeting you want to attend next week in school, but it's at the same time as Spanish class. You must get your teacher's permission to attend the meeting. Write your teacher a note of explanation.

1. Ask for permission to go to the meeting.
2. Give the date you will not be in class.
3. Promise to do the homework for that day.
4. Tell what favor you will do for your teacher if he or she allows you to go to the meeting.

Repaso de vocabulario

ACTIVIDADES
barrer
cortar el césped
dar consejos a
dar de comer (al gato,
   al perro, etc.)
explicar
hacer los quehaceres
pagar
pasar la aspiradora
pedir permiso (para)

permitir
planchar
poner la mesa
presentar
prometer
quitar los platos
sacar la basura
sacudir los muebles
vender

OTRA PALABRA
el problema

Lectura

You will be able to figure out many of the words in the following reading from the context in which they appear or because they look like English words that have similar meanings. First, look over the article below and complete activities **A** and **B**. Then, after reading the article more carefully, complete activities **C** and **D**.

D A N Z A

Los ritmos de la danza afrocubana clásica invaden la Plaza España de Madrid

La llegada de nuevos inmigrantes cubanos a Europa en estos últimos años ha despertado el interés por los ritmos afrocubanos, especialmente en España, donde el número de exiliados es mayor. En numerosas escuelas de ballet y danza madrileñas se puede escuchar, junto al tradicional sonido de palmas y castañuelas, los ritmos sensuales del trópico expresados con exquisito lirismo por bailarines clásicos, verdaderos maestros en su género, como María Elena García, que baila en todas partes, "¡hasta en la mismísima Plaza España, y Olé!".

Actividades

A List the words you know or think you recognize in the above reading.

Por ejemplo:

> nuevos, inmigrantes, cubanos...

B The following look like Spanish words you've learned. Can you identify the root word?

Por ejemplo:

> llegada
> *(looks like)* **llegar**

1. **madrileñas**
2. **numerosas**
3. **expresados**
4. **verdaderos**

C Which of the following could be an appropriate title for this article?

1. **Cubanos de vacaciones en Madrid**
2. **La música del trópico llega a España**
3. **La Plaza España —sitio de muchos conciertos**

D Answer the following questions about the above article.

1. **Según la primera frase de este artículo, ¿qué país europeo tiene más cubanos exiliados?**
2. **¿Cómo describe el artículo la música tradicional de España? ¿Cómo describe la música de Cuba?**
3. **Según el artículo, ¿por qué es tan popular en España la danza afrocubana?**

El Ballet Folklórico de Cuba.

Capítulo 5 Repaso

¿Recuerdas?

Do you remember how to do the following things, which you learned in **Capítulo 5**?

LECCIONES 1–3

1. ask favors of others (p. 328)
2. offer favors to a friend or family member (p. 331)
3. describe things you don't know the name for in terms of size, shape, material, and use (p. 340)
4. give the meaning of a word in Spanish (p. 340)
5. ask or say what others do to or for you (p. 343)
6. give nationalities and tell what languages people speak (pp. 348–349)
7. give the year an event occurred (p. 352)
8. say that something has been going on since a certain date (p. 352)
9. give numbers to the millions (p. 352)
10. say where you and others went (p. 355)
11. tell when you and others went places (p. 355)

LECCIONES 4–6

1. say what belongs to you and others (p. 364)
2. talk about activities you do with others (p. 367)
3. say or ask how long someone has been doing something (pp. 372–373)
4. tell what you did at one point in the past (pp. 376, 395)
5. ask or tell a friend what he or she did in the past (pp. 376, 395)
6. report what you and others say and hear (p. 380)
7. tell what you and others request or ask for (p. 380)
8. say what you do for others (p. 391)

Actividades

A **Regalos de cumpleaños.**

1. List the things your relatives or friends typically give you for your birthday.

Por ejemplo:

> **Mis abuelos me dan ropa.**

2. List three items you are going to ask your parents for on your next birthday.

Por ejemplo:

> **Les voy a pedir un estéreo...**

Un padre con su hija.

3. Now list the things you are going to give to the following people on their birthdays. Describe the gift completely, including color, what it is made of, etc.

   a. **a tu amigo(a)**
   b. **a tu maestro(a)**
   c. **a tu abuelo, tía, hermano, madre, etc.**

B **Persuasión.** You want permission from your mother or father to do something. Offer to do something for him or her in exchange.

Por ejemplo:

> **Mamá, si me haces un cheque para comprar _____, yo te lavo la ropa.**

C **Amigos otra vez.** List three or four things that you would do to make up with a friend after an argument.

Por ejemplo:

> **Le puedo decir que _____. También le puedo mandar _____ o le puedo ayudar con _____.**

D **Periódicos de todo el mundo.** Identify by nationality each of the following newspapers sold in Miami.

Por ejemplo:

Ya es un periódico español.

EL ESPECTADO

Bogotá, Domingo, 18 de octubre

88 PAGINAS - 4 CUADERNILLOS - 2 REVISTAS   N° 28.547 $70

EL UNIVERSAL

144 PAGINAS Cuatro Cuerpos

CARACAS, JUEVES 15 DE OCTUBRE - AÑO LXXVII - N° 28.133
—Depósito Legal pp 78-0756—

Dirección: AVENIDA URDANETA, EDIF. "EL UNIVERSAL"

EL DIA

Fundado por DON JOSE BATLLEY ORDOÑEZ el 16 de junio de 1886
Más de un Siglo al Servicio de la Libertad
PRECIO DEL EJEMPLAR N$ 140   MONTEVIDEO, JUEVES 15 DE OCTUBRE   EDICION DE 44 PA

ya

AGENDA 2
MADRID
MADRID CIUDAD
GUIA DE MADRID
PUEBLOS
OPINION 12
ESPAÑA 13
ECONOMIA 15

BOLSA
MUNDO
DEPORTES
PALABRAS
PASATIEMPOS
AL AZAR 43
CARTELERA
TELEVISION 44

JUEVES, 4 DE OCTUBRE   TELÉFONO: 623 41 00

VALPORTILLO PRIMERA, 11. 28100 ALCOBENDAS. MADRID

EL HERALDO
DE MEXICO

AÑO: XXII   México D.F., domingo 16 de agosto   NUM: 7839
LICENCIADO OSCAR ALARCON V.   GABRIEL ALARCON V.

el MIAMI Herald

VIERNES 31 DE JULIO
Adolescente inicia campaña antidroga Pág. 3

EL PAIS

DIRECTOR: JUAN LUIS CEBRIÁN   DIARIO INDEPENDIENTE DE LA MAÑANA   MADRID, VIERNES 17
Redacción, Administración y Talleres: Miguel Yueste, 40 / 28037 Madrid / ☎ (91) 754 38 00 / Precio: 60

E **El nuevo estudiante.** A new student who speaks only Spanish has enrolled in your school.

1. List five things you would like to ask him or her.
2. Help the new student fill out the enrollment form.
   A classmate will play the role of the new student. Ask him or her questions to get information for the form.
3. Introduce the new student to another classmate and describe him or her, based on the information in the form.

ENROLLMENT CARD

Name _____
            Last   First

School _____ Grade _____

Enrollment Date _____ Date of Birth _____ Age ____

Name of Father _____ Name of Mother _____

Living With _____

Present Residence _____ Telephone _____

Former Place of Residence _____

School Previously Attended _____

F **Diccionario moderno.** Make a list of four or five special words you use with friends that might not be understood by persons from a different generation or region. Give a definition in Spanish for each word or expression. Share the list of definitions with the class and see if they agree.

Por ejemplo:

> "dude"
> *Es un muchacho.*

G **Bienvenido.** List five or six things you could do to welcome a new student.

Por ejemplo:

> **Le puedo enseñar dónde está la cafetería.**

H **Un viaje.** You have just come back from an exciting trip and try to persuade a classmate to take a trip to the same place, telling all the places one can visit, the things one must see, and what one should do there. Your classmate will ask you what you did there, where you went, and what you saw.

Por ejemplo:

ESTUDIANTE A	ESTUDIANTE B
Fui a _____. Es fantástico.	Ah, ¿sí? ¿Cuándo fuiste?

I **El sospechoso.** Alicia wasn't home last night when Bruno called. He asks her where she went, with whom, and then makes accusations, which she denies. Play the roles of Bruno and Alicia with a partner. End up as friends again—somehow.

Por ejemplo:

ESTUDIANTE A	ESTUDIANTE B
¿Adónde fuiste anoche?	...
¿Con quién?	...
¿Qué hiciste?	...
¡Qué va! Yo sé que...	...

De visita en Miami

Lección 1

¡Liquidación de temporada!

¡A comenzar!

The following are some of the things you will be learning to do in this lesson.

When you want to . . .

1. talk about doing something for others **(ustedes)**
2. tell what you and others did in the past

You use . . .

- **Les** + activity.

- **-amos** on the end of **-ar** verbs
- **-imos** on the end of **-er** and **-ir** verbs

Now find examples of the above words and phrases in the following advertisement.

Carmen lee con mucho interés un anuncio
en el periódico.

¡Liquidación de temporada en Levy!

¡Ya rebajamos ropa de primavera un 50 por ciento o
más! Todo para ustedes, nuestros clientes. Camisas,
pantalones, chaquetas. Ropa elegante para toda la
familia. Sensacional liquidación total. Descuentos increíbles.

¡Grandes rebajas!

➤ Camisas y blusas   Antes: $23.99   Ahora: sólo $11.99

➤ Pantalones de moda   Antes: $36.50   Ahora: sólo $17.50

➤ Jeans para damas
   o caballeros   Antes: $37.25   Ahora: sólo $18.99

Y para su comodidad, abrimos una nueva sucursal en el centro
comercial Bayside. Abierto los domingos y días de fiesta de las 12 a
las 5:30. Todas las tiendas abren de las 9 de la mañana a las 9 de la
noche.

Almacenes LEVY,
donde lo bueno cuesta barato.   *¡Siempre les ofrecemos lo mejor!*

Actividades preliminares

A Find out the following about what your classmates are wearing
(**llevar**) today.

1. ¿Cuántos llevan chaqueta hoy?
2. ¿Cuántos llevan camisa? ¿Y un suéter?
3. ¿Cuántos llevan "jeans"?

B Complete the following about shopping in your area.

1. **Las mejores liquidaciones en las tiendas de mi ciudad son en
los meses de _____.**
2. **Me gusta comprar ropa cuando hay descuentos de un _____
por ciento.**

C Offer something to your classmates.

Por ejemplo:

     Les doy (presto, compro, vendo) mi _____.

Vocabulario

Quisiera comprar...

una corbata

un traje de caballero

una chaqueta

unos pantalones

una camisa

un cinturón de cuero

unos calcetines

Ayer compré...

un traje de baño

una blusa de algodón

unas pantimedias

un vestido

unas sandalias

un traje de dama

unos shorts pantalones cortes

una falda

una bolsa grande

unos anteojos de sol gafas

unos tenis

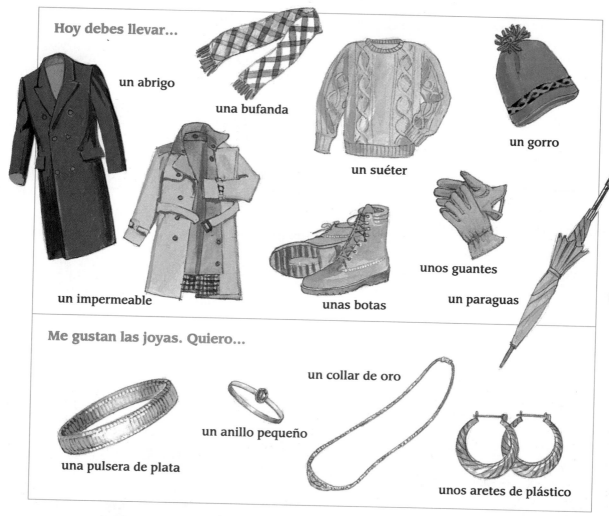

Hoy debes llevar...

un abrigo

una bufanda

un suéter

un gorro

un impermeable

unas botas

unos guantes

un paraguas

Me gustan las joyas. Quiero...

un collar de oro

un anillo pequeño

una pulsera de plata

unos aretes de plástico

Actividades

A En la tienda. Organize the words and phrases in the **Vocabulario** according to the following categories.

Por ejemplo:

    ropa para hombres
    pantalones, camisas, corbatas...

1. ropa para mujeres
2. ropa para jóvenes
3. artículos para mujeres

4. artículos para hombres
5. joyas

B **¿De qué es?** List articles of clothing and accessories according to what they are made of.

Por ejemplo:

> artículos de plata
> *un collar, unos aretes, un anillo...*

1. artículos de algodón
2. artículos de cuero
3. artículos de goma
4. artículos de plástico
5. artículos de oro
6. artículos de lana (wool)

C **¿Qué ropa llevan?** Tell what you and your classmates wear during the following months.

1. **En enero llevamos** ——.
2. **En abril llevamos** ——.
3. **En julio llevamos** ——.
4. **En octubre llevamos** ——.

D **¿Elegante o informal?** Converse with a classmate about what you wear when you go to the following places.

Por ejemplo:

> el centro comercial

ESTUDIANTE A

(1) **¿Qué ropa llevas cuando vas al centro comercial?**

(3) **Yo prefiero llevar pantalones, una camisa y un suéter.**

ESTUDIANTE B

(2) **A veces llevo "jeans" y una camiseta. ¿Y tú?**

1. **un partido de fútbol americano**
2. **una fiesta**
3. **un restaurante**
4. **la escuela**

E **Las compras.** Tell where you went shopping last and what clothes or other items you bought.

Por ejemplo:

> **El sábado pasado fui al centro comercial y compré un cinturón. (Anoche fui al centro, pero no compré ropa. Compré un casete).**

Los anuncios

En Miami, como en otras grandes ciudades bilingües, puedes ver anuncios en inglés y español.

La Misma de la Habana
ÓPTICA BRAVO

* Lentes de Contacto
* Armaduras de Marcas
* Envío de Espejuelos a Cuba

(305) 626-2717
603 S.W. 57 Ave. Miami, Fl.

PET'S PARADISE
nos especializamos en pájaros
exóticos y todo tipo de cotorras
4085 E. 8 Ave. Hlh. Fl. 863-1966

EDICIÓN EN ES
LEVI'S
$15⁹⁹
Alteraciones gratis
mientras Usted espe
Camisas y Blusas
Compre una y
reciba una por
DENIM WORL
Abierto de 9 de la mañana a 9
de la noche excepto los domingos:
de 11 a 7. Tel. (305) 393-3918.

con crédito, sin crédito o con mal crédito,
...Tito nunca dice «no»!

Potamkin

Tito Soto, gerente de

OFERTAS de la SEMANA**

CHEVY CAVALIER ▪ aire, aut	PLYMOUTH COLT ▪ aire, a
$6999	**$6999**
CHEVY CAVALIER ▪ aire, aut	Plymouth Chrysler Le Baron ▪
$3999	**$3999**

FINANCIAMOS AUN CON CRÉDITO INSUFICIENTE O SIN CRÉDITO
$2,000 por su carro en "trade in", ...aunque lo traiga a remolque!

16600 NW 57 AVE.
(salida Palmetto y 57 Ave.)

Pregunte por «Tito»,
...pregunte por Tito Soto!
585-1400

Actividades

A What number would you call in the above ads to check prices on the following items?

1. comida
2. un coche
3. anteojos nuevos
4. ropa para jóvenes
5. un conejo o un gato

B List as many things as you can think of that would be sold in each of the stores above.

Por ejemplo:

En _____ venden _____.

Riviera Supermarket
CON LA MEJOR CARNE DE MIAMI Y EN EL
DEPARTAMENTO DE ARTÍCULOS PARA REGALOS LE
BRINDAMOS EL 20% DE DESCUENTO. AMPLIO PARQUEO
1710 N.W. 17 AVE. ☎ 225-0056

Estructura 1

How to Say What You
Do for Others

Indirect object pronoun **les**

You have used **le** to tell what you do to or for someone else.

> **A Miguel le voy a dar una billetera para su cumpleaños.**
> **A Susana le voy a dar unos aretes.**

1. To say what you do to or for more than one person, use **les**.

   > **¿Conoces a mis amigos Paco y Raúl? Siempre les tengo
   > que explicar las tareas. Les digo que deben estudiar más.**

2. Notice that **les** can refer to "you" (plural) or "them." If it is not
   clear to whom you are referring, add **a** + the name of the group.
   For example, **a ustedes, a ellos, a ellas, a mis padres, a mis
   amigos, a Roberto y a Julia.**

   > **A ustedes les voy a decir la verdad. Si visitan mi pueblo,
   > no les puedo enseñar nada. A mis padres siempre les digo
   > que es un pueblo aburrido.**

Actividades

A **¿Siempre o no siempre?** Tell how often you do favors for the
following people.

Por ejemplo:

> a tus hermanos
> *A mis hermanos siempre les hago favores.*

1. a tus padres
2. a tu maestro de inglés
3. a tu mejor amigo
4. a todos tus amigos
5. a tus parientes

B Un millón de dólares. You have just won a million dollars! Tell what you will buy or do for the following people.

Por ejemplo:

> tus amigos
> *A mis amigos Mark y Paula les voy a comprar un Porsche.*

1. a tus padres
2. a tus hermanos
3. a tus amigos
4. a tus maestros
5. a tus abuelos
6. a tus primos

C ¿Qué les diste? You still had money left over, so you gave all your old possessions away to friends and family and bought everything new. Tell to whom you gave five of your possessions.

Por ejemplo:

> A mis primos les di mi estéreo.
> A Laura y a Ken les di mis discos.

D ¿Eres generoso? Tell what you can do for the following people.

Por ejemplo:

> dos compañeros de clase
> *Les voy a (puedo, quiero, etc.) ayudar con la tarea.*

1. dos amigos
2. dos maestros
3. tus padres
4. tus hermanos
5. tus abuelos

¡Tío Lucas y Rafael ya están en Miami!

Desde Miami, Rafael le escribe una carta a su mamá, que está en Buenos Aires.

Miami, 27 de abril

Querida mamita:

Papá y yo llegamos bien el jueves pasado y pasamos la primera semana aquí bastante ocupados. Estamos bien. Y tú, ¿cómo estás? ¿Muy solita?

Ayer Carmen y yo tomamos el tren (el "Metrorail") y visitamos varias partes de la cuidad, incluso la "Pequeña Habana". ¡Hasta jugué béisbol con unos chicos en el parque! Y saqué un montón de fotos. Anoche fui con Carmen a una fiesta en casa de una de sus compañeras. Practiqué el inglés con todos sus amigos. Dicen que hablo bastante bien. ¿Qué te parece?

Bueno, mamá, el domingo te escribo. Los tíos te mandan un abrazo y yo, un beso grande.

Tu hijo que te quiere mucho, Rafael

Actividad

The following are some of the things Rafael wanted to do during his stay in Florida. Tell which of the following happened, according to his letter to his mother, by responding **sí** or **no**.

1. **llegar sin problemas**
2. **ir a la playa**
3. **visitar Tampa**
4. **sacar muchas fotos**
5. **practicar el inglés**
6. **conocer a jóvenes**

Estructura 2

....

How to Say What You and Others Did in the Past   *Preterit **nosotros** forms*

You have learned to say what you did in the past (preterit) by using the following verb endings.

- for **-ar** verbs: **-é**
- for **-er** and **-ir** verbs: **-í**

  Llamé a Carmen anoche a las seis. A las siete salí con ella.

You have learned to tell or ask a friend or family member what he or she did using the following verb endings.

- for **-ar** verbs: **-aste**
- for **-er** and **-ir** verbs: **-iste**

  ¿Cuándo llegaste a Miami? ¿Ya viste muchas cosas?

1. To say what you and another person ("we") did in the past, use the following verb endings.

   - for **-ar** verbs: **-amos**
   - for **-er** and **-ir** verbs: **-imos**

   En el picnic jugamos béisbol y después comimos.

   Notice that for **-ar** and **-ir** verbs, these are the same endings you use to form the present tense.

2. The following verbs are exceptions to the above rules.

ir	fuimos	El sábado pasado fuimos al cine.
dar	dimos	Ayer por la tarde dimos un paseo por la playa.
hacer	hicimos	Anoche no hicimos nada.

Actividades

A **¿Y ustedes?** Tell whether or not you and your family or friends did the following activities in the past few months.

Por ejemplo:

> ir al zoológico
> *(No) Fuimos al zoológico.*

1. visitar Miami
2. hablar español
3. jugar béisbol
4. salir a la playa
5. comer comida cubana
6. dar un paseo por la ciudad
7. hacer un picnic
8. recibir invitaciones a una fiesta

B **Mi compañero y yo.** Ask a classmate the following questions about things the two of you did. Report to the class those things the two of you have in common.

Por ejemplo:

> ¿Saliste anoche?

ESTUDIANTE A

(1) ¿Saliste anoche?

(3) Yo también.

ESTUDIANTE B

(2) Sí, salí con mis amigos.

(A la clase:) Victoria y yo salimos anoche.

1. ¿En qué año naciste?
2. ¿Practicaste un deporte ayer?
3. ¿Qué programas viste anoche?
4. ¿Adónde fuiste ayer después de las clases?
5. ¿Qué estudiaste anoche? ¿Dónde estudiaste?
6. ¿Qué hiciste el fin de semana pasado?
7. ¿A qué hora llegaste a la escuela esta mañana? (Llegué...)

C **¡Muchas gracias, maestros!** Your teachers have agreed to give less homework. You and your classmates have thanked them by giving each a present. Tell what gifts you have given to four of your teachers and tell why you selected each gift.

Por ejemplo:

> A la maestra de español le dimos un diccionario grande porque le gustan las palabras raras.

Finalmente

Situaciones

A conversar You've saved enough money to buy some new clothes. Your partner will play the role of the department store salesperson.

1. Ask the salesperson to show you certain articles of clothing.
2. Ask about prices and alternate colors.
3. Inquire about matching accessories.
4. Make your selections. The salesperson will tell you the total cost.

A escribir Think of an exciting place you went to once with family or friends. Write a letter to a classmate telling about your trip.

1. Describe the activities that you and others did during the day.
2. Tell what you did in the evening. Tell with whom you did each activity.
3. Describe any souvenirs or other items you bought for yourself or others.

Repaso de vocabulario

ROPA

el abrigo
la blusa
las botas
la bufanda
los calcetines
la camisa
la corbata
la chaqueta
la falda
el gorro
los guantes

el impermeable
los pantalones
las pantimedias
las sandalias
los "shorts"
el suéter
los tenis
el traje de baño
el traje de caballero
el traje de dama
el vestido

JOYAS

el anillo
el arete
el collar
la pulsera

ARTÍCULOS

los anteojos
  de sol
la bolsa
el cinturón
el paraguas

ACTIVIDAD

llevar (to wear)

Lección 2

¿Vamos al centro comercial?

¡A comenzar!

The following are some of the things you will be learning to do in this lesson.

When you want to . . .	You use . . .
1. say what people do for you and others	• **Nos** + activity.
2. say that you did certain activities in the past	• **-cé** or **-qué** on certain **-ar** verbs

Now find examples of the above words and phrases in the following conversation.

¡Liquidación de temporada!

Carmen está en casa con su primo Rafael y su tío Lucas.

RAFAEL: Carmen, ya empecé a estudiar las palabras que me enseñaste en inglés. Y ayer practiqué mucho pero no entiendo qué dice aquí en el periódico.

CARMEN: A ver... Dice que hay una liquidación de temporada.

RAFAEL: Bueno, quisiera comprar unos regalos antes de regresar a Buenos Aires.

TÍO LUCAS: Oye, Carmencita, ¿por qué no llevas a tu primo al centro comercial? Le puedes enseñar las tiendas y también le puedes presentar a tus amigos.

RAFAEL: ¿Vamos a la calle Ocho?

CARMEN: No, Rafael. Voy a ver si mamá nos da permiso para ir al centro comercial Bayside.

RAFAEL: ¡Qué bueno! Oye, papá, ¿nos puedes prestar dinero?

Actividades preliminares

A Tell where the following are located.

Por ejemplo:

> Argentina
> *Está en la América del Sur.*

1. Florida
2. Buenos Aires
3. la calle Ocho
4. Miami

B Complete the following sentences about what you did recently.

1. Compré _____. Pagué _____.
2. Saqué una buena nota en la clase de _____.
3. Llegué tarde a la clase de _____.
4. Jugué _____ con mis amigos.
5. Practiqué _____.

Vocabulario

¿Qué clase de ropa buscas? Busco...

unos pantalones
de moda

una blusa...

sin mangas

de manga larga

de manga corta

un vestido
elegante

una camisa deportiva

ropa para
caballeros

ropa para damas

un traje de...

primavera

otoño

invierno

verano

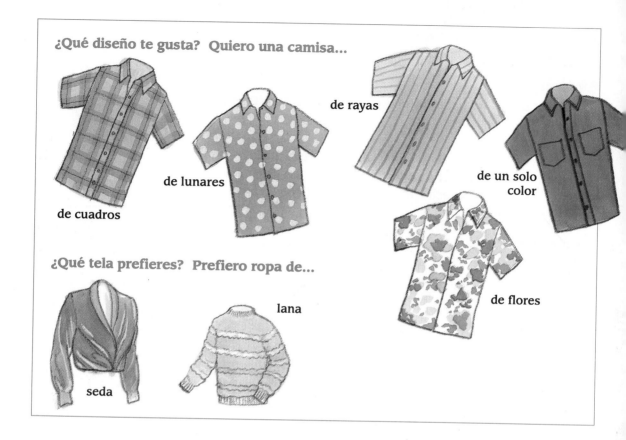

¿Qué diseño te gusta? Quiero una camisa...

de rayas

de lunares

de un solo color

de cuadros

de flores

¿Qué tela prefieres? Prefiero ropa de...

lana

seda

Actividades

A **Ropa adecuada.** Make four columns, one for each season of the year. Under each season, list two articles of clothing you would typically wear.

Por ejemplo:

> verano
> *ropa de algodón, sandalias...*

B **Inventario.** List three articles of clothing that you wear in summer and three you wear in winter. Describe each article in detail.

Por ejemplo:

> **En verano llevo pantalones grises. Son de algodón. Son viejos. En invierno llevo botas negras de cuero. Me gustan mucho.**

C **Lo que buscas.** Write down five items of clothing you need to buy for winter or summer. Describe each item.

Por ejemplo:

> Para el verano necesito una camiseta de rayas. Prefiero una blanca y azul.

D **¿Me compras algo, por favor?** A classmate will play the role of a parent. Ask him or her for each of the items you listed in activity C. He or she says no to each request, but gives a good reason. Student A then reports back to the class.

Por ejemplo:

ESTUDIANTE A	ESTUDIANTE B
Mamá (Papá), ¿me compras una camiseta de rayas?	No, ya tienes muchas camisetas.

(A la clase:) Mi mamá (papá) no me quiere comprar una camiseta porque dice que ya tengo muchas camisetas.

E **En la fiesta.** Describe to a classmate with as much detail as possible what each person is wearing in the picture below. Your classmate will identify whom you are describing.

Por ejemplo:

ESTUDIANTE A	ESTUDIANTE B
Una muchacha lleva una falda amarilla de lunares.	Hablas de Sonia, ¿no?

La Pequeña Habana

La Pequeña Habana es un barrio de Miami. En este barrio puedes ver muchos cafés, bodegas, tiendas y puntos de reunión donde la cultura cubana está en todas partes. Allí puedes comprar cosas que no hay en muchas otras ciudades de los Estados Unidos, como, por ejemplo, frutas y verduras tropicales, guayaberas, piñatas, churros y helados de frutas tropicales.

Las fiestas más importantes del año son el Desfile del Día de la Herencia Hispánica y el "Carnaval Miami". Dicen que el carnaval atrae más gente que todas las otras festividades hispanas de los Estados Unidos.

Actividad

Tell what a visitor to **La Pequeña Habana** could do, based on the photos.

Por ejemplo:

   Puede comer comida nicaragüense.

Estructura 1

How to Say What People Do for You and Others

How to Talk about What You and Others Like and Dislike

Object pronoun nos

You have used **me, te, le,** and **les** to talk about what people do to or for you and others.

> **Si me ayudas con la tarea, te compro un casete.**
>
> **Todos me piden favores. Ayer le presté mi libro de inglés a Jaime. También les presté cinco dólares a Raquel y a Yolanda.**

1. To say that someone does something for you and others ("for us"), use **nos** + activity.

Papá, Diana y yo queremos saber si nos puedes prestar el coche.

Entonces, ¿nos das el dinero para tomar un taxi?

No les puedo prestar el coche porque tengo que ir al centro.

2. To say what you and others like or dislike, use **(no) nos + gusta(n).**

> **Nos gusta la clase de arte porque nos gusta dibujar.**
> **No nos gustan mucho los partidos de tenis.**

Actividades

A **El maestro ideal.** Tell whether or not the ideal teacher does the following for you and your classmates.

Por ejemplo:

> hacer exámenes fáciles
> *Sí, nos hace exámenes fáciles.*

1. escuchar
2. dar dos horas de tarea
3. explicar bien las lecciones
4. criticar mucho
5. enseñar cosas interesantes
6. hacer exámenes todos los días
7. dar buenos consejos

B **Maestro, ¡por favor!** Work with a classmate to make five unusual requests of your teacher. Then report your requests to the class.

Por ejemplo:

> Señorita, ¿nos puede dar tareas muy fáciles? (Señor, ¿nos permite comer en clase?)

C **Durante todo el año.** Tell two things that you and your family or friends like about each of the four seasons.

Por ejemplo:

> en verano
> *En verano nos gusta ir a la playa. También nos gustan los partidos de béisbol.*

1. en verano
2. en otoño
3. en invierno
4. en primavera

La comida cubana

En la Florida y en otras partes de los Estados Unidos, puedes comer comida cubana. Algunos de los ingredientes básicos son: el arroz, frijoles de distintos colores, varias verduras y frutas tropicales (como los plátanos y las guanábanas), papas, pescado, carne de puerco y pollo. La comida cubana no es tan picante como la mexicana. Para terminar, el café cubano es muy rico y los helados de frutas tropicales son deliciosos.

naranjas, guayabas, chirimoyas y mangos

arroz blanco con frijoles negros

plátanos fritos

Actividad

This is a portion of the bilingual menu from a restaurant on **la calle Ocho**. The chef mixed up the English translations. Can you match the items on the menu with their correct English translations?

Especialidades

ARROZ FRITO
Plátanos Maduros

CHICHARRONES DE POLLO
Con Arroz Blanco

BISTEC AL QUESO
Con Puré de Papas

ARROZ CON POLLO
Con Plátanos Maduros

BISTEC EMPANIZADO
Con Papas Fritas

CARNE DE RES CON VEGETALES
Con Arroz Amarillo y
Plátanos Maduros

Today's Specials

Beef vegetable stew, with yellow rice and fried bananas

Cheese melt steak, with mashed potatoes

Breaded steak, with french fries

Fried rice, with fried bananas

Fried chicken chunks, with white rice

Chicken and rice, with fried plantains

Estructura 2

How to Write about the Past

Irregular yo forms of certain -ar verbs in the preterit

You have learned to say what you did in the past using **-ar** verbs.

> **Anoche llamé a mi amigo Tomás.**
> **Después hablé con mi amiga Inés.**

1. In Rafael's letter to his mother on p. 414, he used the past tense forms **jugué, saqué,** and **practiqué.**

> **Jugué béisbol. Saqué muchas fotos. Practiqué el inglés.**

If you pronounce these words aloud, you can hear the sound of the past tense. When you write certain verbs using the **yo** form in the past tense, you must change the spelling.

2. The following verbs ending in **-car, -gar,** and **-zar** will make these changes.

-qué	tocar	Anoche toqué la guitarra.
	sacar	Saqué una "A" en el examen.
	practicar	Practiqué el español con Eva.
	explicar	Le expliqué la tarea a José.
	buscar	En el centro le busqué un regalo a mi primo.
-gué	llegar	El lunes llegué tarde a la escuela.
	jugar	Jugué béisbol con los amigos.
	pagar	Compré un traje de baño. No pagué mucho.
-cé	empezar	Anoche empecé la composición. Voy a terminar hoy.

These changes affect the way you spell the words, not how you pronounce them.

Actividades

A **Notas.** Carmen wrote the following notes to her friend Jorge on the days she was taking her computer class. Complete them, using the **yo** form of the preterit of the following verbs.

buscar	explicar	pagar	sacar
empezar	llegar	practicar	

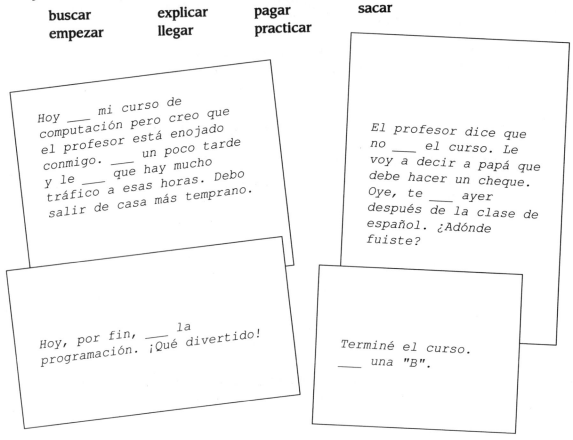

Hoy ___ mi curso de computación pero creo que el profesor está enojado conmigo. ___ un poco tarde y le ___ que hay mucho tráfico a esas horas. Debo salir de casa más temprano.

El profesor dice que no ___ el curso. Le voy a decir a papá que debe hacer un cheque. Oye, te ___ ayer después de la clase de español. ¿Adónde fuiste?

Hoy, por fin, ___ la programación. ¡Qué divertido!

Terminé el curso. ___ una "B".

B **Este año y el año pasado.** Compare this school year to last year in terms of the following topics.

Por ejemplo:

   los deportes que practicas
   Este año juego tenis pero el año pasado jugué baloncesto.

1. las notas que sacas
2. las materias (subjects) que estudias
3. los libros que lees
4. las tareas que haces
5. los deportes que practicas

Finalmente

. . . .

Situaciones

A conversar A classmate will play the role of a new Spanish-speaking exchange student whose first day of school is tomorrow. You call him or her and make plans to meet tomorrow before classes start.

1. Say hello, introduce yourself, and ask where he or she is from.
2. Find out when he or she arrived in the U.S.
3. Say that you'd like to show him or her around school tomorrow and introduce him or her to your friends. Your partner accepts the invitation and thanks you.
4. Tell your partner what time you will arrive at school and where you will be.
5. Describe yourself so your partner will know who you are. Tell what you look like and what you will be wearing. Your partner does the same. Say good-bye.

A escribir Identify who, in your opinion, is the best-dressed and worst-dressed celebrity today. Write a review, describing each person's clothing and appearance in general, making reference to photos in magazines, an album cover, a poster, or a live concert or TV appearance. To make your review seem more lively, write in the present tense.

Repaso de vocabulario

CLASES DE ROPA
de manga corta
de manga larga
de moda
deportivo(a)
para caballeros

para damas
sin mangas

TELAS
la lana
la seda

DISEÑOS
de cuadros
de flores
de lunares (m.)
de rayas
de un solo color

ESTACIONES
la primavera
el verano
el otoño
el invierno

Lección 3

Aquí se dice "guagua"

¡A comenzar!

The following are some of the things you will be learning to do in this lesson.

When you want to . . .	You use . . .
1. say something is far / near	• Está lejos / Está cerca.
2. say what someone did in the past	• -ó at the end of -ar verbs
3. say that something or someone is approaching	• Ya viene.

Now find examples of the above words and phrases in the following conversation.

Carmen y Rafael salen de compras.

RAFAEL: ¿Está muy lejos el centro comercial?

CARMEN: No, está bastante cerca.

RAFAEL: ¿A cuántos kilómetros?

CARMEN: Pues, en kilómetros, no sé. Pero no hay problema. Tomamos la guagua.

RAFAEL: ¿Tomamos *qué*?

CARMEN: Digo, el autobús. Aquí se dice "guagua". Oye, ¿cuánto dinero te prestó tu papá?

RAFAEL: Me prestó veinte dólares. Vamos, ya viene el autobús.

Actividades preliminares

A Tell whether the following are close to or far from school.

Por ejemplo:

> un restaurante
> *Un restaurante está cerca (lejos).*

1. un centro comercial
2. una tienda de computadoras
3. tu casa
4. el trabajo de tu papá (mamá)
5. un cine

B Tell what three people lent you recently.

Por ejemplo:

> Mi papá me prestó su coche.

Vocabulario

El gimnasio está detrás de la piscina (entre la piscina y el parque).

El parque está al lado del gimnasio.

Las bicicletas están enfrente de la piscina.

El cine está a una cuadra del restaurante.

Entonces, doblas a la derecha.

El restaurante está en la esquina de la calle Cabrillo.

Para llegar al cine, sigues derecho hasta la calle Cabrillo.

Restaurante EL MOLINO

calle Cabrillo

CINE

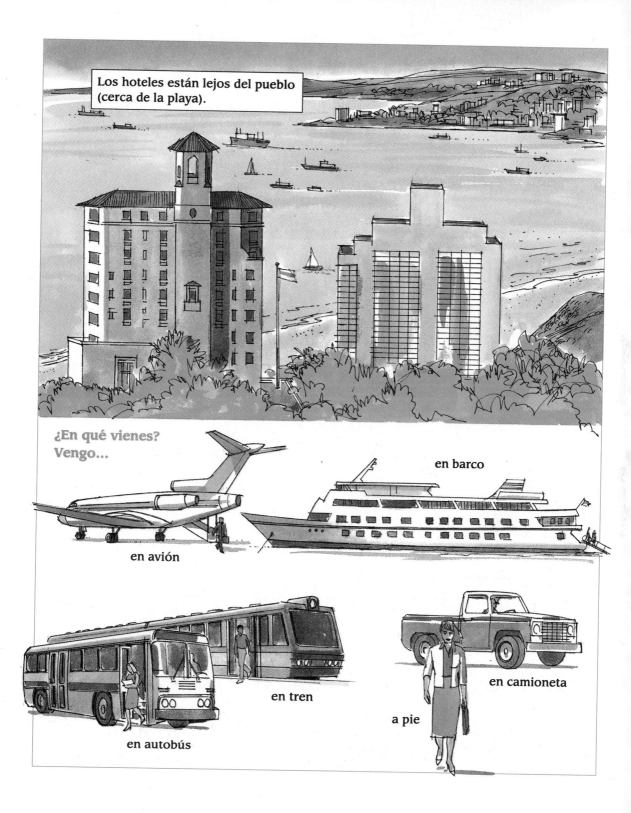

Los hoteles están lejos del pueblo (cerca de la playa).

¿En qué vienes?
Vengo...

en barco

en avión

en tren

en camioneta

a pie

en autobús

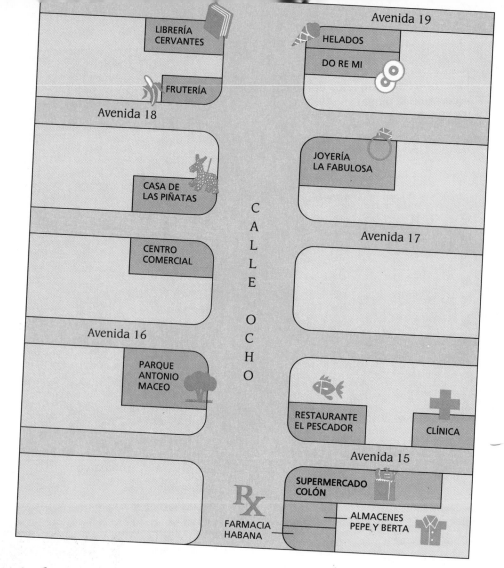

Actividades

A **El plano de la ciudad.** Using the map of **La Pequeña Habana,** describe where each of the following is.

Por ejemplo:

el supermercado Colón
Está en la esquina de la calle Ocho y la avenida Quince.
(Está al lado de los Almacenes Pepe y Berta, etc.).

1. el parque Antonio Maceo
2. el centro comercial
3. el restaurante El Pescador
4. la heladería
5. la librería Cervantes
6. la frutería

B **En mi ciudad.** Where would you tell a new student to go in your town or city to do the following things?

Por ejemplo:

> **para comprar una tarjeta de cumpleaños**
> *Debes ir a la tienda "Marie's". Cuando sales de la escuela,*
> *doblas a la izquierda. Sigues tres cuadras y doblas a la*
> *derecha. La tienda está al lado del cine.*

1. **para comprar revistas**
2. **para comprar un videojuego**
3. **para comer hamburguesas**
4. **para ver una película nueva**
5. **para nadar**
6. **para sacar una novela de la biblioteca**

C **¿En qué vienes?** Ask three classmates how they get to school.

Por ejemplo:

ESTUDIANTE A

John, ¿en qué vienes a la escuela?

ESTUDIANTE B

A veces vengo a pie pero casi siempre vengo en autobús.

D **¿Adónde vamos?** In pairs or small groups, think of a place in your area where you want another group to go, but don't tell them their destination. Give them detailed directions. Have them tell you where they are.

Por ejemplo:

GRUPO A

(1) **Uds. salen de la escuela, doblan a la izquierda y siguen diez cuadras. Van al edificio al lado de la tienda de discos.**

(3) **¡Sí!** (¿"Wendy's"? **No, "Wendy's" está muy lejos. Están en el cine**).

GRUPO B

(2) **Estamos en "Wendy's", ¿verdad?**

Los dialectos de un idioma

En su conversación con Rafael, Carmen usó la palabra "guagua" en vez de "autobús". La gente de diferentes regiones muchas veces dice cosas de una manera diferente aunque habla el mismo idioma. El español que se habla en México es un poco diferente del que se habla en el Caribe, en España, en los países de la región andina, y en Chile o la Argentina.

Por ejemplo, aquí tienes tres palabras diferentes para una misma cosa.

Así se dice generalmente:	un autobús.
Pero se dice así en el Caribe:	una guagua.
Y se dice así en México:	un camión.

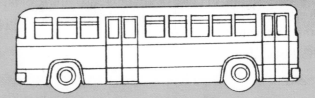

Actividad

Each of the following groups of words contains different ways of saying the same thing. Choose the general term for each, which you have learned in this book.

1. carro   coche   auto   máquina
2. habitación   cuarto   dormitorio   recámara
3. gafas   anteojos   lentes   espejuelos
4. alberca   piscina   pileta
5. cinturón   cinto   correa

Estructura 1

How to Say That Someone Is Coming

The verb venir

1. To ask what mode of transportation a friend uses to arrive somewhere, ask **¿En qué vienes?**

> **¿En qué vienes a la escuela?**   A veces vengo en coche.

2. Here are all the present tense forms of the verb **venir**.

SINGULAR	PLURAL
vengo	venimos
vienes	venís*
viene	vienen

*This form is rarely used in the Spanish-speaking world, except for Spain.

> **¿Vienes a mi fiesta?**
> **Sí, vengo con mi primo José. Venimos con los discos y los tacos. Creo que Miguel no viene; está enfermo.**

Actividades

A **¿En qué vienen?** Tell how the following people or things get to the places below.

Por ejemplo:

> **tu amigo(a) / a tu casa**
> *Viene a pie (en bicicleta, en coche).*

1. **tu abuelo(a) / a tu casa**
2. **tu mamá (papá) / del trabajo a tu casa**
3. **tu hermano(a) / de la escuela a tu casa**
4. **tu tío(a) / a tu casa**
5. **un coche importado / del Japón a los Estados Unidos**
6. **un hombre (una mujer) de negocios / de Nueva York a Los Ángeles**
7. **una carta / de la Argentina a los Estados Unidos**

B **Estás invitado.** You have been invited to a party at 8:00 at a friend's house. Your friend calls you to make sure you're coming. Answer his or her questions.

Por ejemplo:

> ¿De dónde vienes?
> *Vengo de mi casa (del partido, del centro, etc.).*

1. ¿En qué vienes?
2. ¿Con quién vienes?
3. ¿Con qué ropa vienes?
4. ¿A qué hora vienes?

C **¿De dónde vienen?** The U.S. has become home to many people from other countries. Tell where the following groups come from and how they arrive.

Por ejemplo:

> los cubanos
> *Los cubanos vienen de Cuba en avión o en barco.*

1. los canadienses
2. los portugueses
3. los japoneses
4. los dominicanos
5. los mexicanos
6. los argentinos
7. los ecuatorianos

D **Los meses del año.** Tell how you and your classmates are dressed when you come to school in the following months.

Por ejemplo:

> en abril
> *En abril venimos con pantalones de algodón, camisas o blusas...*

1. en septiembre
2. en enero
3. en mayo
4. en noviembre

Una carta a los abuelos

Carmen les escribe una carta a sus abuelitos, que viven en Nueva York.

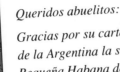

Miami, 27 de abril

Queridos abuelitos:

Gracias por su carta tan bonita. Mi tío Lucas llegó con mi primo Rafael de la Argentina la semana pasada. Fuimos anoche a un restaurante en La Pequeña Habana donde comimos comida típica cubana. Rafael comió arroz con pollo y de postre comió helado de mamey. Un día, mi tío Lucas nos preparó un plato al estilo argentino. ¡Qué rico!

El sábado pasado mi compañera Julia dio una fiesta y nos invitó a Rafael y a mí. Rafael tocó la guitarra, bailó mucho y habló inglés toda la noche.

Bueno, abuelitos, termino mi carta ahora. Les prometo escribir otra la semana que viene.

Un abrazo de su nieta que los quiere mucho,

Carmen

Actividad

Which of the following statements about what Rafael or tío Lucas did in Florida are correct, based on Carmen's letter? If the statement is correct, write **Sí, es cierto.** If the statement is incorrect, correct it as in the example.

Por ejemplo:

Rafael tocó el saxofón en la fiesta.
No. Tocó la guitarra.

1. Rafael llegó a la Florida con su papá.
2. Rafael habló español en la fiesta.
3. Rafael comió pescado en el restaurante cubano.
4. El tío Lucas preparó comida mexicana una noche.

Estructura 2

How To Say What Someone Did in the Past

Third person singular forms of the preterit

You have already practiced asking or telling a friend what he or she did in the past.

¿Qué hiciste ayer? ¿Jugaste béisbol o fuiste al cine?

You have also learned to say what you did in the past.

El invierno pasado aprendí a esquiar. Esquié con mis amigos.

In addition, you have learned to say what you and someone else ("we") did in the past.

Carmen y yo fuimos a la fiesta de Ana. Comimos mucho.

1. To describe the past actions of another person or thing (he, she, it) or to talk to a person formally **(usted)**, use these endings for the preterit tense.

   - for **-ar** verbs: **-ó**
   - for **-er** and **-ir** verbs: **-ió**

The written accent over the **-ó** tells you to stress that vowel sound. It is very important to write the accent and pronounce the vowel.

Carmen no compró nada en el centro comercial. Su primo compró un suéter y algunos discos. Después, en una cafetería, Carmen comió helado y su primo comió pizza.

Señor Marín, ¿vivió usted muchos años en Cuba?
Y usted, señora, ¿cuándo llegó a los Estados Unidos?

2. The following verbs are formed differently.

ir	fue	El tío Lucas no fue al centro comercial con Rafael.
dar	dio	Pero le dio dinero.
ver	vio	El tío Lucas vio un programa en la tele.
hacer	hizo	También le hizo un favor a su hermana.
leer	leyó	Carmen le leyó el anuncio a Rafael.
oír	oyó	Creo que tu papá no te oyó.
pedir	pidió	Y pidió permiso para dar una fiesta.

Actividades

A **Favores.** Name someone who did each of the following favors for you recently. If no one did the favor, use the word **nadie.**

Por ejemplo:

> ayudar
> *La maestra de inglés me ayudó con mi composición. (Nadie me ayudó).*

1. prestar dinero
2. mandar una carta
3. llamar por teléfono
4. dar buenos consejos
5. comprar algo bonito
6. enseñar a hacer algo nuevo

B **Muchos planes.** Using the verb phrases below, write a short paragraph telling what Carmen's mother did at the following times: (a) prior to Lucas and Rafael's visit, (b) the day they arrived, and (c) during their visit.

Por ejemplo:

> antes / invitar a Lucas y a Rafael
> *Antes invitó a Lucas y a Rafael...*

ANTES

llamar a la Argentina
escribir una carta
dar instrucciones
buscar otra cama para la habitación
hacer la cama

EL DÍA DE SU LLEGADA

oír las noticias en la radio
ver a su hermano
llevar a sus parientes a casa

DURANTE LA VISITA

preparar una comida cubana
llevar a sus parientes a Orlando

Medios

EN ESPAÑOL

Medios de Comunicación en Español que Prestan Servicio Diariamente a la Comunidad Hispana...

RADIO

WCMQ **1220 AM** **92.1 FM**
1411 Coral Way.................... 854-1830

WOCN **1450 AM**
1779 W. Flagler....................649-1450

WRHC **1550 AM**
2260 S.W. 8th Street............541-3300

WQBA **1140 AM**
2828 Coral Way.

C **¿Qué hizo tu compañero?** Find out from a classmate three things that he or she did last week. Report back to the class.

Por ejemplo:

ESTUDIANTE A

¿Qué hiciste la semana pasada, Debra?

ESTUDIANTE B

Gané el partido de tenis. Salí con mis amigas el sábado por la noche...

(A la clase:) Debra ganó el partido de tenis, salió con sus amigas el sábado por la noche...

D **Gustos.** Do you always eat the same things as your friends? Tell when you ate with your friends last and what each of you ate.

Por ejemplo:

Joe y yo fuimos a comer en la cafetería ayer. Yo pedí una hamburguesa, Joe pidió un sandwich de queso. Los dos pedimos ensaladas.

E **Regalos.** Tell what gifts you have exchanged with five friends or family members during the last year.

Por ejemplo:

Para mi cumpleaños mi papá me dio entradas a un partido de béisbol. Yo le di una corbata.

F **Lecturas.** Carmen is reading more in Spanish to improve her vocabulary. Tell whether she probably read the following items in (a) **el periódico**, (b) **una revista**, or (c) **una carta**.

Por ejemplo:

las noticias
Leyó las noticias en el periódico.

1. un anuncio de una liquidación de faldas
2. una receta para arroz con pollo
3. instrucciones para hacer una falda
4. los planes de los abuelos para viajar a México
5. su horóscopo

Fútbol:

Brasil se enfrenta Chile en Santiago

SANTIAGO, (AFP) - Las Sele
de Brasil y Chile protagonizarán u
cil" partido el próximo miércole
Estadio Nacional, pronosticó el
brasileño Pablo Roberto Falcao al a
Santiago junto al nuevo plantel bras

"Si bien es cierto que es un ar
Chile cuenta con la base de Colo
Universidad Católica, los líderes
Primera División. Será un juego m
cil", expresó Falcao al referirse al p
de los dos encuentros de la Copa E:
Texeira, programado para las
locales (23H00 Gmt).

Ese partido -dijo Falcao- "me
para observar lo que podemos ir elab
para nuestro futuro futbolístico" y
que, lamentablemente, sus jugadore
podrán realizar dos prácticas muy sua
Santiago.

Falcao, quien dirigió al equipo de
que sufrió un revés por 3/0 ante Es
observó atentamente a sus futbolista
entrenamiento que hicieron en el c
del estadio San C.

Finalmente

Situaciones

A conversar Imagine you are a new student at your school. Converse with a classmate to find out the following information.

1. Ask how to get to your next class.
2. Find out where the gym is.
3. Ask about two other places that you have to go within the school.
4. Ask about a good place to get something to eat after school. Find out what mode of transportation you need to take and ask directions.

A escribir Write a brief composition about someone you admire a great deal, such as someone in your family, community, a celebrity, or a historical figure. Tell when and where the person was born and list several of his or her accomplishments.

Repaso de vocabulario

INSTRUCCIONES
al lado de
cerca de
detrás de
enfrente de
entre
lejos de

ACTIVIDADES
doblar
venir

TRANSPORTE
a pie
el autobús
el avión
el barco
la camioneta
el tren

OTRAS PALABRAS
la cuadra
la esquina
hasta (as far as, up to)
el lado

EXPRESIÓN
Está a + distance + de + place.
Sigue(s) derecho.

Lección 4

Un regalo especial

¡A comenzar!

The following are some of the things you will be learning to do in this lesson.

When you want to . . .

1. say that it's hot or cool out
2. refer back to someone or something already mentioned
3. say what others did in the past

You use . . .

- **Hace calor / Hace fresco.**
- **la** (feminine words)
- **lo** (masculine words)
- **-aron** at the end of -ar verbs
- **-ieron** at the end of regular -er or -ir verbs

Now find examples of the above words and phrases in the following conversation.

Temperaturas para hoy 28 de abril

Ciudad	C°	F°
Buenos Aires	10	50
Caracas	25	77
La Habana	30	86
Lima	15	59
Ciudad de México	22	72
Miami	29	84
San Juan	27	81
Santiago	5	41

Carmen y Rafael conversan en el autobús.

CARMEN: ¿Qué regalos necesitas comprar, Rafael?

RAFAEL: Bueno, primero le quiero comprar algo muy bonito a mi mamá.

CARMEN: No la conozco. Mis padres la conocieron cuando visitaron la Argentina el año pasado. Bueno, ¿qué le piensas comprar a tu mamá?

RAFAEL: Pues, sé que le gusta la ropa. Le puedo comprar un suéter de lana.

CARMEN: Pero, ¿de lana, en abril? ¡Hace mucho calor!

RAFAEL: Pero, Carmen, cuando aquí es primavera, en la Argentina es otoño y hace fresco.

CARMEN: Ah, sí, claro. Pues, vi un bonito suéter de lana en el centro comercial la semana pasada. ¿Por qué no lo compramos?

Actividades preliminares

A Complete the following sentences about the weather in your area.

1. Hace calor en los meses de _____.
2. Hace fresco en los meses de _____.
3. Cuando hace calor me gusta _____.
4. Cuando hace fresco me gusta _____.

B Complete the following sentences about what some of your friends did recently.

1. Fueron a _____.
2. Vieron _____.
3. Comieron _____.
4. Compraron _____.
5. Jugaron _____.

Vocabulario

¿Qué tiempo hace?

Hace buen tiempo.

Hace sol.

Hace calor.

Hace un tiempo regular.

Hace fresco.

Nieva.

Hace frío.

Está nublado.

Hace mal tiempo.

Llueve.

Hace viento.

¿Por qué no vamos...?

al desierto

al lago

al bosque

al río

a las montañas

Podemos...

dar una caminata

dormir al aire libre

Actividades

A **De viaje.** Name three places in the U.S, or elsewhere, that you would like to visit because of the weather. Then name three places you would not like to visit.

Por ejemplo:

> Quisiera visitar _____ porque siempre _____. No quisiera visitar _____ porque _____.

Now tell one or two things that you could do in each of the places you listed.

Por ejemplo:

> En _____ puedo _____.

B **¿Qué tiempo hace?** Describe the weather in each of the following Latin American cities, based on the weather map. Then select two cities to compare or contrast. Compare weather conditions using **y**; contrast conditions using **pero**.

Por ejemplo:

Buenos Aires
En Buenos Aires hace calor y está nublado.
Buenos Aires / La Habana
En Buenos Aires hace calor y está nublado pero en La Habana hace fresco.

1. **Lima**
2. **México**
3. **San Juan**
4. **Bogotá**
5. **Santiago**
6. **Caracas**

TEMPERATURAS EN OTRAS CIUDADES

CIUDAD	MIN	MAX	CONDICIONES
Nueva York	10	18	soleado
Los Angeles	51	74	soleado
Bogotá	45	64	lluvia
Buenos Aires	67	89	nublado
Caracas	57	81	nublado
La Habana	57	66	nublado
Lima	63	77	soleado
México	36	75	nublado
Montreal	-12	13	nieve
Nassau	53	66	nublado
San Juan	71	90	lluvia
Santiago	57	88	soleado

C **Cosas de cada estación.** Working in small groups, each student tells what he or she does during each season. One student records all the activities mentioned. Another student uses this list to report back to the class on the group's activities.

Por ejemplo:

en verano

ESTUDIANTE A
En verano nado y juego béisbol.

ESTUDIANTE B
(Escribe:) nadar, jugar béisbol

ESTUDIANTE C
En verano nadamos y jugamos béisbol.

D **Diversiones.** Write down at least three activities to do in each of the places listed on p. 449.

Por ejemplo:

la playa
En la playa puedes practicar el esquí acuático, bucear, tomar el sol...

1. el lago
2. el desierto
3. las montañas
4. el bosque

5. el río
6. el campo
7. la ciudad

E **Todo depende del tiempo.** Answer the following questions
for each of these weather reports for Miami.

- ¿Qué ropa vas a llevar?
- ¿Qué piensas hacer?

1.

EL TIEMPO

Esta noche hay un 50 por ciento
de probabilidad de tormenta.
Temperatura mínima alrededor de
70 grados. Hay un viento fuerte
del noreste.

2.

EL TIEMPO

Hace un día estupendo; soleado,
claro, con una temperatura media
de 75 grados.

EL TIEMPO

Hoy hace fresco con un 90 por
ciento de probabilidad de lluvia.
Temperatura máxima cerca de 58
grados; temperatura mínima
alrededor de 45 grados. Hace
mucho viento.

3.

EL TIEMPO

Hoy hace calor con un 80 por
ciento de probabilidad de lluvia.
Temperatura máxima cerca de 90
grados; temperatura mínima
alrededor de 75 grados. Hay un
viento ligero del sur.

4.

F **De vacaciones.** The suitcase below
was left behind by a forgetful traveler.
Answer the following questions about this
person by looking at the luggage.

1. ¿Cómo viaja?
2. ¿De dónde es?
3. ¿Qué le gusta hacer?
4. ¿Adónde va?
5. ¿Qué lleva?
6. ¿Va muy lejos de donde vive?
7. ¿Qué tiempo hace allí?

Destino:
San Juan
Puerto Rico

Cristina Olmos
c/Princesa, 44
Madrid España

Las estaciones del año

Las estaciones del año, el frío y el calor, dependen del hemisferio. Los Estados Unidos están en el hemisferio boreal (norte), pero la Argentina está en el hemisferio austral (sur). Cuando aquí estamos en invierno, en la Argentina están en verano.

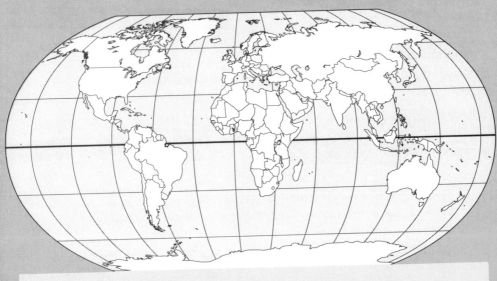

LA ESTACIÓN	EN LOS ESTADOS UNIDOS	EN LA ARGENTINA
el verano	junio, julio, agosto	diciembre, enero, febrero
el otoño	septiembre, octubre, noviembre	marzo, abril, mayo
el invierno	diciembre, enero, febrero	junio, julio, agosto
la primavera	marzo, abril, mayo	septiembre, octubre, noviembre

Actividad

List the things students are probably doing right now in the Southern Hemisphere. What clothes are they probably wearing?

Estructura 1

How to Talk about What Others Did

Third person plural forms of the preterit

You have learned to tell what someone did in the past using -ar, -er, and -ir verbs. You used the same form to tell or ask what someone whom you address formally **(usted)** did in the past.

- Regular **-ar** verbs: **-ó**

Andrés terminó su tarea de álgebra y luego empezó su composición.

- Regular **-er** and **-ir** verbs: **-ió**

Escribió dos páginas y luego aprendió el vocabulario nuevo para la clase de español.

1. To tell what more than one person **(ellos, ellas)** did in the past or to talk to more than one person **(ustedes)** about their past actions, use the following forms of the preterit tense.

- **-ar** verbs: -aron
- **-er** and **-ir** verbs: -ieron

Carmen y Rafael tomaron el autobús para ir al centro comercial. Allí vieron muchas cosas bonitas y buscaron suéteres. Después comieron algo en la cafetería. Cuando regresaron a casa, los padres de Carmen les preguntaron: —¿Compraron algo bonito?

2. As you have seen, the following verbs are formed differently.

ir	Mis tíos *fueron* a Puerto Rico el mes pasado.
dar	Allí *dieron* muchos paseos por la playa.
hacer	*Hicieron* muchas cosas en San Juan.
leer	*Leyeron* libros sobre Puerto Rico antes de
oír	viajar. *Oyeron* música puertorriqueña.
ver	*Vieron* playas bonitas.
pedir	En los restaurantes siempre *pidieron* comida puertorriqueña.

Actividades

A En los Estados Unidos. Below is a list of some of the things that Tío Lucas and Rafael did during their visit to the U.S. Say what they did.

Por ejemplo:

> visitar el Epcot Center / vivir en casa de Carmen
> *Visitaron el Epcot Center. Vivieron en casa de Carmen.*

1. practicar el inglés
2. comprar regalos
3. mandar tarjetas postales
4. comer comida americana y cubana
5. dar paseos por la ciudad
6. hacer amigos nuevos
7. ver programas interesantes
8. ir al cine
9. leer el periódico
10. oír música cubana

B ¿Qué hicieron? Tell a classmate five things that you and your friends did between your last Spanish class and this one. Your classmate will make a note of them and report to the class.

Por ejemplo:

> Jugamos "frisbee" y comimos hamburguesas.
>
> (A la clase:) David y sus amigos jugaron "frisbee" y comieron hamburguesas.

C Mis compañeros. Interview two of your classmates about recent activities, using the topics below. Use the following question words in your interview: **qué, cuándo, a qué hora, dónde, adónde, por qué, cómo, quién.** Take notes and report back to the class the things your classmates have in common.

Por ejemplo:

> programas de televisión
> *¿Qué programas vieron ustedes? (Juan, ¿a qué hora viste...?)*
>
> (A la clase:) Los dos vieron un partido de béisbol...

1. viajes
2. notas
3. comida
4. películas
5. fiestas
6. música
7. deportes
8. compras
9. quehaceres
10. ropa

La temperatura

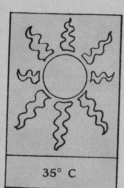

Sólo en los Estados Unidos se usa el sistema Fahrenheit para medir la temperatura. En el resto del mundo se usa la escala de Celsius, o los "grados centígrados", para medir el frío y el calor. Para estimar la temperatura, usa estas fórmulas:

grados Fahrenheit − 32 × 0,55 = grados centígrados
grados centígrados × 1,8 + 32 = grados Fahrenheit

35° C	18° C	0° C	-12° C

Actividades

A In the above reading, can you find the word that means "to measure"?

B What temperature, in Fahrenheit, is it in the following cities?

1. **Buenos Aires**　　　15°C　　　4. **Madrid**　　19°C
2. **Ciudad de México**　30°C　　　5. **Moscú**　　10°C
3. **París**　　17°C

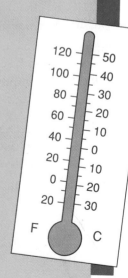

C Tell what the weather is like in the cities in activity **B**. Imagine yourself in each of these cities. What are you wearing?

Estructura 2

How to Talk about Things or
People Already Mentioned

Direct object pronouns

1. If you have already mentioned a person or thing, there is really no need to keep repeating the name of the person or thing.

> Jan received a wallet for her birthday. The wallet is black leather. Her sister gave her the wallet. Yesterday she couldn't find the wallet. She thinks she lost the wallet at the movies.

In English, we substitute words such as "it, her, him," and "them" (called pronouns) so we don't have to keep repeating the same word. In the above sentences, we can say "it" once we know we're talking about a wallet.

2. In Spanish, the words you use for these pronouns depend on whether the person or thing you are referring to is singular or plural, masculine or feminine.

MASCULINE		FEMININE	
SINGULAR	PLURAL	SINGULAR	PLURAL
lo	los	la	las

3. Notice where these words are placed.

ENRIQUE: **Si buscas la revista de historia, la puedes encontrar en la biblioteca. Pero, ¿por qué la quieres?**

JOSÉ: **No la quiero. La necesita mi papá. A él le gustan las revistas de historia. Siempre las lee.**

ANA: **¿Viste a Rafael? Lo necesito ver, es muy importante.**

CARMEN: **Pues, está en el gimnasio con sus amigos. Los vi durante el almuerzo.**

As you can see, **la / las** and **lo / los** in the above examples are placed immediately before the verb that tells who is doing the action. If the sentence has **"no"** in it, the **"no"** is placed before **la / las** or **lo / los.**

4. If you want to refer back to two or more persons or things, and some are masculine and some are feminine, use the masculine form **los.**

> ¿Conoces a Carmen y a Rafael?
> Claro, los conozco muy bien.

Actividades

A **Buenos recuerdos.**
To the right is part of a letter Rafael wrote to his grandmother after his trip to Miami. Make it sound better by replacing unnecessary words with pronouns.

B **Mañana, mañana.** Ask a classmate if he or she did the following things today.

Por ejemplo:

> limpiar tu habitación

Cuando fui a Miami, saqué muchas fotos de la gente que conocí y de los lugares que visité. Saqué fotos en todas partes: por la calle y en el coche. Ahora papá tiene las fotos porque quiere arreglar las fotos en un álbum. Si vienes a nuestra casa, puedes ver las fotos.

ESTUDIANTE A

¿Limpiaste tu habitación hoy?

ESTUDIANTE B

Sí, la limpié esta mañana. (No, pero la voy a limpiar mañana, No la necesito limpiar, etc.).

1. escribir la composición
2. hacer la tarea de español
3. llamar a tus abuelos
4. hacer ejercicio
5. planchar los pantalones
6. leer la novela para la clase de inglés
7. sacar la basura
8. cortar el césped

C **Mis amigos.** List four of your favorite people. Tell how long you have known each one, without using the people's names.

Por ejemplo:

> mi amiga Kate
> *Hace cuatro años que la conozco.*

D **¿Los conoces?** Describe a classmate with as much detail as possible, without revealing his or her name. Describe the classmate's personality, appearance, likes, and dislikes. Your other classmates will guess whom you are describing.

Por ejemplo:

ESTUDIANTE A

Hablo de un chico de la clase. Es muy simpático. No es muy alto. Tiene pelo negro. ¿Quién lo conoce?

ESTUDIANTE B

Yo lo conozco. Es Jon, ¿no?

E **Ropa.** Tell whether you wear the following kinds of clothing or accessories. If you do, tell where or when. If not, tell why not.

Por ejemplo:

> zapatos blancos
> *Sí, los llevo. Los llevo cuando juego tenis.*
> *(No, nunca los llevo. No me gustan. Son feos).*

1. camisetas
2. sandalias
3. botas de cuero
4. corbatas
5. cinturones de plástico
6. gorros
7. trajes
8. camisas de manga larga
9. pantalones de rayas
10. calcetines blancos

F **¡De moda!** Compliment three classmates on something they are wearing. Ask them where they bought each item.

Por ejemplo:

ESTUDIANTE A

¡Qué camiseta más bonita! ¿Dónde la compraste?

ESTUDIANTE B

La compré en la tienda "Val's".

Finalmente

Situaciones

A conversar Invite a classmate to do something with you this weekend.

1. Find out what your partner wants to do if the weather is good. Make alternate plans if the weather is bad.
2. Decide how much money you will need.
3. Talk about what you will probably wear in each case.
4. Decide on how you will get there.

A escribir A group of your friends went out last night, but you couldn't go with them. You tried to call them to find out what happened but you couldn't reach them. Write them a note to find out details such as where they went, what they wore, what they did, whom they saw, where they ate, and what time they returned home.

Repaso de vocabulario

PREGUNTA

¿Qué tiempo hace?

LUGARES

el bosque
el desierto
el lago
la montaña
el río

ACTIVIDADES

dormir al aire libre
dar una caminata

EXPRESIONES

Está nublado.
Hace...
    buen tiempo.
    calor.
    fresco.
    frío.
    mal tiempo.
    sol.
    un tiempo regular.
    viento.
Llueve.
Nieva.

Saludos de Santiago de Chile

Lección 5

En el centro comercial

¡A comenzar!

The following are some of the things you will be learning to do in this lesson.

When you want to . . .

1. say someone is like someone else·
2. compare two people

3. say you're hungry

You use . . .

- **Es como** + person.

- **Es más** + description + **que** + person.
- **Tengo hambre.**

Now find examples of the above words and phrases in the following conversation.

En el centro comercial, Carmen y Rafael hablan del regalo.

CARMEN: ¿Sabes la talla de tu mamá? ¿Y los colores que le gustan?

RAFAEL: Bueno, a decir la verdad, no.

CARMEN: ¿Sabes, por ejemplo, si le gusta el verde?

RAFAEL: Bueno, no. En realidad, prefiere el rojo.

CARMEN: Ah, es como yo. ¿Es alta?

RAFAEL: Pues, es más baja que tú.

CARMEN: Ajá, más baja. ¿Y más delgada?

RAFAEL: No, mamá es más gorda que tú. Pero es rubia como tú. Oye, compramos el suéter después. Tengo hambre. ¿No quieres comer algo?

CARMEN: Ay, Rafael, ¡eres imposible!

Actividad preliminar

Compare the following pairs of items using the words in parentheses.

Por ejemplo:

> los idiomas / las matemáticas (fácil)
> *Los idiomas son más fáciles que las matemáticas.*
> *(Las matemáticas son más fáciles que los idiomas).*

1. el fútbol / el béisbol (interesante)
2. los zapatos deportivos / las camisetas (popular)
3. la ropa deportiva / la ropa elegante (bonito)
4. la comida italiana / la comida mexicana (delicioso)

Vocabulario

Tengo mucha hambre.
¿Quieres comer algo?

Tengo mucha sed.
¿Quieres tomar algo?

Tengo mucho frío.
¿Me puedes traer mi suéter?

Tengo mucho sueño, mamá.
Voy a dormir.

Tengo mucha prisa.
No quiero llegar tarde.

Tengo mucho miedo.
Quiero regresar a casa.

Tengo mucho calor. ¿Por qué no vamos a la piscina?

Actividades

A **¿Cómo estás?** Tell how you feel in the following situations.

Por ejemplo:

> Es un día de agosto a las tres de la tarde.
> *Tengo (mucho) calor.*

1. Hace doce horas que no comes.
2. Corriste cuarenta y cinco minutos y hace dos horas que no tomas agua.
3. Estudiaste hasta las dos de la noche y saliste para la escuela a las siete de la mañana.
4. La temperatura está a cinco grados bajo cero y hace mucho viento.
5. La temperatura está a cuarenta grados.
6. Das un paseo por el campo y ves una serpiente muy grande.
7. Estás en casa a las ocho de la mañana y tu primera clase es a las ocho y veinte.

B **¿Cuándo?** Complete the sentences below to tell when you feel the following.

1. Tengo hambre cuando...
2. Tengo sed cuando...
3. Tengo prisa cuando...
4. Tengo miedo cuando...
5. Tengo frío cuando...
6. Tengo calor cuando...
7. Tengo sueño cuando...

En una cafetería cubana de la calle Ocho.

Las tallas

Las tallas de la ropa varían de un país a otro. La tabla que sigue tiene las equivalencias entre el sistema de tallas europeo y el americano. Para comprar ropa, dices "Mi talla es..."

TALLAS EN ESTADOS UNIDOS Y EN EUROPA							
BLUSAS Y SUÉTERES							
Estados Unidos	32	34	36	38	40	42	44
Inglaterra	34	36	38	40	42	44	46
Europa	40	42	44	46	48	50	52
VESTIDOS Y TRAJES DE SEÑORA							
Estados Unidos		10	12	14	16	18	20
Inglaterra		32	33	35	36	38	39
Europa		38	40	42	44	46	48
TRAJES Y ABRIGOS DE CABALLERO							
Estados Unidos		36	38	40	42	44	46
Europa e Inglaterra		46	48	50	52	54	56
CAMISAS							
Estados Unidos	14	14½	15	15½	15¾	16	16½	17
Europa	36	37	38	39	40	41	42	43
CALCETINES							
Estados Unidos		9½	10	10½	11	11½	
Europa		38-39	39-40	40-41	41-42	42-43	
ZAPATOS DE SEÑORA							
Estados Unidos	4	5	6	7	8	9	10	11
Inglaterra	2	3	4	5	6	7	8	9
Francia	36	37	38	39	40	41	42	43
Italia y España	32	34	36	38	40	42	44	46
MEDIAS							
Estados Unidos e Inglaterra		8	8½	9	9½	10	10½
Europa		0	1	2	3	4	5

Actividad

Give the size you will buy for yourself for the following items in the countries named.

Por ejemplo:

Estás en Francia y buscas un suéter.

Voy a comprar zapatos de la talla cuarenta y cuatro.

1. Estás en España y quieres un traje.
2. Estás en Inglaterra y quieres una camisa / una blusa.
3. Estás en Italia y buscas un suéter.
4. Estás en Alemania y necesitas calcetines.

Estructura 1

How to Make Comparisons
of Numbers and Amounts

Más / menos... que...
Tanto... como....

1. To say that there is or are more of one than of another, use
más... que...

> **Hay más muchachos que muchachas aquí.**
> **Mi padre gana más dinero que mi tío.**

2. To say that there is or are less or fewer of one than the other, use
menos... que...

> **Hay menos amarillo que rojo en la camisa.**
> **Mi prima tiene menos vestidos que mi hermana.**

3. To say that there is as much or as many of one as the other, use
tanto(a, os, as)... como...

> **Necesito ahorrar tanto dinero como tú.**
> **Miguel tiene tanta hambre como yo.**
> **Mi hermano tiene tantos carteles como mi primo.**
> **Tengo tantas clases como mis amigos.**

4. To say that there isn't as much of one as the other, use **"no"**
before the above examples.

> **No tengo tanto dinero como tú.**
> **No tengo tantas clases como mis amigos.**

5. To say that someone does something as much
as someone else, use **tanto como.**

> **En la clase de historia, yo estudio tanto
> como tú. Silvia puede ahorrar tanto
> como María.**

Notice that when **tanto como** is used this way,
the ending **(-o)** of **tanto** never changes.

Actividades

A En la clase. Tell what your Spanish classmates are like by comparing the categories below.

Por ejemplo:

> muchachos o muchachas
> *Hay más muchachas que muchachos en la clase.*
> deportistas o artistas
> *Hay más deportistas que artistas.*

1. cantantes o deportistas
2. rubios o pelirrojos
3. personas con anteojos o sin anteojos
4. personas con frenos o sin frenos en los dientes
5. estudiantes aplicados o estudiantes perezosos
6. muchachas de pelo largo o de pelo corto
7. estudiantes con "jeans" o con pantalones
8. muchachas con pantalones o con faldas

B A decir la verdad. Tell whether the following statements about you and your best friend are true or not.

Por ejemplo:

> Estudias tanto como él / ella.
> *Sí, estudio tanto como él. (No, estudio menos que él).*

1. En la clase de español sabes menos que él / ella.
2. Escuchas los problemas de los amigos tanto como él / ella.
3. Trabajas tanto como él / ella.
4. Sabes tanto como él / ella.
5. El mes pasado saliste por la noche más que él / ella.
6. Ayer estudiaste tanto como él / ella.
7. Anoche hablaste por teléfono menos que él / ella.
8. En la cafetería comiste menos que él / ella.

C **No soy como él.** Compare yourself to a friend or family member in terms of the following topics.

Por ejemplo:

> tener tarea
> *Yo tengo más (menos) tarea que mi amiga Mónica. (Yo tengo tanta tarea como mi amiga Mónica).*

1. ir a bailes
2. practicar deportes
3. leer libros
4. ver películas
5. ahorrar dinero
6. tener problemas
7. hacer ejercicio

D **Mi compañero y yo.** Compare yourself to a classmate, answering the following questions.

Por ejemplo:

> ¿Tienes tantas clases como él / ella?
> *No tengo tantas clases como ella. Ella tiene más clases que yo.*

1. ¿Tienes tantos discos como él / ella?
2. ¿Ahorras tanto dinero?
3. ¿Ganas tantos partidos?
4. ¿Vas a tantos restaurantes?
5. ¿Ves tantas películas?
6. ¿Haces tanto ejercicio?

La quinceañera

En algunos países hispanos, el cumpleaños de los quince años es muy importante para las muchachas. Los padres dan una gran fiesta con baile para presentar a la muchacha en sociedad.

Hoy cumple sus ansiados quince la culta y encantadora señorita Carmen Marín Revueltas, hija de un matrimonio muy apreciado, el abogado Luís Marín Armas y la señora Alicia Revueltas de Marín Armas. Con motivo de esta grata ocasión, la quinceañera celebrará un baile en un conocido club de esta ciudad. ¡Muchas felicidades!

Para una Amiga Especial

*Porque eres una amiga
En quien me gusta pensar.
Cuando viene tu cumpleaños
No te puedo olvidar.*

Feliz Cumpleaños

Éste es el anuncio que apareció en un periódico de Miami cuando Carmen cumplió sus quince años.

Y aquí está la tarjeta que Jorge, un compañero de clase de Carmen, le mandó para su cumpleaños.

Actividades

A Which birthdays are special in the U.S.? In the above reading, find out which birthday is special for many Hispanic girls. What is this celebration called?

B In the newspaper article what words are used to describe:

1. Carmen   2. los Marín   3. la ocasión   4. el club

C Tell the things you did or plan to do for your fifteenth birthday. Tell the things you received or asked for (or are going to ask for).

Estructura 2

How to Make Comparisons Based on Characteristics

Tan... como...
Más / menos... que...

1. You may want to compare people and things on the basis of their qualities or characteristics; for example, smaller, taller, prettier, cheaper. To say that someone or something is the same as another person or thing, use **tan... como.**

   Soy tan alto como tú.
   Eva es tan guapa como Inés.

2. If the persons or things are not the same, use **"no"** with the above examples.

   No soy tan alta como Mariví.
   Jorge no es tan guapo como su hermano.

3. To say that someone or something is more than another person or thing, use **más... que.**

   Soy más aplicado que mi hermana.
   Teresa es más simpática que su prima.

4. To say that someone or something is less than another, use **menos... que.**

   Soy menos puntual que tú.

5. To compare people's ages, use **menor que** (younger than) and **mayor que** (older than).

   Mi hermana es menor que yo.
   Mi amigo es mayor que yo.

6. To say that something is better than something else, use **mejor que.** To say it is worse than something else, use **peor que.**

   El libro es mejor que la película.
   La cantante es peor que la bailarina.

¿OTRO RESTAURANTE TAN BUENO COMO BIG SPLASH? TIENE QUE SER UNA COPIA

Actividades

A **Comparaciones.** Think of two items for each of the categories below and compare them in terms of better or worse.

Por ejemplo:

> días de la semana
> *Los sábados son mejores que los lunes. (Los martes son peores que los viernes, etc.).*

1. películas
2. equipos de béisbol
3. equipos de baloncesto
4. coches

B **Elena y yo.** Carmen Marín is comparing herself to her friend Elena. For each statement she makes, give two other ways she could have said it.

Por ejemplo:

> Elena es menos gorda que yo.
> *No es tan gorda como yo. Es más delgada que yo.*

1. Es menos independiente que yo.
2. Es menos responsable que yo.
3. Es menos antipática que yo.
4. Es menos alta que yo.

C **Este año y el año pasado.** Compared to last year, give your opinion of what the following people and things are like this year **(este año).** Tell why.

Por ejemplo:

> la escuela
> *La escuela es más interesante este año porque...*

1. tus amigos
2. los equipos de la escuela
3. la música más popular
4. la ropa de moda
5. los programas de la tele
6. la comida de la cafetería
7. las tareas

Finalmente

Situaciones

A conversar Converse with a classmate about one of your favorite celebrities.

1. Decide on a category (such as athlete, musician, or movie star) that you both want to talk about.
2. Compare your favorite with your classmate's favorite in terms of appearance, abilities, and achievements.

A escribir Rate your school, comparing it to a rival school. Write about why your school is better than the rival school. Compare sports teams, equipment, facilities, the students, faculties, libraries, school colors, mascots, and so on.

Repaso de vocabulario

COMPARACIONES

como
más (... que)
mejor (que)
menos (... que)
peor (que)
tan... como
tanto(a, os, as)... como
tanto como

EXPRESIONES

tener
   calor (m.)
   frío
   hambre (f.)
   miedo
   prisa
   sed (f.)
   sueño

Lección 6

¿Qué talla, por favor?

¡A comenzar!

The following are some of the things you will be learning to do in this lesson.

When you want to . . .	You use . . .
1. distinguish "this..." from "that..."	• Este(a)... ese(a)...
2. ask how much someone weighs	• ¿Cuánto pesa?
3. ask how tall someone is	• ¿Cuánto mide?

Now find examples of the above words and phrases in the following conversation.

Carmen y Rafael hablan con la empleada de una tienda.

EMPLEADA: Buenas tardes. ¿Qué buscan?

CARMEN: Buenas tardes, señorita. Quisiéramos ver ese suéter rojo, por favor.

EMPLEADA: Sí, cómo no, señorita. Este suéter es muy popular este año. ¿Qué talla?

CARMEN: Diez.

RAFAEL: No, Carmen, tiene que ser cuarenta y cuatro o cuarenta y seis.

CARMEN: No, Rafael. Si tu mamá es como yo, esa talla es muy grande. A ver... ¿cuánto pesa?

RAFAEL: No sé... sesenta, más o menos.

CARMEN: ¿Sesenta? ¡No lo puedo creer! ¿Cuánto mide?

RAFAEL: Uno sesenta.

CARMEN: ¿C-ó-m-o?

Actividad preliminar

Say one thing about each of the following times or places.

Por ejemplo:

> esta tarde
> *Esta tarde voy a salir con mis amigos.*

1. este año
2. esta escuela
3. esta ciudad (este pueblo)
4. este mes
5. esta estación
6. este fin de semana

Vocabulario

¿Está muy lejos la ciudad?

Está a cincuenta millas de aquí. Vamos a tardar una hora en llegar.

EL PASO 50 MI

¿Cuánto pesa?

Pesa dos onzas. Es muy liviano.

Pesa más o menos doscientas libras. Es muy pesado.

Actividades

A **¿Está muy lejos?** Take turns with a classmate estimating the distance from your school to each of the following places in miles or city blocks. Then give directions on how to get to each place.

Por ejemplo:

> la biblioteca
> *La biblioteca no está muy lejos. Está a dos millas de aquí, más o menos. Sales de la escuela, doblas a la derecha, sigues doce cuadras, entonces doblas a la izquierda y está en la esquina.*

1. la casa de tu amigo
2. un restaurante popular
3. el centro comercial
4. tu casa
5. un banco
6. el hospital

B **Vamos a viajar.** Tell whether the following places are near or far from where you live. Also tell how you would get to each place. Estimate how long a trip each would be.

Por ejemplo:

> la playa
> *La playa está muy lejos de aquí. Si quiero ir, tengo que viajar en coche (avión, etc.). Voy a tardar más o menos cinco horas.*

1. el desierto
2. un lago grande
3. un río
4. las montañas
5. el bosque
6. un parque

C **La tarea de matemáticas.** Carmen is babysitting for Miguelito and helping him with his math homework. He has to give the perimeters of the following shapes. What are the correct answers?

Por ejemplo:

> el rectángulo
> *El rectángulo mide 26 pulgadas.*

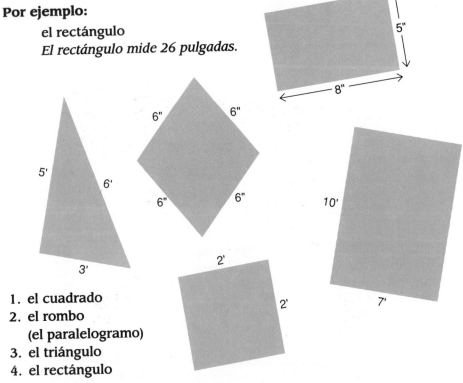

1. el cuadrado
2. el rombo
   (el paralelogramo)
3. el triángulo
4. el rectángulo

D **Comparaciones.** Compare the following pairs of persons or things and answer the questions.

Por ejemplo:

> ¿Quién es más alta?
> Andrea, 5 pies / Julia, 4 pies, 8 pulgadas
> *Andrea es más alta.*

1. ¿Quién pesa más?

   Julio Panza, 160 libras / David Winer, 126 libras

2. ¿Quién es más alta?

   Angélica Morán, 6 pies / Ann Darcey, 5 pies, 8 pulgadas

3. ¿Dónde hace más frío?

   Buenos Aires, 38 grados / Filadelfia, 53 grados

4. ¿Cuál café es más barato?

   Café Bustelo, 8 onzas, $3.29 / Nescafé, 12 onzas, $3.29

5. ¿Cuál es más pesado?

   azúcar, 5 libras / papas, 10 libras

6. ¿Cuál es más liviana?

   una tarjeta postal / una carta

El sistema métrico

Como ya sabes, en otros países usan el sistema métrico. Por ejemplo, usan grados centígrados para la temperatura, kilos y gramos para el peso, litros para los líquidos, y kilómetros y metros para la altura y la distancia.

Aquí tienes algunas maneras de estimar medidas con el sistema métrico.

un kilo (k.)	**Medio kilo (1/2 kilo)** is just over a pound.
un litro (l.)	Just over a quart.
un kilómetro (km.)	Slightly more than 1/2 mile.
un metro (m.)	Slightly longer than a yard.
un centímetro (cm.)	**Diez cm.** is about four inches.
un gramo (gr.)	A small piece of chalk weighs about a gram.

Actividad

What metric units of measurement would you use to respond to the following questions?

Por ejemplo:

> ¿Cuánto pesa Miguel?
> *kilos*

1. ¿Está muy lejos su casa?
2. ¿Cuánto mide Paco?
3. ¿Cuánto pesa la carta?
4. ¿Cuánta leche debo comprar?

Estructura 1

How to Distinguish One Thing from Another

Este / ese

1. When you want to describe or point out someone or something that is nearby or close in time ("this class, these books"), use the following descriptive words.

MASCULINE		FEMININE	
SINGULAR	PLURAL	SINGULAR	PLURAL
este	**estos**	**esta**	**estas**

En esta tienda hay ropa bonita. Por ejemplo, me gustan estos pantalones y este suéter. ¿No te gustan estas camisas? Dicen que esta semana hay descuentos increíbles.

2. When you want to describe or point out something that is farther away from you or more remote in time ("that place, those years"), use the following descriptive words.

MASCULINE		FEMININE	
SINGULAR	PLURAL	SINGULAR	PLURAL
ese	**esos**	**esa**	**esas**

Pablo llegó en 1989. En ese año, jugó en el equipo de fútbol. ¡Siempre recuerda esos partidos, y esas fiestas, y esa muchacha rubia!

Notice that these words come before the word they describe.

Actividades

A **Ese año.** Think of a school vacation you had one year. Make five statements, comparing where you went and what you did that year with what you're going to do this year.

Por ejemplo:

> Recuerdo las vacaciones de verano de 1990. Ese año fui a _____. Pero este año voy a _____.

B **De mal humor.** One day Bruno was in a bad mood all day long. He hated everything he saw. How would he complain about the following?

Por ejemplo:

> en el desayuno: el jugo / el café / los huevos
> *No me gusta este jugo, ni este café, ni estos huevos.*

1. en casa: el televisor / el sofá / la habitación
2. en la escuela: las clases / los libros / los exámenes
3. en la cafetería: las papas fritas / el pescado / el refresco
4. en la ciudad: las tiendas / los empleados / los autobuses

C **En la tienda.** Ask the salesclerk in a store to show you each of the items in the display case where he or she is standing. The sales-clerk wants to confirm which item you want to see. Play the roles with a classmate.

Por ejemplo:

ESTUDIANTE A

(1) Señor (Señorita), quisiera ver ese anillo, por favor.

(3) Sí, gracias. Es muy bonito.

ESTUDIANTE B

(2) ¿Este anillo?

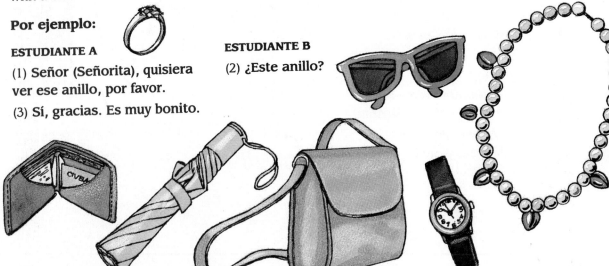

leer	
leí	leímos
leíste	leísteis*
leyó	leyeron

oír	
oí	oímos
oíste	oísteis*
oyó	oyeron

* This form is rarely used in the Spanish-speaking world, except for Spain.

Actividades

A **¡Qué desastre!** Señor Ramírez's students had spring fever and didn't do the things they were supposed to. Say that no one (**nadie**) did the following things.

Por ejemplo:

> No escucharon al maestro.
> *Nadie lo escuchó.*

1. No hicieron las tareas.
2. No estudiaron la lección.
3. No leyeron el capítulo.
4. No comieron la comida en la cafetería.
5. No vieron la película en la clase de historia.
6. No oyeron las instrucciones.

B **¿Qué hiciste?** Using the cues below, interview a classmate about things he or she did recently. Then ask one additional question of your own for each. Take notes and report back to the class.

Por ejemplo:

> ir al cine

ESTUDIANTE A

(1) ¿Fuiste al cine la semana pasada?

(3) ¿Qué viste? (¿Con quién fuiste? ¿Qué hiciste después?)

ESTUDIANTE B

(2) Sí.

(A la clase:) Elisa fue al cine. Vio... (Fue con..., Después...).

1. salir con los amigos
2. leer algo interesante
3. practicar deportes
4. comprar algo
5. comer en un restaurante
6. ver un programa bueno
7. ir a un partido
8. escuchar música
9. sacar una buena nota
10. viajar

C **La semana pasada.** List five things you did last week under a column labeled **"Yo."** Then ask two classmates what they did last week. List their activities under columns labeled by each student's name.

Por ejemplo:

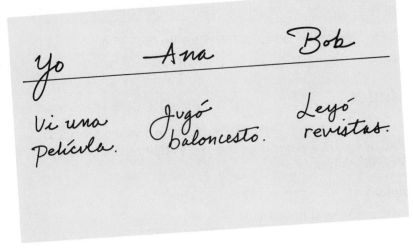

Yo — Ana — Bob

Vi una película.   Jugó baloncesto.   Leyó revistas.

D **¿Qué hicieron ustedes?** Using the list you made in activity **C**, tell the following.

1. Is there something similar that all of you did? Report on this, using the **nosotros** form of the verbs.
2. Is there something that your two classmates did that you didn't? Report on this using the **ellos** or **ellas** form of the verbs.
3. Then report on the other things that you did (**yo**) and the other things that each of your two classmates did (**él** or **ella**).

Finalmente

Situaciones

A conversar You are a customer in a clothing store. A classmate will play the role of a salesclerk.

1. Greet the salesclerk and tell him or her what you would like to see.
2. The salesclerk asks your preference of: (a) color, (b) fabric (cotton, wool, silk, etc.), and (c) style (sporty, dress, short sleeves, etc.). Respond with as much detail as possible.
3. The salesclerk tries to persuade you to buy the item, saying two nice things about it.
4. Ask the price. Then decide whether to buy it.

A escribir Yesterday your Spanish class had an end-of-year outing at a local park. Write a note to a friend who couldn't attend, telling about all the activities you, your classmates, and your teacher did or didn't do. Include details related to food, games, sports, music, and dancing.

Repaso de vocabulario

PREGUNTAS

¿Cuánto mide(s)?
¿Cuánto pesa(s)?

MEDIDAS

la libra
la milla
la onza
el pie
la pulgada

DESCRIPCIONES

liviano(a)
pesado(a)

OTRAS PALABRAS

ese, esa, esos, esas
este, esta, estos, estas

EXPRESIONES

más o menos
tardar + *tiempo* + en llegar

Lectura

You will be able to figure out many of the words in the following reading from the context in which they appear or because they look like English words that have similar meanings.

The following is an ad for a trip Carmen's family took. Look at the pictures—what kind of trip is it? What might the word **"crucero"** mean?

Permita que el SeaEscape le lleve en un crucero por un día.

Toda la emoción de un crucero por más días en un día fantástico.

Disfrute de 3 deliciosas comidas (incluidas en el precio). Baile al compás de música en vivo. Tome baños de sol junto a la piscina. Diviértase con la revista musical estilo cabaret del SeaEscape. Y todos los lunes es la noche de Grandes Conjuntos Musicales.

Navegue desde Miami hasta Freeport-Lucaya y regrese por sólo $99. Desde Tampa navegue por el Golfo de México por sólo $79. O, desde Puerto Cañaveral, navegue por el Atlántico por sólo $79.

Tarifas especiales para personas mayores, adolescentes y niños. En el precio se incluye transportación por autobús de ida y regreso desde algunos hoteles hasta el muelle.

Para reservaciones e información, vea a su agente de viajes o al conserje de su hotel, o llame a las oficinas del SeaEscape cualquier día de la semana hasta las 11:00 p.m. desde cualquier lugar en los Estados Unidos al 1-800-555-0900 o desde la Florida al 555-6753.

SeaEscape

Actividades

A What kinds of information would you expect to find in an ad like this?

B Skim the ad to find out what types of information are included. Is there anything you did not list in question **A?**

C Scan the ad for the information needed in the following activities.

1. List the words that indicate the activities you could participate in.
2. List the words that indicate the duration of the trip.
3. What are the prices for the following?
   a. round-trip from Miami to Freeport
   b. Gulf of Mexico cruise
   c. Atlantic cruise
4. Which of the following people would be eligible for special rates?
   a. **Carmen**   d. **tú**
   b. **el tío Lucas**   e. **tus compañeros de clase**
   c. **la abuela de Carmen**   f. **tus padres o hermanos**
5. From where you live, what number would you call to make reservations?
6. What words are used to describe the following?
   a. the food
   b. the musical revue
   c. the cruise itself

D Now look more closely at the ad and choose the most likely definition of the following words and expressions.

1. **ida y regreso**
   a. **rápido**   b. **ir y regresar**   c. **a todas horas**
2. **tarifas especiales**
   a. **descuentos**   b. **reservas**   c. **actividades**

E Write a note to a classmate inviting him or her to go with you. Tell him or her all the things you two can do on the cruise. Your classmate will write back either accepting or rejecting your invitation and give reasons.

Capítulo 6 Repaso

¿Recuerdas?

Do you remember how to do the following things, which you learned in **Capítulo 6**?

LECCIONES 1-3

1. identify articles of clothing (pp. 408–409)
2. say what you do for others (p. 412)
3. tell what you and someone else did at one point in the past (p. 415)
4. describe articles of clothing (pp. 420–421)
5. describe what people do for you and others ("us") (p. 424)
6. tell what you and others like and dislike (p. 424)
7. write about the past (p. 427)
8. tell what means of transportation you and others use (p. 433)
9. give and get directions (pp. 432–433)
10. tell how far away something is (p. 432)
11. say that someone is coming (p. 437)
12. tell what someone did in the past (p. 440)

LECCIONES 4-6

1. describe the weather (pp. 446–447)
2. tell what others did in the past (p. 451)
3. refer to people and things already mentioned (p. 454)
4. describe how you feel (p. 460)
5. compare and contrast people and things (pp. 463, 467)
6. give weights, measurements, and distances (pp. 472–473)
7. distinguish one thing from another (p. 477)

Actividades

A **Lo bueno y lo malo.** Tell three good things and three bad things about the season you are in now.

Por ejemplo:

> verano
> *Lo bueno: Puedo ir a la playa.*
> *Lo malo: Hace mucho calor.*

B **Por teléfono.** Carmen is speaking to her friend Bárbara on the phone. You can hear only Carmen's side of the conversation. What do you think Bárbara is saying in each case?

	BÁRBARA	CARMEN
1.	_____	Bien, bien, ¿y tú?
2.	_____	Son casi las tres. Voy a ver mi telenovela favorita.
3.	_____	Sí que me permite, pero dice que uso demasiado el teléfono.
4.	_____	Mi mamá no está. Fue de compras con mi primo.
5.	_____	Sí, mi primo nos visita.
6.	_____	De Buenos Aires.
7.	_____	En la Argentina, chica. ¿No estudias geografía?
8.	_____	Dos semanas. Está aquí con su papá desde el 20 de abril.
9.	_____	Muy simpático pero no habla mucho inglés.
10.	_____	Sí, pero no me molesta. Me gusta el español pero necesito practicar más. Ya viene mi mamá. Te llamo más tarde.

C ¿Vienen o no vienen? Carmen's family is having a party on Saturday afternoon to welcome Tío Lucas and Rafael. Carmen calls everyone to see if he or she is planning to come. Based on the responses below, tell whether each person is coming and summarize any other messages.

Por ejemplo:

> Tío Juan: Sí, cómo no. ¿Me das la dirección?
> El tío Juan dice que viene pero necesita la dirección.

1. Tío Samuel: Sí, pero no podemos venir hasta el sábado por la noche.
2. el doctor Sotelo: Tengo que trabajar todo el fin de semana.
3. Jorge: No puedo. Mis padres están enojados conmigo. No me permiten salir.
4. Tía Ana: No puedo porque el niño está enfermo.
5. Tía Lourdes: Sí, les llevamos el postre.
6. Victoria: ¡Ay, qué pena! Tengo exámenes.
7. los abuelos: Llegamos el sábado a las cinco y cuarto.

D El detective. Bring an unusual object to class in a paper bag. In groups of three or four, try to guess what's in each person's bag by asking questions such as those below. Think of other helpful questions of your own.

Por ejemplo:

> ¿De qué es? ¿Cómo es? ¿Para qué sirve? ¿De qué color es? ¿Cuánto pesa?

E ¡Qué horror! Tell what you did—or didn't do—in the following situations.

Por ejemplo:

> En el restaurante cuando te sirvieron el plato que pediste, ¡viste insectos en la comida! ¿Qué hiciste?
> *Pedí otro plato. No pagué.*

1. **Cuando saliste del restaurante, recordaste que dejaste** (you left) **tu billetera en la mesa. ¿Qué hiciste?**
2. **Tú y tus amigos fueron al cine pero parece que todos dejaron las billeteras en casa. ¿Qué hicieron?**
3. **Cuando pediste permiso para salir con tus amigos el viernes por la noche, tu mamá te contestó: "Si no limpias tu habitación y haces todas tus tareas, no puedes salir". ¿Qué hiciste?**
4. **Nadie estudió para el examen de biología. Cuando tú y los compañeros llegaron a clase, ¿qué hicieron?**

F **Los quehaceres de la casa.** The members of Carmen's family take turns doing the chores. Below is last week's schedule. How would Carmen describe everyone's chores for each day last week?

Por ejemplo:

El lunes pasado, mi papá _____. Mi mamá _____.
Yo_____.

lunes	martes	miércoles	jueves	viernes	sábado	domingo
preparar la comida						
m	p	C	m	C	p	m
limpiar los baños						
C					m	
dar de comer al conejo						
C	C	C	m	m	p	p
barrer la terraza						
m	m	m	p	p	C	C
cuidar al gato del vecino						
C	C	C	C	p	p	m

Verb Charts

Present Tense

REGULAR VERBS

-ar		-er		-ir	
hablar		comer		escribir	
hablo	hablamos	como	comemos	escribo	escribimos
hablas	habláis*	comes	coméis*	escribes	escribís*
habla	hablan	come	comen	escribe	escriben

STEM-CHANGING VERBS

e—ie		o—ue; u—ue		e—i	
querer		poder		pedir	
quiero	queremos	puedo	podemos	pido	pedimos
quieres	queréis*	puedes	podéis*	pides	pedís*
quiere	quieren	puede	pueden	pide	piden

Other stem-changing verbs like querer: empezar, entender, pensar, perder, preferir.

Other stem-changing verbs like poder: dormir, jugar, recordar.

IRREGULAR VERBS

decir		estar *Temporary things*		ir		oír	
digo	decimos	estoy	estamos	voy	vamos	oigo	oímos
dices	decís*	estás	estáis*	vas	vais*	oyes	oís*
dice	dicen	está	están	va	van	oye	oyen

ser *permanent situation*		tener		venir	
soy	somos	tengo	tenemos	vengo	venimos
eres	sois*	tienes	tenéis*	vienes	venís*
es	son	tiene	tienen	viene	vienen

THE FOLLOWING VERBS ARE FORMED REGULARLY WITH THE EXCEPTION OF THE YO FORM.

conocer	conozco	pertenecer	pertenezco	salir	salgo
dar	doy	poner	pongo	traer	traigo
hacer	hago	saber	sé	ver	veo

*This form is rarely used, except for Spain.

Preterit Tense

REGULAR VERBS

-ar

hablar

hablé	hablamos
hablaste	hablasteis*
habló	hablaron

-er, -ir

comer

comí	comimos
comiste	comisteis*
comió	comieron

escribir

escribí	escribimos
escribiste	escribisteis*
escribió	escribieron

IRREGULAR VERBS

dar

di	dimos
diste	disteis*
dio	dieron

hacer

hice	hicimos
hiciste	hicisteis*
hizo	hicieron

ir

fui	fuimos
fuiste	fuisteis*
fue	fueron

leer

leí	leímos
leíste	leísteis*
leyó	leyeron

oír

oí	oímos
oíste	oísteis*
oyó	oyeron

pedir

pedí	pedimos
pediste	pedisteis*
pidió	pidieron

ver

vi	vimos
viste	visteis*
vio	vieron

VERBS ENDING IN -AR WITH SPELLING CHANGES IN THE YO FORM

buscar	busqué
explicar	expliqué
practicar	practiqué
sacar	saqué
tocar	toqué

jugar	jugué
llegar	llegué
pagar	pagué
empezar	empecé

---

*This form is rarely used, except for Spain.

Vocabulario Español-Inglés

The **Vocabulario Español-Inglés** contains all productive and receptive vocabulary from the text.

The numbers following each productive entry indicate the chapter and lesson in which the word is introduced.

The following are abbreviations used in this glossary.

adv.	adverb
com.	command
f.	feminine
fam.	familiar
inf.	infinitive
m.	masculine
pers.	personal
pl.	plural
prep.	preposition; prepositional
pron.	pronoun
sing.	singular
subj.	subjunctive

A

a at, **1.3**; to, **1.5**
a causa de due to
¡a comenzar! Let's begin!
a la izquierda to the left, **3.3**
a la una at one o'clock, **1.3**
a las (dos) at (two) o'clock, **1.3**
a medida made-to-order
a menudo often
a mí me gusta I like, **4.1**
a pie on foot, **6.3**
¿A qué hora es . . .? At what time is . . .?, **1.3**
a ti te gusta you like, **4.1**
a veces sometimes, **2.4**
a ver let's see, **1.6**
abajo downstairs, **3.3**
el / la **abogado(a)** lawyer, **4.2**
el **abrazo** embrace, hug
un abrazo fuerte a strong embrace
abreviado(a) abbreviated
el **abrigo** overcoat, **6.1**
abril April, **4.6**
abrir to open, **5.2**
la **abuela** grandmother, **4.1**
el **abuelo** grandfather, **4.1**
los **abuelos** grandparents, **4.1**
aburrido(a) boring, **2.2**; bored, **3.4**
¡Qué aburrido! How boring!, **1.6**
las **aceitunas** olives
acompañado(a) accompanied
acompañar to accompany
la **actitud** attitude

la **actividad** activity
el **actor** actor, **2.1**
la **actriz** actress, **2.1**
el **acueducto** aqueduct
el **Acueducto Romano** Roman Aqueduct (Spain)
adaptarse to adapt oneself
adecuado(a) adequate
los **ademanes** gestures
adentro indoors; inside, **3.3**
adiós good-bye, **1.4**
adivinar to guess
el / la **adivinador / a** guesser
¿adónde? (to) where?, **1.5**
¿Adónde quieres ir? Where do you want to go?, **1.5**
¿Adónde vas? Where are you going?, **2.3**
las **aerolíneas** airlines
el **aeropuerto** airport
afectar to affect
afectuoso(a) affectionate
los **aficionados** fans
africano(a) African
afuera outside, **3.3**
las **afueras** outskirts
la **agencia** agency
la **agencia de servicios sociales** social service agency
la **agencia de viajes** travel agency
el / la **agente** agent
el **agente de propiedades** real estate agent
agosto August, **4.6**
el / la **agricultor / a** farmer, **4.2**
el **agua** (f.) water, **2.5**
ahora now, **2.3**
ahorrar to save, **3.1**
el **aire** air
al aire libre outdoors
el **ajedrez** chess, **4.5**

el **ají** bell pepper
al (a + el) to the, **1.5**
al aire libre outdoors, **6.4**
al final at / in the end
al lado de next to, beside, **6.3**
al máximo to the maximum
al sur to the south
alarmarse: se alarman they become alarmed
la **alberca** swimming pool (Mexico)
el **álbum** album
el **alemán** German (language), **5.3**
alemán(ana) German, **5.3**
Alemania Germany
la **alfombra** rug, **3.6**
el **álgebra** algebra, **1.4**
algo something, **1.2**
el **algodón** cotton, **5.2**
algunos(as) some
los **alimentos** food
allí there, **3.3**
el **almacén** department store
el **almuerzo** lunch, **2.5**
alrededor around
alto(a) tall, **2.2**
el / la **alumno(a)** student
el **ama de casa** (f.) homemaker, **4.2**
amable kind, **2.1**
amarillo(a) yellow, **3.6**
la **América Central** Central America
la **América del Norte** North America
la **América del Sur** South America
las **Américas** the Americas
el / la **amigo(a)** friend, **2.3**
anaranjado(a) orange, **3.6**
andar: andar en monopatín to skateboard, **1.2**

los **Andes** Andes (Mountains)

el **anillo** ring, 6.1

el **animal** animal, 4.3

anoche last night, 5.3

ante before, in front of (prep.)

anteayer the day before yesterday, 5.3

los **anteojos** eyeglasses, 4.4

los **anteojos de sol** sunglasses, 6.1

antes before (adv.)

antes de before (time), 3.1

antiguo(a) old (object), 3.5

antipático(a) unpleasant (person), 2.2

el **anuncio** advertisement, 5.1

el **anuncio comercial** commercial

el **año** year, 4.6

el **año pasado** last year, 5.3

el **año que viene** next year, 4.6

¿En qué año naciste? What year were you born?, 5.3

el **aparato** gadget, machine, 5.2

la **apariencia** appearance

el **apartamento** apartment, 3.2

el **apellido** last name

la **apendicitis** appendicitis

aplicado(a) industrious, studious, 2.2

aprender to learn, 1.4

aprender a + inf. to learn (how) to, 4.5

aprobado passing

no aprobado failing

aprovechar to take advantage (of)

aquí here, 1.1

árabe Arab

el **área** (f.) area

el **arete** earring, 6.1

argentino(a) Argentinian, 5.3

el **armario** dresser, 3.6

la **armería** armory, gunsmith

el / la **arquitecto(a)** arquitect, 4.2

arreglar to arrange, organize

arriba up, upstairs, 3.3

arrogante arrogant, 2.1

el **arroz** rice, 2.5

el **arte** art, 1.4

las **artes marciales** martial arts

las **artesanías** crafts

los **artículos** articles

los **artículos de viajes** travel needs

el / la **artista** artist, 2.1

artístico(a) artistic

el **ascensor** elevator, 3.3

así so; this way

así como just like

asistir a to attend, 5.4

la **asociación** association

la **aspiradora** vacuum cleaner, 5.6

atraer to attract

los **audífonos** headphones

auditivo: el sistema auditivo hearing

el **auditorio** auditorium

aunque although

austral southern

el **auto** automobile, car

la **autobiografía** autobiography

el **autobús** bus, 6.3

autorizado(a) authorized

avanzado(a) advanced

la **avenida** avenue, 3.2

la **aventura** adventure, 4.5

el **programa de aventuras** adventure program, 4.5

la **aviación** aviation

la **compañía de aviación** aviation (airline) company

el **avión** airplane, 6.3

ayer yesterday, 5.3

el **ayudante** aide, assistant

ayudar to help, 5.1

el **ayuntamiento** city hall

azul blue, 3.6

B

la **bahía** bay

bailar to dance, 1.2

el / la **bailarín(ina)** dancer, 2.1

el **baile** dance, 1.5

bajar to go down

bajo(a) short (person), 2.2

el **baloncesto** basketball, 1.2

el **banco** bank, 2.6

el **baño** bathroom, 3.6

barato(a) inexpensive, cheap, 3.5

la **barba** beard, 4.4

el **barco** boat, ship, 6.3

barrer to sweep, 5.6

el **barrio** neighborhood

la **base** base, foundation

básico(a) basic

basta it's enough

bastante fairly; enough, 2.2

la **basura** trash, 3.3

la **bebida** beverage, 2.5

el **béisbol** baseball, 1.2

la **belleza** beauty

el **beso** kiss

la **biblioteca** library, 1.5

la **bicicleta** bicycle, 1.2

montar en bicicleta to ride a bicycle, 1.2

bien fine, well, 1.1

bienvenido(a) welcome

el **bigote** mustache, 4.4

bilingüe bilingual

el **billete** ticket

la **billetera** billfold, wallet, 5.2

la **biografía** biography

la **biología** biology, 1.4

los **bisabuelos** great-grandparents

la **bisutería** costume jewelry

blanco(a) white, 3.6

la **blusa** blouse, 6.1

la **bodega** grocery store

las **boleadoras** hunting slings (Argentina)

el **boletín de evaluación** report card

el **boliche** bowling, 2.6

  jugar boliche to bowl, 2.6

el **bolígrafo** ballpoint pen, 1.4

  boliviano(a) Bolivian, 5.3

la **bolsa** handbag, 6.1

el **bolsillo** pocket, 5.2

el **bolso** handbag

el / la **bombero(a)** firefighter, 4.2

la **bombonería** candy and chocolate shop

  bonito(a) pretty, 3.5

  boreal northern

el **bosque** forest, woods, 6.4

las **botas** boots, 6.1

el **bouffett** buffet

las **boutiques** boutiques

  bucear to skin-dive, 5.4

  buen: ¡Buen viaje! Have a good trip!

  bueno(a) good, 1.6

  buenas noches good evening, good night, 1.3

  buenas tardes good afternoon, 1.3

  buenos días good morning, 1.3

  ¡Qué bueno! That's great!, 1.6

bueno: lo bueno the good thing

la **bufanda** scarf, 6.1

  buscar to look for, 2.3

C

el **caballero** gentleman, man, 6.2

  la **ropa de caballeros** men's clothing, 6.2

el **caballo** horse, 4.3

  montar a caballo to ride horseback, 1.5

la **cabeza** head

  cada each

  cada uno(a) each one

  cada vez más more and more

el **café** coffee, 2.5; coffee shop

  café brown, 4.4

la **cafetería** cafeteria, 1.5

los **calcetines** socks, 6.1

la **calculadora** calculator, 1.4

el **calendario** calendar

la **calle** street, 3.1

el **calor** heat, 6.5

  hace calor it's hot, 6.4

  tener calor to be hot, 6.5

la **cama** bed, 3.6

la **cámara** camera, 3.1

  cambiar to change, 3.1

el **camello** camel, 4.3

la **caminata** hike, 6.4

  hacer una caminata to take a hike, 6.4

el **camión** bus (Mexico)

la **camioneta** pick-up truck, 6.3

la **camisa** shirt, 6.1

la **camiseta** T-shirt, 3.5

el **campo** countryside, 1.5

  canadiense Canadian, 5.3

el **canal** channel (TV)

el **canario** canary, 4.3

  cansado(a) tired, 3.4

el / la **cantante** singer, 2.1

  cantar to sing, 1.5

la **cantidad** quantity

la **capital** capital

el **capítulo** chapter

el **Caribe** the Caribbean (Sea)

el **cariño** affection

  cariños (with) love

el **carnaval** carnival

la **carne** meat, 2.5

  caro(a) expensive, 3.5

el / la **carpintero(a)** carpenter, 4.2

el **carro** car

la **carta** letter, 3.1

  la **carta de presentación** letter of introduction

las **cartas** playing cards, 4.5

  jugar cartas to play cards, 4.5

el **cartel** poster, 3.5

el **cartucho** cartridge

la **casa** house, home, 2.6

  la **casa de cambio** money exchange office

  ir a casa to go home, 1.2

  casado(a) married

el **casete** cassette, 3.5

  casi almost, 5.5

el **catálogo** catalogue

la **catedral** cathedral

  católico(a) Catholic

  catorce fourteen, 1.3

la **caza** hunting

  ir de caza to go hunting

la **celebración** celebration

  celebrar to celebrate

  celeste sky-blue

la **cena** supper, dinner, 2.5

  cenar to eat supper

  centígrado(a) centigrade (degrees)

el **centro** downtown, 2.3

  el **centro comercial** shopping center, 1.5

cerca de near, 6.3
el **cereal** cereal, 2.5
cero zero, 1.3
cerrado(a) closed
el **césped** lawn, 5.6
el **ciclismo** cycling
los **ciegos** blind persons
cien one hundred, 3.3
ciento one hundred, 4.2
ciento uno (dos) one hundred one (two), 4.2
la **ciencia ficción** science fiction, 4.5
el **programa de ciencia ficción** science fiction program, 4.5
las **ciencias** science(s), 1.4
las **ciencias domésticas** home economics
cierto true; certain
cinco five, 1.3
cincuenta fifty, 3.3
el **cine** movie theater, 1.5
el **cinto** belt
el **cinturón** belt, 6.1
el **circo** circus
la **cita** appointment
la **ciudad** city, 1.5
el / la **ciudadano(a)** citizen
claro(a) light, bright
la **clase** class, 1.4; kind, 4.5
¿Qué clase de . . .? What kind of . . .?, 4.5
el / la **cliente** client
el **clima** climate
la **clínica** clinic
el **club** club, 5.5
cobrar to charge
el **coche** car, 1.5
el **cochinillo asado** roast suckling pig
la **cocina** kitchen, 3.6; cuisine
cocinar to cook, 1.5

la **cola** line, 5.5
hacer cola to stand in line, 5.5
la **colección** collection, 3.5
el / la **coleccionista** collector
el **collar** necklace, 6.1
colombiano(a) Colombian, 5.3
colonial colonial
la **combinación** combination
el **comedor** dining room, 3.6
comer to eat, 1.2
dar de comer to feed, 5.6
comercial commercial
el **comercio** commerce, business
cómico(a) funny, 4.5
el **programa cómico** comedy (program), 4.5
la **comida** food, 2.5; meal
la **comisión** commission
como as, like, 6.5
así como just like
como siempre as always
tan . . . como as . . . as, 6.5
¿cómo? what?; how?, 1.4
¿Cómo es . . .? What is he / she / it like?; What are you (formal) like?, 2.1
¿Cómo está usted? How are you (formal)?, 1.3
¿Cómo estás? How are you (fam.)?, 1.3
¿Cómo se dice . . .? How do you say . . .?, 5.2
¿Cómo son? What are they like?, 2.1
¿Cómo te llamas? What is your name (fam.)?, 1.1

¡cómo!: ¡Cómo no! Of course!, 1.2
la **comodidad** comfort
cómodo(a) comfortable, 3.1
el / la **compañero(a) de clase** classmate, 2.1
la **compañía** company, 4.2
la **compañía de aviación** aviation (airline) company
los **complementos** accessories
completamente completely
la **composición** composition, 1.4
los **compradores** buyers
comprar to buy, 1.2
las **compras** the shopping
ir de compras to go shopping
comprender to understand
la **computación** computer class
la **computadora** computer, 1.5
usar la computadora to use the computer, 1.5
común common
con with, 1.2
con el tiempo eventually
con permiso excuse me, 2.3
conmigo with me, 5.4
contigo with you (fam.), 5.4
el **concierto** concert, 2.3
el **concurso** game show, 4.5
el **condominio** condominium
el **conejillo de Indias** guinea pig
el **conejo** rabbit, 4.3
la **confección** sewing

la **confección deportiva** athletic wear

la **confusión** confusion

la **conga** popular Cuban music and dance

el **conjunto** musical group, **2.3**

conocer (zco) to know, be familiar with a person or place, **5.5**

el **consejo** piece of advice, **5.6**

dar consejos a to give advice to, **5.6**

construido(a) built

el **consulado** consulate

el **contacto** contact

contar (ue) to count

contemplar to look at

contemporáneo(a) contemporary

contento(a) happy, **3.4**

contestar to answer, **1.4**

contener to contain

contra against

las **contribuciones** contributions

el **control** control

controlar to control

la **conversación** conversation

conversar to talk, chat

el **corazón** heart

la **corbata** necktie, **6.1**

la **correa** belt

el **correo** post office, **5.1**

el **correo aéreo** air mail

correr to run, to jog, **1.2**

la **corsetería** corset shop

cortar to cut, **5.6**

las **cortes** courts (of law)

corto(a) short (object), **4.4**

la **cosa** thing, **5.2**

la **cosmética** cosmetics

la **costa** coast

costarricense Costa Rican, **5.3**

la **costumbre** custom

creo: creo que I think that, **4.2**

cruzar to cross

el **cuaderno** notebook, **1.4**

la **cuadra** city block, **6.3**

cuadrado(a) square, **5.2**

el **cuadro: de cuadros** plaid, **6.2**

¿cuál? which (one); what?, **4.5**

¿Cuál es tu número de teléfono? What is your telephone number? (fam.), **3.3**

¿cuándo? when?, **2.4**

¿cuánto(a)? how much?, **3.3**

¿Cuánto mide(s)? How tall are you (is he / she / it)?, **6.6**

¿Cuánto pesa(s)? How much do you (does he / she / it) weigh?, **6.6**

¿Cuánto tiempo? How long?, How much time?, **5.4**

¿Cuánto tiempo hace que . . .? How long has (have) . . . ?, **5.5**

¿Cuánto vale? How much does it cost?, **4.2**

¿cuántos(as)? how many?, **3.3**

¿Cuántos años tiene(s)? How old are you (is he / she / it)?, **4.2**

cuarenta forty, **3.3**

el **cuarto** room (of a house), **3.6**

cuarto(a) fourth, **3.2**

cuatrocientos(as) four hundred, **4.2**

cubano(a) Cuban, **5.3**

el **cuero** leather, **5.2**

cuesta it costs

cuidar to take care of, **4.3**

la **cultura** culture

el **cumpleaños** birthday, **4.6**

la **curiosidad** curiosity

el **curso** course

CH

el **chachachá** popular Latin American dance

la **chaqueta** jacket, **6.1**

el **cheque** check, **5.1**

el **cheque de viajero** traveler's check, **3.1**

hacer un cheque to write a check, **5.1**

chileno(a) Chilean, **5.3**

el **chino** Chinese (language), **5.3**

chino(a) Chinese, **5.3**

el **choclo** ear of corn (Andes)

el **chorizo** Spanish sausage

los **churros** fritters, crullers

D

las **damas** ladies, **6.2**

para damas for ladies, **6.2**

dar to give, **5.1**

dar consejos a to give advice to, **5.6**

dar de comer a to feed, **5.6**

dar un paseo to go for a walk, **1.2**

de of, from, **2.3**

de acuerdo OK, **2.6**

de antigüedad of antiquity

de compras shopping

de cuadros plaid, **6.2**

de flores flowered (print), **6.2**

de habla española Spanish-speaking

de invierno winter (clothes), **6.2**

de la mañana in the morning, **1.3**

de la noche in the evening, at night, **1.3**

de la tarde in the afternoon, **1.3**

de lunares polka-dotted, **6.2**

de manga corta short-sleeved, **6.2**

de manga larga long-sleeved, **6.2**

de medicina medical

de moda in fashion, **6.2**

de nada you're welcome, **2.1**

de otoño autumn (clothes), **6.2**

de primavera spring (clothes), **6.2**

¿De qué es? What's it made of?, **5.2**

¿De qué marca es? What's the brand name?, **3.5**

¿De quién es / son? Whose is it / are they?, **2.3**

de rayas striped, **6.2**

de un solo color solid (color), **6.2**

de verano summer (clothes), **6.2**

debe he / she / it / you (formal) must (probability)

deber should, ought, **3.1**

décimo(a) tenth, **3.2**

decir to say, to tell, **5.5**

la **decisión** decision

los **defensores** defenders

del (de + el) from the, of the, **2.3**

delgado(a) thin, **2.2**

delicioso(a) delicious

demasiado(a) too, too much, **2.2**

el / la **dentista** dentist, **4.2**

depender to depend

dependiente dependent

el **deporte** sport, **1.2**

el / la **deportista** athlete, **2.1**

deportivo(a) casual, sports, **6.2**

el **programa deportivo** sports program, **4.5**

deprimente depressing, **2.1**

deprimido(a) depressed, **3.4**

la **derecha** right, **3.3**

a la derecha to the right, **3.3**

derecho(a) straight ahead, **6.3**

sigue derecho go straight ahead (fam. sing. com.), **6.3**

el **desastre: ¡Qué desastre!** What a disaster!, **1.6**

el **desayuno** breakfast, **2.5**

descansar to rest, **1.2**

el **descuento** discount

desde since, **5.3**

el **desfile** parade

el **desierto** desert, **6.4**

despacio slow

las **despedidas** farewells

después afterwards, **2.3**

después de after, **3.1**

detrás de behind, **6.3**

el **día** day, **2.6**

buenos días good morning, **1.3**

el **día de fiesta** holiday

el **Día de la Raza** Hispanic Pride Day

el **dialecto** dialect

diariamente daily

el **diario** diary

dibujar to draw, **1.5**

el **dibujo** drawing

el **dibujo técnico** drafting

el **diccionario** dictionary

dice he / she / it says, you (formal) say, **4.5**

dices you (fam.) say, **5.5**

diciembre December, **4.6**

los **dientes** teeth, **4.4**

los **frenos en los dientes** (dental) braces, **4.4**

diez ten, **1.3**

diez y nueve nineteen, **1.3**

diez y ocho eighteen, **1.3**

diez y seis sixteen, **1.3**

diez y siete seventeen, **1.3**

la **diferencia** difference

diferente different, **2.1**

difícil difficult, **1.6**

digo I say; I mean, **5.5**

los **diminutivos** diminutives

el **dinero** money, **2.3**

la **dirección** address, **3.2**

el / la **director / a** director

el **disco** record, **1.2**

las **discotecas** discotheques

la **distancia** distance

la **larga distancia** long distance

distinguido excellent

divertido(a) fun, **2.2**

¡Qué divertido! What fun!, **1.6**

doblar to turn, **6.3**

doce twelve, **1.3**

el / la **doctor / a** doctor, **4.2**

el **dólar** dollar, **1.3**

el **domingo** Sunday, **2.6**

dominicano(a) Dominican, **5.3**

el **dominó** dominoes (game)

don title of respect used with a man's first name

donde where

¿dónde?: ¿Dónde está? Where is it?, **3.2**

doña title of respect used with a woman's first name

dormir (ue) to sleep, **3.1**

el **dormitorio** bedroom

dos two, **1.3**

doscientos(as) two hundred, **4.2**
doy I give
el **drama** drama (class)
el / la **dueño(a)** owner, **4.2**
durante during

E

la **economía** economy
ecuatoriano(a) Ecuadorian, **5.3**
la **edad** age
el **edificio** building, **3.2**
la **educación física** physical education, **1.4**
educativo(a) educational, **4.5**
el **programa educativo** educational program, **4.5**
el **efecto** effect, result
el **ejercicio** exercise, **2.3**
hacer ejercicio to exercise, **2.3**
el the (m.), **1.4**
él he, **3.1**
el / la **electricista** electrician, **4.2**
el **elefante** elephant, **4.3**
elegante elegant, **2.1**
ella she, her, **3.1**
ellas they, them (f.), **3.1**
ellos they, them (m.), **3.1**
el **elote** ear of corn (Mexico)
emocionado(a) excited, **3.4**
emocionante exciting, **2.1**
empezar (ie) to start, **4.5**
el / la **empleado(a)** employee, **4.2**
en at; in; on, **3.2**
en fin in all
en punto on the dot, **2.6**

¿En qué año naciste? What year were you (fam.) born?, **5.3**
¿En qué piso está? What floor is it on?, **3.2**
en realidad in reality
en vez de instead of
enamorado(a) in love, **3.4**
encanta: le encanta he / she / it loves, you (formal) love
encontrar (ue) to find
la **encuesta** survey
enero January, **4.6**
la **enfermería** infirmary, hospital
el / la **enfermero(a)** nurse, **4.2**
enfermo(a) sick, **3.4**
enfrente de in front of, **6.3**
enojado(a) mad, angry, **3.4**
enorme enormous
la **ensalada** salad, **2.5**
enseñar to show, **5.1**
enseñar a to teach how to, **5.4**
entender (ie) to understand, **2.6**
entero(a) whole
entiendes you (fam.) understand, **2.6**
entiendo I understand, **2.6**
entonces then, **2.3**
la **entrada** admission ticket, **5.5**
entrar to enter
entre between, **6.3**
la **época** period
el **equipo** team, **5.5**; equipment
equivocado(a) mistaken, **3.4**
eres you are, **2.1**
¿Eres de aquí? Are you from here?, **1.1**

es he / she / it is, you (formal) are, **2.1**
es controlado(a) is controlled
es decir that is to say
es formado(a) is formed
¿Es usted . . .? Are you (formal) . . . ?, **2.1**
esa that (f.), **6.6**
esas those (f.), **6.6**
la **escala** scale
la **escalera** stairs, **3.3**
escribir to write, **1.4**
el / la **escritor / a** writer, **2.1**
el **escritorio** desk, **3.6**
escúchame listen to me (fam. sing. com.)
escuchar to listen to, **1.2**
la **escuela** school, **1.5**
ese that (m.), **6.6**
eso that
esos those (m.), **6.6**
España Spain
el **español** Spanish (language), **1.4**
español / a Spanish, **5.3**
especial special
especialmente especially
las **especias** spices
el **espejo** mirror
los **espejuelos** eyeglasses
esperar to await
esperar to wait for, **5.5**
el **esquí acuático** water skiing, **5.4**
practicar el esquí acuático to water-ski, **5.4**
esquiar to ski, **1.5**
la **esquina** street corner, **6.3**
esta this (f.), **6.6**
esta mañana this morning, **2.4**
esta noche tonight, **2.4**

esta tarde this afternoon, **2.4**
estacionar to park
la **estación** season, **6.2;** radio station
el **estadio** stadium, **1.5**
el **estado** state
los **Estados Unidos** the United States
estadounidense from the United States, **5.3**
estar to be, **3.2**
  está nublado it's cloudy, **6.4**
  estar a + distance to be + distance from, **6.3**
  estar casado(a) to be married
  estar en to be in (at, on), **3.2**
  estás en tu casa make yourself at home
estas these (f.), **6.6**
este this (m.), **6.6**
el **estéreo** stereo, **3.5**
estimado(a) dear
estimar to estimate
estos these (m.), **6.6**
estricto(a) strict
estridente noisy
la **estructura** structure (grammar)
el / la **estudiante** student, **2.1**
estudiar to study, **1.2**
  estudiar para to study to be a, **4.2**
  estudiar para un examen to study for an exam, **1.4**
la **estufa** stove, **3.6**
estupendo(a) terrific, **5.4**
Europa Europe
evidente evident
exacto correct, right
el **examen** exam, test, **1.4**
excelente excellent, **2.1**
el **exceso** excess
la **excusa** excuse

la **exhibición** exhibition
exigente demanding
existían they existed
el **éxito** success
la **experiencia** experience
experimentado(a) experienced
el / la **experto(a)** expert
explicar to explain, **5.6**
expresar to express
el **expreso** express (train)
exquisito(a) exquisite
extranjero(a) foreign, **4.5**
  la **película extranjera** foreign film, **4.5**

F

la **fábrica** factory, **4.2**
fácil easy, **1.6**
la **falda** skirt, **6.1**
la **familia** family, **3.1**
los **familiares** relatives
famoso(a) famous
fantástico(a) fantastic
el **favor** favor, **5.1**
  favor de please
favorito(a) favorite, **2.3**
febrero February, **4.6**
la **fecha** date
  la **fecha de vencimiento** expiration date
fenomenal phenomenal, terrific
feo(a) ugly, **2.2**
la **feria** fair
el **festival** festival
la **fiesta** party, **1.5**
fíjate look (fam. sing. com.)
fijo(a) fixed
el **fin** end
  el **fin de semana** weekend, **2.6**
  en fin in all
  por fin finally
final: al final at / in the end
finalmente finally

financiero(a) finance
la **revista financiera** finance magazine
la **firma** signature
formado(a) formed
  es formado is formed
formal formal
formar to form
formidable terrific, great, **2.1**
la **fórmula** formula
el **formulario** form (document), **2.1**
la **fotografía** photography
el / la **fotógrafo(a)** photographer
la **foto** picture, photograph
  sacar fotos to take pictures, **1.5**
frágil fragile
el **francés** French (language), **1.4**
francés(esa) French, **5.3**
los **frenos: los frenos en los dientes** dental braces, **4.4**
el **fresco** coolness, **6.4**
  hace fresco it's cool, **6.4**
los **frijoles** beans, **2.5**
el **frío** cold, **6.5**
  hace frío it's cold, **6.4**
  tener frío to be cold, **6.5**
la **fruta** fruit, **2.5**
fuerte strong
  un fuerte abrazo a strong embrace
el / la **fumador / a** smoker, one who smokes
fumar to smoke
el **fútbol** soccer, **1.2**
el **fútbol americano** football, **1.2**
el **futuro** future
futuro(a): la futura mamá future mom

G

las **gambas** shrimp (Spain)
el / la **ganador(a)** winner
las **ganancias** revenues
ganar to earn money, 2.3; to win, 4.5
la **gaseosa** soft drink, soda, 2.5
la **gasolinera** gasoline station
gastar to spend money, 5.4
el **gato** cat, 4.3
los **gauchos** Argentinian cowboys
la **gaveta** locker, 1.4
los **gemelos** twins
la **generación** generation
general: por lo general in general
generalmente generally
generoso(a) generous, 2.2
la **gente** people
la **geometría** geometry, 1.4
el **gimnasio** gymnasium, 2.3
el **giro postal** money order
el **gobernador** governor
gobernar to rule
el **gobierno** government
el **golfo** gulf
la **goma** rubber, 5.2
gordo(a) fat, 2.2
el **gorila** gorilla, 4.3
el **gorro** cap, 6.1
el **gourmet** gourmet
la **grabadora** tape recorder, 3.5
gracias thank you, thanks, 1.2
gracias por . . . thank you for . . . , 2.1
el **grado** grade
los **grados** degrees
gran great
grande big, 2.2
gris gray, 3.6

el **grupo** group
la **guagua** bus (Caribbean)
la **guanábana** soursop, tropical fruit
los **guantes** gloves, 6.1
guapo(a) good-looking, 2.2
guardar to keep, store, 5.2
guatemalteco(a) Guatemalan, 5.3
la **guayabera** loose-fitting men's shirt
la **guerra** war
la **guitarra** guitar, 5.3
tocar la guitarra to play the guitar, 1.5
el / la **guitarrista** guitar player, 2.1
gusta: ¿Le gusta . . .? Do you (formal) / does he / she / it like . . . ?, 4.1
me gusta I like, 1.4
¿Qué te gusta más? What do you (fam.) like best?, 1.4
te gusta you like, 1.4
¿Te gusta . . .? Do you like . . . ?, 1.6
gustan: ¿Les gustan . . .? Do you (pl.) / they like . . . ?, 4.1
te gustan you like (pl.), 1.4
¿Te gustan . . .? Do you (fam.) like (pl.) . . . ?, 1.6
el **gusto** taste

H

la **habitación** bedroom, 2.3
hablar to speak, talk, 1.2
hablar con to speak with, talk to, 1.2
hablar por teléfono to talk on the telephone, 1.2

hace: hace buen tiempo the weather is nice, 6.4
hace calor it's hot, 6.4
hace fresco it's cool, 6.4
hace frío it's cold, 6.4
hace mal tiempo the weather is bad, 6.4
hace . . . que it has been . . . since, 5.5
hace sol it's sunny, 6.4
hace un tiempo regular the weather is so-so, 6.4
hace viento it's windy, 6.4
hacer to do, 1.2
hacer cola to stand in line, 5.5
hacer ejercicio to exercise, 2.3
hacer la tarea to do homework, 1.2
hacer las maletas to pack (suitcases), 3.1
hacer un cheque to write a check, 5.1
hacer un favor to do a favor, 5.1
hacer una caminata to hike, 6.4
hacer una pregunta to ask a question, 1.4
las **haciendas** ranches
el **hambre** (f.) hunger, 6.5
tener hambre to be hungry, 6.5
la **hamburguesa** hamburger, 2.5
hasta until, 2.6; as far as, 6.3; even
hasta entonces until then
hasta luego see you later, 1.4
hasta pronto see you soon

hay   there is, there are,
   3.3
hebreo(a)   Hebrew
hecho(a)   made
el **helado**   ice cream, **2.5**
el **hemisferio**   hemisphere
la **herencia**   heritage
la **hermana**   sister, **4.1**
el **hermano**   brother, **4.1**
los **hermanos**   siblings
   (brothers and sisters),
   4.1
el **hielo**   ice, **1.5**
la **hija**   daughter, **4.1**
el **hijo**   son, **4.1**
los **hijos**   children (sons and
   daughters), **4.1**
hispano(a)   Hispanic
los **hispanohablantes**
   Spanish-speakers
los **hispanos**   Hispanics
la **historia**   history, **1.4**
histórica   historic;
   historical
la **historieta**   comic strip,
   4.5
hola   hi, hello, **1.1**
el **hombre**   man, **4.2**
el **hombre de negocios**
   businessman, **4.2**
hondureño(a)   Hon-
   duran, **5.3**
la **hora**   hour, **5.5**
a toda hora   at all
   hours
el **horario**   schedule
horrible   horrible, awful,
   2.1
el **horror: ¡Qué horror!**
   How horrible!, **1.6**
el **hospital**   hospital
el **hostal**   hostel
hoy   today, **2.4**
hoy día   nowadays
el **huevo**   egg, **2.5**

I

la **idea**   idea
ideal   ideal

el **idioma**   language, **1.4**
la **iglesia**   church, **2.6**
la **imagen**   image
impaciente   impatient,
   2.1
el **impermeable**   raincoat,
   6.1
importa: no importa   it
   doesn't matter, **2.4**
importante   important
imposible   impossible
la **impresión**   impression
incluir   to include
incluso   including
incluyo   I include
increíble   incredible, **2.1**
la **independencia**
   independence
independiente
   independent
indicar   to indicate
indio(a)   Indian
la **información**   information
informal   casual (clothes)
el / la **ingeniero(a)**   engineer,
   4.2
el **inglés**   English (language), **1.4**
inglés(esa)   English, **5.3**
el **ingrediente**   ingredient
el **inmigrante**   immigrant
la **institución**   institution
el **instrumento**   instrument
inteligente   intelligent,
   2.1
intercambio   exchange
interesante   interesting,
   2.1
los **intereses**   interests
internacional
   international
el **invierno**   winter, **6.2**
la **invitación**   invitation
los **invitados**   guests
invitar   to invite, **5.1**
ir   to go, **1.2**
ir a casa   to go home,
   1.2
ir a pie   to go on foot,
   walk, **6.3**

ir de pesca   to go fishing, **5.4**
ir de vacaciones   to go
   on vacation, **2.3**
la **isla**   island
el **italiano**   Italian (language), **5.3**
italiano(a)   Italian, **5.3**
la **izquierda**   left, **3.3**
a la izquierda   to (on)
   the left, **3.3**

J

el **jamón**   ham, **2.5**
el **japonés**   Japanese (language), **5.3**
japonés(esa)   Japanese,
   5.3
joven   young, **2.2**
los **jóvenes**   young people,
   4.3
la **joya**   jewel, pl. jewelry,
   6.1
la **joyería**   jewelry store
juegas   you (fam.) play,
   2.4
juego   I play, **2.4**
el **juego**   game, **4.5**
el **juego de mesa**   board
   game, **4.5**
el **jueves**   Thursday, **2.6**
jugar (ue)   to play, **1.2**
el **jugo**   juice, **2.5**
julio   July, **4.6**
justo(a)   fair
la **juventud**   young people;
   youth

L

la   the (f.), **1.4**
el **laboratorio**   laboratory
lacio   straight (hair), **4.4**
el **lado**   side, **6.3**
al lado de   next to; beside, **6.3**
el **lago**   lake, **6.4**
la **lámpara**   lamp, **3.6**
la **lana**   wool, **6.2**

el **lápiz** pencil, 1.4
los **lápices:** los **lápices de colores** colored pencils
largo(a) long, 4.4
la **larga distancia** long
distance
el **latín** Latin (language)
latino(a) Latin
lavar to wash, 2.6
la **lección** lesson
la **leche** milk, 2.5
la **lechuga** lettuce, 2.5
la **lectura** reading
leer to read, 1.2
legal legal
las **legumbres** vegetables, 2.5
lejos far, 6.3
lejos de far from, 6.3
la **lencería** linen shop
la **lengua** language
el **lenguaje** language
los **lentes** lenses, eyeglasses
los **lentes de contacto**
contact lenses, 4.4
el **león** lion, 4.3
la **libra** pound, 6.6
libre free, 4.5
al aire libre outdoors,
6.4
los **ratos libres** free
time, 4.5
la **librería** bookstore
el **libro** book, 1.2
ligero(a) light (wind)
limpiar to clean, 2.3
lindo(a) pretty
la **línea** line
la **línea del ecuador**
equator
el **lío:** ¡Qué **lío!** What a
mess!
la **liquidación** clearance
(sale), 6.1
listo(a) smart, 2.2
liviano(a) light (weight),
6.6
local local
la **lotería** lottery
luego later, 2.3
el **lugar** place, 1.5

el **lunes** Monday, 2.6

LL

la **llama** llama, 4.3
llamar to call, 3.1
llamo: me **llamo . . .** my
name is . . . , 1.1
la **llave** key, 5.2
llegar to arrive, 2.4
llegar a to arrive at, 2.4
llenar to fill
lleno(a) full
llevar to take, 3.1; to
carry, 5.2; to wear, 6.1
llueve it's raining, 6.4
la **lluvia** rain

M

la **madera** wood, 5.2
la **madre** mother, 4.1
el / la **madrileño(a)** native of
Madrid
el / la **maestro(a)** teacher, 1.2
la **maleta** suitcase, 3.1
hacer las maletas to
pack (suitcases), 3.1
malo(a) bad, 2.2
la **mamá** mom, 4.1
el **mamey** mamey, tropical
fruit
mandar to send, 5.1
manejar to drive, 1.5
la **manera** manner, way
la **manga** sleeve, 6.2
de manga corta short-
sleeved, 6.2
de manga larga long-
sleeved, 6.2
sin mangas sleeveless,
6.2
mantener (ie) to main-
tain, to support
la **mantequilla** butter, 2.5
la **mañana** morning, 2.4
de la mañana in the
morning, 1.3
esta mañana this
morning, 2.4

por la mañana in the
morning, 2.4
mañana tomorrow, 2.3
el **mapa** map, 3.1
la **máquina** car (Caribbean)
el **mar** sea, 5.4
maravillarse: se **maravillan** they marvel
(at)
maravilloso(a) mar-
velous, wonderful
la **marca** brand name, 3.5
las **marcas:** marcas **internacionales** inter-
national brands
marcar to dial
el **marido** husband
la **marroquinería** Moroc-
can leatherwork
el **martes** Tuesday, 2.6
marzo March, 4.6
más more, 6.5
más o menos more or
less, 6.6
más que more than,
6.5
las **matemáticas** mathematics, 1.4
las **materias** subjects
materno(a) maternal
máximo(a) maximum
al máximo to the
maximum
mayo May, 4.6
mayor older, 4.1
el / la **mayor** the oldest
los **mayores** older people;
adults
la **mayoría** majority
la **mazorca** ear of corn
la **mecánica** mechanics
el / la **mecánico(a)** mechanic,
4.2
la **media** half, 1.3
mediano(a) medium
las **medias** stockings, 6.1
medievales medieval
medir(i) to measure
mejor better, 6.5
la **memoria** memory

menor younger, 4.1
el / la **menor** the youngest
menos less, 6.5
   menos que less than, 6.5
el **mensaje** message
el **mercado** market
la **mermelada** jam, preserves, 2.5
el **mes** month, 4.6
   el **mes pasado** last month, 5.3
   el **mes que viene** next month, 4.6
la **mesa** table, 3.6
el **metal** metal, 5.2
el **metro** subway
metropolitano(a) metropolitan
mexicano(a) Mexican, 5.3
mi my, 3.6
mí me (prep. pron.)
   a mí me gusta I like, 4.1
   para mí for me
la **microinformática** computerware
el **miedo: tener miedo** to be scared, 6.5
el **miembro** member
mientras while
el **miércoles** Wednesday, 2.6
mil one thousand, 4.3
la **milla** mile, 6.6
el **millón (de)** million, 5.3
mimado(a) spoiled
mínimo(a) minimum
el **minuto** minute, 5.5
mira look (fam. sing. com.)
la **misión** mission
el / la **mismo(a)** the same
   lo mismo the same thing
misterioso(a) mysterious
la **mochila** bookbag, knapsack, 1.4

la **moda** fashion, 4.5
   de moda in fashion, 6.2
el **modelo** model
moderno(a) modern, 3.5
el **monasterio** monastery
la **moneda** coin, 3.5
el **mono** monkey, 4.3
el **monopatín** skateboard, 1.2
   andar en monopatín to skateboard, 1.2
la **montaña** mountain, 6.4
montar to ride, 1.2
   montar a caballo to ride horseback, 1.5
   montar en bicicleta to ride a bicycle, 1.2
morado(a) purple, 3.6
moreno(a) dark (hair, complexion), 4.4
los **moros** Moors
el **mostrador** counter (in a shop)
la **moto** motorcycle, 3.5
la **motocicleta** motorcycle
el **motor** engine
la **muchacha** girl, 2.2
el **muchacho** boy, 2.2
muchísimos(as) many
mucho a lot, 1.4; a lot (of), many, 4.2
   mucho gusto nice to meet you, 1.1
muchos(as) a lot, many, 4.2
los **muebles** furniture, 3.6
la **mujer** woman, 4.2
   la **mujer de negocios** businesswoman, 4.2
   la **mujer policía** police officer, 4.2
el **mundo** world
   todo el mundo everybody, everyone
la **muralla** city wall
el **museo** museum
la **música** music, 1.4
el / la **músico(a)** musician, 2.1

muy very, 1.1
   muy bien very well, 1.1

N

nací I was born, 5.3
el **nacimiento** birth
nacional national
   el **sistema nacional** national system
nada nothing, 1.2
nadar to swim, 1.2
natural natural
la **naturaleza** nature
la **Navidad** Christmas
necesario(a) necessary
necesitar to need, 1.4
los **negocios** business(es)
negro(a) black, 3.6
nervioso(a) nervous, 3.4
ni nor
   ni . . . ni neither . . . nor
nicaragüense Nicaraguan, 5.3
los **nietos** grandchildren
nieva it's snowing, 6.4
ningún(una) not any, any, 1.5
   no quiero ir a ningún lugar I don't want to go anywhere, 1.5
el / la **niño(a)** child, 4.3
no no, not, 1.2
   ¿no? no?, 1.4
   no aprobado failing
   no importa it doesn't matter, 2.4
   ¡No me digas! You don't say!, 1.6
   no muy bien not too well, 1.1
   no sólo not only
la **noche** night, 2.4
   de la noche at night, 1.3
   esta noche tonight, 2.4

por la noche at night, **2.4**
el **nombre** name, **5.1**
el **norte** North
norteamericano(a) North American, **5.3**
nosotros(as) we, us, **3.1**
la **nota** grade, **1.4;** note
sacar buenas notas to get good grades, **1.4**
las **noticias** news, **4.5**
el **noticiero** newscast
novecientos(as) nine hundred, **4.3**
la **novela** novel, **4.5**
noveno(a) ninth, **3.2**
noventa ninety, **3.3**
noviembre November, **4.6**
nuestro(a) our, **5.4**
nueve nine, **1.3**
nuevo(a) new, **3.5**
el **número** number, **3.1**
el **número de teléfono** telephone number, **3.1**
nunca never, **2.4**

O

o or, **1.4**
el **objeto** object
la **obra** work (artistic)
ochenta eighty, **3.3**
ocho eight, **1.3**
ochocientos(as) eight hundred, **4.3**
octavo(a) eighth, **3.2**
octubre October, **4.6**
la **ocupación** occupation
ocupado(a) busy, **3.4**
ocurre it occurs, it happens
la **oferta** offer
la **oficina** office, **3.3**
ofrecer to offer
oír to hear, **5.5**
el **ojo** eye, **4.4**
las **olas** waves (ocean), **5.4**
correr las olas to surf, **5.4**

olvidar to forget, **3.1**
once eleven, **1.3**
la **onza** ounce, **6.6**
la **opinión** opinion
la **opinión pública** public opinion
la **oportunidad** opportunity
la **óptica** optical store
el **origen** origin
original original
el **oro** gold, **5.2**
el **oso** bear, **4.3**
el **otoño** autumn, **6.2**
otro(a) another, other, **4.5**
oye: ¡oye! hey!, listen!, **2.4**
oyes you (fam.) hear, **5.5**

P

la **paciencia** patience
paciente patient
los **pacientes** patients
el **padre** father, **4.1**
los **padres** parents, **4.1**
la **paella** Spanish rice dish with chicken, seafood, etc., seasoned with saffron
pagar to pay, **5.6**
la **página** page, **1.4**
el **país** country
la **palabra** word, **1.4**
la **pampa** extensive plain in Argentina
el **pan** bread, **2.5**
el **pan tostado** toast, **2.5**
panameño(a) Panamanian, **5.3**
los **pantalones** pants, **6.1**
el **papá** dad, **4.1**
los **papás** mom and dad, **4.1**
las **papas fritas** french fries, **2.5**
el **papel** paper, **1.4**
la **papelería** stationery store
para for, **2.5;** to; in order to, **5.2**

para caballeros for gentlemen, **6.2**
para damas for ladies, **6.2**
para el desayuno (el amuerzo, la cena) for breakfast (lunch, dinner), **2.5**
para mí for me
¿Para qué sirve? What is it used for?, **5.2**
para ti for you
para todos for all
la **parada** bus stop
el **paraguas** umbrella, **6.1**
paraguayo(a) Paraguayan, **5.3**
parece seems, looks like, **4.1**
parece que . . . it seems that . . . , **4.3**
la **pared** wall, **3.6**
el / la **pariente(ta)** relative, **4.1**
el **parque** park, **1.5**
el **parque zoológico** zoo, **4.3**
la **parte** place; part
particulares private
el **partido** game, match, **1.2**
pasado(a) last, **5.3**
el **año pasado** last year, **5.3**
pasado mañana the day after tomorrow, **4.6**
la **semana pasada** last week, **5.3**
el **pasaporte** passport, **3.1**
pasar to spend (time), **5.4**
pasar la aspiradora to vacuum, **5.6**
pasar to pass
pasa come in (fam. sing. com.)
pasa: ¿Qué pasa? What's wrong?, What's going on?, **2.5**

pasar por to pass by, stop by

pasear to go for a ride

pasear en bote to go for a boat ride

pasear en velero to go sailing, **5.4**

el **paseo** stroll, walk, **1.2**; boulevard, promenade, **3.2**

dar un paseo to go for a walk, **1.2**

el **pastel** pie, pastry, **2.5**

los **pastores** shepherds

patinar to skate, **1.5**

patinar sobre hielo to ice-skate, **1.5**

pedir (i) to ask for, **5.6**

pedir permiso to ask for permission, **5.6**

peleados: están peleados they are not on speaking terms

la **peletería** fur shop

la **película** movie, film, **1.2**

la **película extranjera** foreign film, **4.5**

la **película policial** detective movie, **4.5**

la **película de terror** horror movie, **4.5**

pelirrojo(a) red-headed, **4.4**

el **pelo** hair, **4.4**

la **pena: ¡Qué pena!** What a shame!, **1.6**

pensar (ie) to intend, to plan, **2.2**

peor worse, **6.5**

el / la **pequeñito(a)** little one

pequeño(a) small, **2.2**

la **percusión** percussion

perder(ie) to lose, **4.5**

perdón excuse me, **1.4**

perezoso(a) lazy, **2.2**

perfectamente perfectly

la **perfumería** perfumery

el **periódico** newspaper, **2.3**

el / la **periodista** journalist, **4.2**

el **periquito** parakeet, **4.3**

el **permiso** permission, **5.6**

con permiso excuse me, **2.3**

pedir permiso to ask for permission, **5.6**

permitir to allow, permit, **5.6**

pero but, **1.6**

el **perro** dog, **4.3**

las **personas** persons

pertenecer (zco) a to belong to, **5.5**

peruano(a) Peruvian, **5.3**

pesado(a) heavy, **6.6**

la **pesca** fishing, **5.4**

ir de pesca to go fishing, **5.4**

el **pescado** fish, **2.5**

la **peseta** monetary unit of Spain

el **pez** fish, **4.3**

el **pez dorado** goldfish, **4.3**

picante spicy

el **picnic** picnic

el **pie** foot (measurement), **6.6**

ir a pie to go on foot, to walk, **6.3**

la **piel** leather; fur

piensan they think

piensas you (fam.) plan, intend, **2.2**

pienso I plan, intend, **2.2**

la **pileta** swimming pool (Argentina)

el **pingüino** penguin, **4.3**

pintar to paint

el / la **pintor(a)** painter

la **pintura** painting

la **piñata** hanging papier-mâché figure filled with candy and gifts

la **piscina** swimming pool, **1.5**

el **piso** story, floor (of a building), **3.2**; floor, **3.6**

la **pizzería** pizzeria

planchar to iron, **5.6**

planear to plan, **5.4**

el **plano** plan; map

la **planta** floor

la planta baja ground floor

el **plástico** plastic, **5.2**

la **plata** silver, **5.2**

el **plátano** banana

el **plato** dish, **5.6**

la **playa** beach, **1.5**

la **plaza** plaza, (public) square, **3.2**

la **población** population

pobre poor

poco(a) little, **4.2**

un poco a little, **2.2**

pocos(as) few, **4.2**

poder (ue) to be able, **4.6**

el **policía** police officer, **4.2**

la **policía** police (department)

policial: la película policial detective movie, **4.5**

la **política** politics

político(a) political

el / la **político(a)** politician, **2.1**

el **pollo** chicken, **2.5**

poner: poner la mesa to set the table, **5.6**

popular popular, **2.1**

por for; by

por ciento percent

¡Por Dios! For goodness sake!

por ejemplo for example

por eso therefore, that's why, **5.6**

por favor please, **5.1**

por fin finally

por la mañana in the morning, **2.4**

por la noche at night, **2.4**

por la tarde in the afternoon, **2.4**

por lo general in general

¿por qué? why, 2.5

¿Por qué no . . .? Why not . . . ?, 2.5

por todas partes everywhere

porque because, 1.5

portátil portable

la **portería** custodian's quarters or office

el / la **portero(a)** custodian

posible possible

la **postal** postcard

el **postre** dessert, 2.5

practicar to play, to practice, 1.2

  practicar deportes to play sports, 1.2

  practicar el esquí acuá-tico to water-ski, 5.4

el **precio** price

precioso(a) beautiful

la **preferencia** preference

preferible preferable

preferir (ie) to prefer, 4.5

la **pregunta** question, 1.4

  hacer una pregunta to ask a question, 1.4

preliminar preliminary

preocupado(a) worried, 3.4

preparado(a) prepared, ready

preparar to prepare, to get ready, 2.5

la **presentación** introduction

la **carta de presenta-ción** letter of introduction

presentar to introduce, 5.6

el **presente** present

el **préstamo** loan

prestar to lend, 5.1

la **primavera** spring, 6.4

primero(a) first, 2.3

el / la **primo(a)** cousin, 4.1

principales main

principalmente mainly

la **prisa: tener prisa** to be in a hurry, 6.5

privado(a) private

la **probabilidad** probability

el **problema** problem, 5.6

el **producto** product

profesional professional

el / la **profesor / a** teacher, professor, 4.2

el **programa** program, 4.5

  el **programa de aven-turas** adventure program, 4.5

  el **programa de ciencia ficción** science fic-tion program, 4.5

  el **programa de terror** horror program, 4.5

  el **programa deportivo** sports program, 4.5

  el **programa educativo** educational pro-gram, 4.5

  el **programa extranjero** foreign program, 4.5

  el **programa policial** de-tective program, 4.5

  el **programa romántico** love story, 4.5

la **programación** programming

prohibido(a) prohibited

prohibir to prohibit

prometer to promise, 5.6

propio(a) one's own

la **protección** protection

el **proyecto** project

público(a) public

  la **opinión pública** pub-lic opinion

el **pueblo** town, 2.3

puedes you (fam.) can, 4.6

puedo I can, 4.6

el **puente de observación** observation deck

el **puerco** pork

la **puerta** door, 3.6

el **puerto** port

puertorriqueño(a) Puerto Rican, 5.3

pues well, 1.6; because

la **pulgada** inch, 6.6

la **pulsera** bracelet, 6.1

el **punto: los puntos de re-unión** gathering places

puntual punctual, 2.1

Q

que that

  que le dé that it goes to

qué what, 1.2; how, 1.6

  ¡Qué aburrido! How boring!, 1.6

  ¿Qué clase de . . .? What kind of . . . ?, 4.5

  ¡Qué divertido! What fun!, 1.6

  ¡Qué horror! How horrible!, 1.6

  ¡Qué lío! What a mess!

  ¡Qué maravilla! How wonderful!

  ¡Qué raro! How strange!, 1.6

  ¡Qué suerte! What luck!, 1.6

  ¿Qué tal? How are you?, 1.1

  ¿Qué tiempo hace? What's the weather like?, 6.4

  ¡Qué va! No way!, 1.6

el **quehacer** chore, task, 5.6

querer (ie) to want

querido(a) dear

el **queso** cheese, 2.5

quién who, 2.2

quiere: te quiere he / she loves you

quieres you (fam.) want, **1.2**

quiero I want, **1.2**

la **química** chemistry, **1.4**

quince fifteen, **1.3**

quinientos(as) five hundred, **4.2**

quinto(a) fifth, **3.2**

quisiera I would like, **3.4**

quitar to remove, **5.6**

R

el **radio** radio (instrument, set), **3.5**

la **radio** radio (broadcasting, as a medium), **1.4**

rápidamente rapidly

rápido fast

la **raqueta: la raqueta de tenis** tennis racket

raro: ¡Qué raro! How strange!, **1.6**

el **ratoncito** mouse, **4.3**

el **rato: los ratos libres** free time, **4.5**

la **razón** reason

la **reacción** reaction

la **realidad: en realidad** in reality

rebajar to lower (the price)

la **rebaja** (price) reduction

la **recámara** bedroom (Mexico)

recibir to receive, **3.1**

la **recomendación** recommendation

recordar (ue) to remember, **3.1**

rectangular rectangular, **5.2**

recuerdas you (fam.) remember, **3.1**

recuerdo I remember, **3.1**

el **recuerdo** souvenir, **3.5**

los **recuerdos** memories

la **red** network

redondo(a) round, **5.2**

el **refresco** noncarbonated soft drink, **2.5**

el **refrigerador** refrigerator, **3.6**

el **regalo** gift, **2.3**

regatear to bargain

la **región** region

regresar to return, **4.6**

regular so-so, fair, **1.1**

el **reloj** clock, **5.2**

la **relojería** watch and clock store

el **repaso** review

el **reportero(a)** reporter

representar to represent

la **República Dominicana** the Dominican Republic

la **reservación** reservation

la **resolución** resolution

respetar to respect

responsable responsible

el **restaurante** restaurant, **1.5**

el **resto** the rest

la **reunión** meeting, reunion, **5.5**

la **revista** magazine, **1.2**

rico(a) tasty

el **río** river, **6.4**

riquísimo(a) very tasty

el **ritmo** rhythm

rizado(a) curly, **4.4**

rodeado(a) surrounded

rojo(a) red, **3.6**

romano(a) Roman

romántico(a) romantic, **4.5**

el **programa romántico** love story, **4.5**

la **ropa** clothes, clothing, **3.1**

la **ropa para caballeros** men's clothing, **6.2**

la **ropa para damas** ladies' clothing, **6.2**

la **ropa interior** underwear

rosado(a) pink, **3.6**

rubio(a) blonde, **4.4**

la **rumba** Cuban dance

el **ruso** Russian (language), **5.3**

ruso(a) Russian, **5.3**

S

S.A. abbreviation of **Sociedad Anónima,** Incorporated

el **sábado** Saturday, **2.6**

saber to know, **1.5**

sacar to take out, **5.6**

sacar buenas notas to get good grades, **1.4**

sacar fotos to take pictures, **1.5**

sacudir (los muebles) to dust, **5.6**

la **sala** living room, **3.6**

el **salario** salary

salgo I go out, **3.1**

la **salida** departure

salir to go out, **3.1**

la **salsa** Caribbean rhythm and dance

saltar las olas to jump, ride the waves, **5.4**

los **saludos** greetings; regards

salvadoreño(a) Salvadoran, **5.3**

las **sandalias** sandals, **6.1**

el **sandwich** sandwich, **2.5**

Santo Tomás Saint Thomas

las **sardinas** sardines

la **sastrería** tailor's shop

se: Se dice . . . It's said . . . , **5.2**

se solicita is wanted, is requested

sé I know, **1.5**

la **sed** thirst, **6.5**

tener sed to be thirsty, **6.5**

la **seda** silk, **6.2**

según according (t0)

segundo(a) second, **3.2**

seguro(a) sure, certain, **3.4**

seis six, **1.3**

seiscientos(as) six hundred, **4.3**

el **sello** stamp, **3.5**

la **semana** week, **2.6**

la **semana pasada** last week, **5.3**

la **semana que viene** next week, **4.6**

sensacional sensational

el **señor** Mr., sir, **1.3**

la **señora** Mrs., ma'am, **1.3**

las **señoras** women

la **señorita** Miss, **1.3**

septiembre September, **4.6**

séptimo(a) seventh, **3.2**

ser to be, **2.1**

la **serpiente** snake, **4.3**

el **servicio** restroom, **3.3**; service

servir (i) to serve

sesenta sixty, **3.3**

setecientos(as) seven hundred, **4.3**

setenta seventy, **3.3**

sexto(a) sixth, **3.2**

los **shorts** shorts (pants), **6.1**

si if, **3.1**

sí yes, **1.1**

siempre always, **2.4**

sienten they feel

siete seven, **1.3**

sigue go on, continue (fam. sing. com.), **6.3**; he / she / it continues; you (formal) continue

sigue derecho go straight (fam. sing. com.), **6.3**

siguen you (pl.) go on, **6.3**

sigues you (fam.) go on, **6.3**

el **silencio** silence

la **silla** chair, **3.6**

similar similar

simpático(a) nice, pleasant, **2.2**

sin without, **6.2**

sin embargo nevertheless

sin mangas sleeveless, **6.2**

la **sinagoga** synagogue, **2.6**

sincero(a) sincere

sino que but also

sirve: sirve para . . . it's used for . . . , **5.2**

¿Para qué sirve? What is it used for?, **5.2**

el **sistema** system

el **sistema auditivo** hearing

el **sistema nacional** national system

la **situación** situation

sobre about

el **sobre** envelope, **5.1**

sobresaliente outstanding

sociable sociable, friendly

el **sofá** sofa, **3.6**

el **sol** sun, **6.4**

solicita: se solicita is wanted, is requested

solicito I want

solo(a) alone

sólo only

somos we are, **2.1**

son they are, **2.1**

el **sonido** sound

la **sopa** soup, **2.5**

el / la **sospechoso(a)** suspect

el **sótano** basement (of a house), **3.3**

soy I am, **2.1**

soy de . . . I'm from . . . , **1.1**

su(s) his, her, your (formal), their, **4.1**

la **sucursal** branch of a department store

Sudamérica South America

el **sueño** sleep, **6.5**; dream

tener sueño to be sleepy, **6.5**

la **suerte** luck, **1.6**

¡Qué suerte! What luck!, **1.6**

el **suéter** sweater, **6.1**

suficiente sufficient

el **supermercado** supermarket, **2.6**

supervisar to supervise

el / la **supervisor / a** supervisor, **4.2**

el **sur** South

al sur to the south

el **suroeste** Southwest

T

tacaño(a) stingy, **2.2**

la **talla** size (of clothing)

las **tallas especiales** special (clothing) sizes

el **tamaño** size

también also, too, **1.6**

tampoco neither

tan: tan . . . como as . . . as, **6.5**

tanto: tanto como . . . as much as . . . , **6.5**

tantos(as): tantos(as) como . . . as many as . . . , **6.5**

las **tapas** hors d'oeuvres (Spain)

tardar: tardar en . . . to take time . . . , **6.6**

la **tarde** afternoon, **2.4**

de la tarde in the afternoon, **1.3**

esta tarde this afternoon, **2.4**

por la tarde in the afternoon, **2.4**

tarde late, **2.4**

la **tarea** homework, **1.2**

la **tarjeta**   card, **5.1**
la **tarjeta de crédito**   credit card, **5.1**
la **tarjeta joven**   special student card for Spain's train system
la **tarjeta postal**   postcard, **3.5**
el **té**   tea, **2.5**
el **teatro**   theater
la **tele**   TV, **1.2**
   ver la tele   to watch TV, **1.2**
el **teléfono**   telephone, **3.1**
   hablar por teléfono   to talk on the phone, **1.2**
   el **número de teléfono**   telephone number, **3.1**
la **telenovela**   soap opera, **4.5**
el **televisor**   television (set), **3.5**
la **temperatura**   temperature
la **temporada**   season
temprano   early, **2.4**
tener   to have, **3.5**
   tener calor   to be hot, **6.5**
   tener frío   to be cold, **6.5**
   tener hambre   to be hungry, **6.5**
   tener miedo   to be scared, **6.5**
   tener prisa   to be in a hurry, **6.5**
   tener que   + inf. to have to, **4.4**
   tener sed   to be thirsty, **6.5**
   tener sueño   to be sleepy, **6.5**
   tengo   I have, **3.5**
el **tenis**   tennis, **1.2**
los **tenis**   sneakers, **6.1**
   tercero(a)   third, **3.2**

terminar   to end, finish, **4.5**
el **territorio**   territory
el **terror**   horror, **4.5**
   la **película de terror**   horror movie, **4.5**
el **tesoro**   treasure
   ti   you, yourself (prep. pron.)
   a ti te gusta   you like, **4.1**
   para ti   for you
la **tía**   aunt, **4.1**
el **tiempo**   time, **5.5**; weather, **6.4**
   con el tiempo   eventually
la **tienda**   store, **1.5**
   la **tienda vaquera**   jeans store
   tienden   they tend to
   tienes   you (fam.) have, **3.5**
la **tierra**   land, country
el **tigre**   tiger, **4.3**
   tímido(a)   timid, shy
el **tío**   uncle, **4.1**
los **tíos**   aunt(s) and uncle(s), **4.1**
   típicamente   typically
   típico(a)   typical
   tirar   to throw
los **títulos**   titles
   tocar   to play (an instrument), **1.5**; to touch
   todavía   still
   todavía no   not yet
   todo   everything
   todo lo que . . .   everything that . . .
   todo(a)   every, all, **4.2**; whole
   para todos   for all
   todas las horas   all the time
   todo el mundo   everybody, everyone
   todos los días   every day, **2.6**

tomar   to take, **3.2**
   tomar algo   to drink something, **1.2**
   tomar sol   to sunbathe, **5.4**
el **tomate**   tomato, **2.5**
   tonto(a)   silly, foolish, **2.2**
la **torre**   tower
la **tortilla**   omelet (Spain)
la **tortuga**   turtle, **4.3**
el **total**   total
   trabajar   to work, **1.4**
el **trabajo**   work, job, **2.3**
   traer   to bring, **5.1**
el **tráfico**   traffic
   traigo   I bring, **5.2**
el **traje: el traje de baño**   bathing suit, **6.1**
   el **traje para caballero**   gentleman's suit, **6.1**
   el **traje para dama**   lady's suit, **6.1**
   tranquilo(a)   calm, relaxed, **3.4**
   transmitir   to transmit, to broadcast
el **transporte**   transportation
el **tranvía**   local train (Spain)
   trece   thirteen, **1.3**
   treinta   thirty, **3.3**
el **tren**   train, **6.3**
   tres   three, **1.3**
   triste   sad, **3.4**
el **trofeo**   trophy, **3.5**
   tropical   tropical
   tu   your, **3.6**
   tú   you, **3.1**
el **turismo**   tourism
el / la **turista**   tourist

U

   un   a, **3.5**
   una   a, **3.5**
la **universidad**   university
   uno   one, **1.3**

la **urgencia médica** medical emergency

uruguayo(a) Uruguayan, **5.3**

usado(a) used

usar to use, **1.4**

usted you (formal), **1.3**

ustedes you (pl.), **3.1**

utilizar to use

V

va he / she / it goes, you (formal) go, **2.3**

las **vacaciones** vacation, **2.3**

ir de vacaciones to go on vacation, **2.3**

vale(n) it (they) cost(s), **4.2**

el **valle** valley

vamos we go, **2.3**

¡Vamos! Let's go! (pl. com)

van they go, **2.3**

el **vaquero** cowboy

las **variedades** varieties

el **programa de variedades** variety show

varios(as) various, **5.5**

los **varones** boys

vas you (faml) go, **2.3**

las **veces** times

a veces sometimes, **2.4**

el / la **vecino(a)** neighbor, **5.5**

veinte twenty, **1.3**

el **velero** sailboat, **5.4**

pasear en velero to go sailing, **5.4**

los **vendedores** salespeople, vendors

vender to sell, **5.6**

venezolano(a) Venezuelan, **5.3**

vengo I come, **6.3**

venir (ie) to come, **6.3**

la **ventana** window, **3.6**

ver to watch, to see, **1.2**

ver la tele to watch TV, **1.2**

el **verano** summer, **6.2**

verdad: ¿verdad? right?, **2.5**

verde green, **4.4**

las **verduras** vegetables

el **vestíbulo** entryway

el **vestido** dress, **6.1**

vestido(a) dressed

los **veteranos** veterans

el / la **veterinario(a)** veterinarian, **4.2**

viajar to travel, **3.1**

el **viaje** trip

la **vida** life

el **vídeo** video, **3.5**

el **vídeo musical** music video

la **videocasetera** videocassette player

el **videojuego** video game, **2.1**

el **vidrio** glass (material), **5.2**

viejo(a) old, **2.2**

vienes you (fam.) come, **6.3**

el **viento** wind, **6.4**

hace viento it's windy, **6.4**

el **viernes** Friday, **2.6**

vino he / she / it / you (formal) came

la **visita** visit

los **visitantes** visitors

visitar to visit, **1.2**

la **vista** view

la **viuda** widow

vivir to live, **3.1**

vivo(a) alive; live

el **vocabulario** vocabulary

el **volumen** volume

a todo volumen at its loudest (volume)

vosotros(as) you (fam. pl.), **3.1**

voy I go, **2.3**

el **vuelo** flight

Y

y and, **1.6**

y media half past the hour, **1.3**

ya already, **1.5**

ya no no longer

yo I, **3.1**

Z

la **zapatería** shoe store

la **zapatería deportiva** sport shoe store

los **zapatos** shoes, **3.5**

la **zoología** zoology

Vocabulario Inglés-Español

The **Vocabulario Inglés-Español** contains all productive vocabulary from the text.

The numbers following each productive entry indicate the chapter and lesson in which the word is first introduced.

The following are abbreviations used in this glossary.

adv.	adverb
com.	command
dir. obj.	direct object
f.	feminine
fam.	familiar
ind. obj.	indirect object
inf.	infinitive
m.	masculine
obj. of prep.	object of the preposition
pers.	personal
pl.	plural
prep.	preposition; prepositional
pron.	pronoun
sing.	singular
subj.	subjunctive

A

a un(una), **3.5**
  a lot mucho, **1.4**
  a lot of mucho(a), **4.2**
actor el actor, **2.1**
actress la actriz, **2.1**
address la dirección, **3.2**
admission: admission ticket la entrada, **5.5**
adventure la aventura, **4.5**
  adventure program el programa de aventuras, **4.5**
advertisement el anuncio, **5.1**
advice el consejo, **5.6**
to **advise** dar consejos a, **5.6**
after después de, **3.1**
afternoon la tarde, **2.4**
  in the afternoon de la tarde, **1.3**; por la tarde, **2.4**
  this afternoon esta tarde, **2.4**
afterwards después, **2.3**
airplane el avión, **6.3**
algebra el álgebra, **1.4**
all todo(a), **4.2**
to **allow** permitir, **5.6**
almost casi, **5.5**
already ya, **1.5**
also también, **1.6**
always siempre, **2.4**
and y, **1.6**
angry enojado(a), **3.4**
animal el animal, **4.3**
another otro(a), **4.5**
to **answer** contestar, **1.4**
anything: I don't want to do anything no quiero hacer nada, **1.2**
anywhere: I don't want to go anywhere no quiero ir a ningún lugar, **1.5**
apartment el apartamento, **3.2**

April abril, **4.6**
architect el / la arquitecto(a), **4.2**
Argentinian argentino(a), **5.3**
to **arrive** llegar, **2.4**
  to arrive at llegar a, **2.4**
arrogant arrogante, **2.1**
art el arte, **1.4**
artist el / la artista, **2.1**
as . . . as tan . . . como, **6.5**
  as far as hasta, **6.3**
  as many as . . . tantos(as) como . . . , **6.5**
  as much as . . . tanto(a) como . . . , **6.5**
to **ask for** pedir (i), **5.6**
  to ask for permission pedir permiso, **5.6**
  to ask a question hacer una pregunta, **1.4**
at a, **1.3**; en, **3.2**
athlete el / la deportista, **2.1**
to **attend** asistir a, **5.4**
August agosto, **4.6**
aunt la tía, **4.1**
  aunt(s) and uncle(s) los tíos, **4.1**
autumn el otoño, **6.2**
avenue la avenida, **3.2**

B

bad malo(a), **2.2**; mal, **6.4**
  the weather is bad hace mal tiempo, **6.4**
ballpoint pen el bolígrafo, **1.4**
bank el banco, **2.6**
baseball el béisbol, **1.2**
basement (of a house) el sótano, **3.3**

basketball el baloncesto, **1.2**
bathing suit el traje de baño, **6.1**
bathroom el baño, **3.6**
to **be** estar, **3.2**; ser, **2.1**
  to be in / at / on estar en, **3.2**
to **be able to** poder (ue), **4.6**
beach la playa, **1.5**
beans los frijoles, **2.5**
bear el oso, **4.3**
beard la barba, **4.4**
because porque, **1.5**
bed la cama, **3.6**
bedroom la habitación, **2.3**
been: it has been . . . since hace . . . que, **5.5**
before antes de, **3.1**
behind detrás de, **6.3**
to **belong to** pertenecer (zco) a, **5.5**
below abajo, **3.3**
belt el cinturón, **6.1**
best: What do you [fam.] **like best?** ¿Qué te gusta más?, **1.4**
better mejor, **6.5**
between entre, **6.3**
beverage la bebida, **2.5**
bicycle la bicicleta, **1.2**
  to ride a bicycle montar en bicicleta, **1.2**
big grande, **2.2**
biology la biología, **1.4**
birthday el cumpleaños, **4.6**
black negro(a), **3.6**
block: city block la cuadra, **6.3**
blond rubio(a), **4.4**
blouse la blusa, **6.1**
blue azul, **3.6**
board: board game el juego de mesa, **4.5**
boat el barco, **6.3**

Bolivian boliviano(a), 5.3

book el libro, 1.2

boots las botas, 6.1

bored aburrido(a), 3.4

boring aburrido(a), 2.2

How boring! ¡Qué aburrido!, 1.6

born: I was born nací (nacer), 5.3

boulevard el paseo, 3.2

to **bowl** jugar boliche (m.), 2.6

boy el muchacho, 2.2

bracelet la pulsera, 6.1

braces (dental) los frenos de los dientes, 4.4

brand: brand name la marca, 3.5

What's the brand name? ¿De qué marca es?, 2.3

bread el pan, 2.5

breakfast el desayuno, 2.5

to **bring** traer, 5.1

I bring traigo, 5.2

brother el hermano, 4.1

brother(s) and sister(s) los hermanos, 4.1

brown de color café, 4.4

building el edificio, 3.2

bus el autobús, 6.3

businessman el hombre de negocios, 4.2

businesswoman la mujer de negocios, 4.2

busy ocupado(a), 3.4

but pero, 1.6

butter la mantequilla, 2.5

to **buy** comprar, 1.2

C

cafeteria la cafetería, 1.5

calculator la calculadora, 1.4

to **call** llamar, 3.1

calm tranquilo(a), 3.4

camel el camello, 4.3

camera la cámara, 3.1

Canadian canadiense, 5.3

canary el canario, 4.3

cap el gorro, 6.1

car el coche, 1.5

card tarjeta, 5.1

credit card la tarjeta de crédito, 5.1

carpenter el carpintero(a), 4.2

to **carry** llevar, 5.2

cassette el casete, 3.5

cat el gato, 4.3

cereal el cereal, 2.5

chair la silla, 3.6

to **change** cambiar, 3.1

check el cheque, 5.1

traveler's check el cheque de viajero, 3.1

cheese el queso, 2.5

chess el ajedrez, 4.5

chicken el pollo, 2.5

child el / la niño(a), 4.3

children (sons and daughters) los hijos, 4.1

Chilean chileno(a), 5.3

Chinese chino(a), 5.3; (language) el chino, 5.3

chore el quehacer, 5.6

church la iglesia, 2.6

city la ciudad, 1.5

class la clase, 1.4

classmate el / la compañero(a) de clase, 2.1

to **clean** limpiar, 2.3

clearance (sale) la liquidación, 6.1

clock el reloj, 5.2

clothing la ropa, 3.1

cloudy: it's cloudy está nublado, 6.4

club el club, 5.5

coffee el café, 2.5

coin la moneda, 3.5

cold el frío, 6.5

it's cold hace frío, 6.4

to be cold tener frío, 6.5

collection la colección, 3.5

Colombian colombiano(a), 5.3

to **come** venir (ie), 6.3

I come vengo, 6.3

comedy (program) el programa cómico, 4.5

comfortable cómodo(a), 3.1

comic (strip) la historieta, 4.5

company la compañía, 4.2

composition la composición, 1.4

computer la computadora, 1.5

concert el concierto, 2.3

to **continue:**

you [fam.] continue sigues, 6.3

you [pl.] continue siguen, 6.3

to **cook** cocinar, 1.5

cool: it's cool hace fresco, 6.4

corner: street corner la esquina, 6.3

to **cost** valer, 4.2

Costa Rican costarricense, 5.3

cotton el algodón, 5.2

countryside el campo, 1.5

course: Of course! ¡Cómo no!, 1.2

cousin el / la primo(a), 4.1

credit card la tarjeta de crédito, 5.1

Cuban cubano(a), 5.3

curly (hair) rizado(a), 4.4

to **cut** cortar, 5.6

D

dad el papá, 4.1
to **dance** bailar, 1.2
dance el baile, 1.5
dancer el / la bailarín(ina), 2.1
dark (hair, complexion) moreno(a), 4.4
daughter la hija, 4.1
December diciembre, 4.6
dentist el / la dentista, 4.2
depressed deprimido(a), 3.4
depressing deprimente, 2.1
desert el desierto, 6.4
desk el escritorio, 3.6
dessert el postre, 2.5
detective: detective movie la película policial, 4.5
different diferente, 2.1
difficult difícil, 1.6
disaster: What a disaster! ¡Qué desastre!, 1.6
dish el plato, 5.6
to **do** hacer, 1.2
doctor el / la doctor / a, 4.2
dog el perro, 4.3
dollar el dólar, 1.3
Dominican dominicano(a), 5.3
door la puerta, 3.6
dot: on the dot en punto, 2.6
downtown el centro, 2.3
to **draw** dibujar, 1.5
dress el vestido, 6.1
dresser el armario, 3.6
to **drink** tomar, 1.2
to **drive** manejar, 1.5

E

early temprano, 2.4
to **earn (money)** ganar, 2.3
earring el arete, 6.1
easy fácil, 1.6
to **eat** comer, 1.2
Ecuadorian ecuatoriano(a), 5.3
education: physical education la educación física, 1.4
educational educativo(a), 4.5
egg el huevo, 2.5
eight ocho, 1.2
eight hundred ochocientos(as), 4.3
eighteen diez y ocho, 1.3
eighth octavo(a), 3.2
eighty ochenta, 3.3
electrician el / la electricista, 4.2
elegant elegante, 2.1
elephant el elefante, 4.3
elevator el ascensor, 3.3
eleven once, 1.3
employee el / la empleado(a), 4.2
engineer el / la ingeniero(a), 4.2
English inglés(esa), 5.3; **(language)** el inglés, 1.4
enough bastante, 2.2
envelope el sobre, 5.1
evening noche, 1.3
in the evening de la noche, 1.3; por la noche, 2.4
every todo(a), 4.2
every day todos los días, 2.6
exam el examen, 1.4
to study for an exam estudiar para un examen, 1.4
excellent excelente, 2.1

excited emocionado(a), 3.4
exciting emocionante, 2.1
excuse: excuse me con permiso, 1.4; perdón, 1.4
to **exercise** hacer ejercicio, 2.3
expensive caro(a), 3.5
to **explain** explicar, 5.6
eye el ojo, 4.4
eyeglasses los anteojos, 4.4

F

factory la fábrica, 4.2
family la familia, 3.1
far: far from lejos de, 6.3
farmer el / la agricultor / a, 4.2
fashion la moda, 4.5
in fashion de moda, 6.2
fat gordo(a), 2.2
father el padre, 4.1
favor el favor, 5.1
to do a favor hacer un favor, 5.1
favorite favorito(a), 2.3
fear el miedo, 3.6
February febrero, 4.6
to **feed** dar de comer a, 5.6
few pocos(as), 4.2
fifteen quince, 1.3
fifth quinto(a), 3.2
fifty cincuenta, 3.3
film la película, 1.2
to **finish** terminar, 4.5
firefighter el / la bombero(a), 4.2
first primero(a), 2.3
fish el pescado, 2.5; el pez, 4.3
fishing la pesca, 5.4
to go fishing ir de pesca, 5.4

five cinco, 1.3

five hundred quinientos(as), 4.2

floor el piso, 3.6

What floor is it on? ¿En qué piso está?, 3.2

flowered (print) de flores, 6.2

food la comida, 2.5

foot (measurement) el pie, 6.6

on foot a pie, 6.3

football el fútbol americano, 1.2

for para, 5.2

What is it used for? ¿Para qué sirve?, 5.2

foreign extranjero(a), 4.5

foreign film la película extranjera, 4.5

forest el bosque, 6.4

to **forget** olvidar, 3.1

form (document) el formulario, 2.1

forty cuarenta, 3.3

four hundred cuatrocientos(as), 4.2

fourteen catorce, 1.3

fourth cuarto(a), 3.2

free libre, 4.5

free time los ratos libres, 4.5

French francés(esa), 5.3; **(language)** el francés, 1.4

french fries las papas fritas, 2.5

Friday el viernes, 2.6

friend el / la amigo(a), 2.3

from de, 2.3

Are you [fam.] from here? ¿Eres de aquí?, 1.1

from the del (de + el), de la, 2.3

I'm from . . . soy de . . . , 1.1

front: in front of enfrente de, 6.3

fruit la fruta, 2.5

fun divertido(a), 2.2

What fun! ¡Qué divertido!, 1.6

funny cómico(a), 4.5

G

gadget el aparato, 5.2

game el partido, 1.2

game show el concurso, 4.5

garbage la basura, 3.3

generous generoso(a), 2.2

gentleman el caballero, 6.2

for gentlemen para caballeros, 6.2

geometry la geometría, 1.4

German alemán(ana), 5.3; **(language)** el alemán, 5.3

to **get: to get good grades** sacar buenas notas, 1.4

gift el regalo, 2.3

girl la muchacha, 2.2

to **give** dar, 5.1

to give advice to dar consejos a, 5.6

I give doy, 5.2

glass (material) el vidrio, 5.2

gloves los guantes, 6.1

to **go** ir, 1.2

he / she / it goes, you [formal] go va, 2.3

I go voy, 2.3

they go van, 2.3

we go vamos, 2.3

you [fam.] go vas, 2.3

to **go out** salir, 3.1

I go out salgo, 3.1

gold el oro, 5.2

goldfish el pez dorado, 4.3

good bueno, 1.6

good afternoon buenas tardes, 1.3

good evening buenas noches, 1.3

good morning buenos días, 1.3

good night buenas noches, 1.3

good-looking guapo(a), 2.2

good-bye adiós, 1.4

gorilla el gorila, 4.3

grade la nota, 1.4

grandfather el abuelo, 4.1

grandmother la abuela, 4.1

grandparents los abuelos, 4.1

gray gris, 3.6

great: That's great! ¡Qué bueno!, 1.6

green verde, 4.4

group: musical group el conjunto, 2.3

Guatemalan guatemalteco(a), 5.3

guitar la guitarra, 5.3

guitar player el / la guitarrista, 2.1

to play the guitar tocar la guitarra, 1.5

gymnasium el gimnasio, 2.3

H

hair el pelo, 4.4

half: half an hour la media hora, 1.3

half past the hour y media, 1.3

ham el jamón, 2.5

hamburger la hamburguesa, 2.5

handbag la bolsa, 6.1

happy contento(a), 3.4

to **have** tener (ie), 3.5

to have to tener que + inf., 4.4

I have tengo, **3.5**
he él, **3.1**
to **hear** oír, **5.5**
heat el calor, **6.5**
heavy pesado(a), **6.6**
hello hola, **1.1**
to **help** ayudar, **5.1**
her su(s) [poss.], **4.1**
her ella [obj. of prep.],
3.1; la [dir. obj.], **6.4**;
le [ind. obj.], **4.1**
here aquí, **1.1**
to **hike** dar una caminata,
6.4
him le [ind. obj.], **4.1**; lo
[dir. object], **6.4**
his su(s), **4.1**; de él, **2.3**
history la historia, **1.4**
home casa, **1.2**
to go home ir a casa,
1.2
homemaker el ama (f.)
de casa, **4.2**
homework la tarea, **1.2**
to do homework
hacer la tarea, **1.2**
Honduran hondureño(a),
5.3
horrible horrible, **2.1**
How horrible! ¡Qué
horrible!, **1.6**
horror el terror, **4.5**
horror program el
programa de terror,
4.5
horse el caballo, **4.3**
**horseback: to ride horse-
back** montar a
caballo, **1.5**
hot: it's hot hace calor,
6.4
hour la hora, **5.5**
house la casa, **2.6**
How . . . ! ¡Qué . . . !, **1.6**
how? ¿cómo?, **1.4**
How are you [fam.]?
¿Cómo estás?, **1.3**;
¿Qué tal?, **1.1**

How are you [formal]?
¿Cómo está usted?,
1.3
How do you say . . . ?
¿Cómo se dice . . . ?,
5.2
How long? ¿Cuánto
tiempo?, **5.4**
**How long has it been
since . . . ?**
¿Cuánto tiempo
hace que . . . ?, **5.5**
how many? ¿cuán-
tos(as)?, **3.3**
how much?
¿cuánto(a)?, **3.3**
**How much do you (does
he / she) weigh?**
¿Cuánto pesa(s)?,
6.6
**How much does it
cost?** ¿Cuánto
vale?, **4.2**
**How old are you (is
he / she)?** ¿Cuán-
tos años tiene(s)?,
4.2
**How tall are you (is
he / she)?** ¿Cuánto
mide(s)?, **6.6**
hundred: one hundred
cien, **3.3**; ciento, **4.2**
**one hundred one
(two)** ciento uno
(dos), **4.2**
hungry: to be hungry
tener hambre(f.), **6.5**
hurry: to be in a hurry
tener prisa, **6.5**

I

I yo, **3.1**
ice el hielo, **1.5**
ice cream el helado, **2.5**
to **ice-skate** patinar sobre
hielo, **1.5**
if si, **3.1**
impatient impaciente,
2.1

in en, **3.2**
in love enamorado(a),
3.4
inch la pulgada, **6.6**
incredible increíble, **2.1**
industrious aplicado(a),
2.2
inexpensive barato(a),
3.5
inside adentro, **3.3**
intelligent inteligente,
2.1
interesting interesante,
2.1
to **introduce** presentar, **5.6**
to **iron** planchar, **5.6**
it lo [dir. obj. pron.], **6.4**
it is + distance **from**
está a + distance,
6.3
its su(s), **4.1**
Italian italiano(a), **5.3**;
(language) el italiano,
5.3

J

jacket la chaqueta, **6.1**
jam la mermelada, **2.5**
January enero, **4.6**
Japanese japonés(esa),
5.3; **(language)** el
japonés, **5.3**
jewel la joya, **6.1**
job el trabajo, **2.3**
journalist el / la periodista, **4.2**
juice el jugo, **2.5**
July julio, **4.6**
jump saltar, **5.4**
jump the waves satlas
las olas

K

to **keep** guardar, **5.2**
key la llave, **5.2**
kind amable, **2.1**; la
clase, **4.5**

What kind of . . . ?
¿Qué clase de . . . ?,
4.5
kitchen la cocina, **3.6**
knapsack la mochila,
1.4
to **know** saber, **1.5; (a person or place)** conocer (zco), **5.5**
I know sé, **1.5**

L

ladies las damas, **6.2**
  for ladies para damas,
  6.2
  ladies' clothing ropa
  para damas, **6.2**
lake el lago, **6.4**
lamp la lámpara, **3.6**
language el idioma, **1.4**
last pasado(a), **5.3**
  last month el mes pasado, **5.3**
  last night anoche, **5.3**
  last week la semana
  pasada, **5.3**
  last year el año pasado, **5.3**
late tarde, **2.4**
later luego, **2.3**
  see you later hasta
  luego, **1.4**
lawn el césped, **5.6**
lawyer el / la abogado(a), **4.2**
lazy perezoso(a), **2.2**
to **learn** aprender, **1.4**
  to learn how to aprender a + inf., **4.5**
leather el cuero, **5.2**
left la izquierda, **3.3**
  (on) to the left a la izquierda, **3.3**
to **lend** prestar, **5.1**
lenses: contact lenses
  los lentes de contacto,
  4.4
less menos, **6.5**

less than menos que,
6.5
more or less más o
menos, **6.6**
letter la carta, **3.1**
lettuce la lechuga, **2.5**
library la biblioteca, **1.5**
light (weight) liviano(a),
6.6
like como, **6.5**
to **like: Do you like . . . ?**
¿Te gusta . . . ?, **1.6**
Do you [fam.] **like**
[pl.] **. . . ?** ¿Te
gustan . . . ?, **1.6**
Do you [formal] **(does
he / she) like . . . ?**
¿Le gusta . . . ?, **4.1**
Do you [pl.] **(do they)
like . . . ?** ¿Les
gustan . . . ?, **4.1**
I like me gusta, **1.4;** a
mí me gusta, **4.1**
I would like quisiera,
3.4
What do you [fam.] **like
best?** ¿Qué te
gusta más?, **1.4**
you like te gusta, **1.4;**
a ti te gusta, **4.1**
you like [pl.] te gustan,
1.4
line la cola, **5.5**
  to stand in line hacer
  cola,
lion el león, **4.3**
to **listen (to)** escuchar, **1.2**
  Listen! ¡Oye!, **2.4**
little: a little un poco,
2.2
to **live** vivir, **3.1**
llama la llama, **4.3**
locker la gaveta, **1.4**
long largo(a), **4.4**
  long-sleeved de
  manga larga, **6.2**
to **look for** buscar, **2.3**
to **lose** perder (ie), **4.5**
love: in love enamorado(a), **3.4**

love story el programa
romántico, **4.5**
luck la suerte, **1.6**
  What luck! ¡Qué
  suerte!, **1.6**
lunch el almuerzo, **2.5**

M

ma'am señora (abbreviation Sra.), **1.3**
magazine la revista, **1.2**
man el hombre, **4.2**
many muchos(as), **4.2**
map el mapa, **3.1**
March marzo, **4.6**
mathematics las
matemáticas, **1.4**
matter: it doesn't matter no importa, **2.4**
May mayo, **4.6**
me me [obj. pron.], **5.1**
meat la carne, **2.5**
mechanic el / la
mecánico(a), **4.2**
meeting la reunión, **5.5**
men los caballeros, **6.2**
  men's clothing ropa
  para caballeros, **6.2**
metal el metal, **5.2**
Mexican mexicano(a),
5.3
mile la milla, **6.6**
milk la leche, **2.5**
million el millón (de),
5.3
minute el minuto, **5.5**
mirror el espejo, **3.6**
Miss señorita (abbreviation Srta.), **1.3**
mistaken equivocado(a),
3.4
modern moderno(a), **3.5**
mom la mamá, **4.1**
  mom and dad los
  papás, **4.1**
Monday el lunes, **2.6**
money el dinero, **2.3**
monkey el mono, **4.3**

month el mes, 4.6
  last month el mes pasado, 5.3
more más, 6.5
  more or less más o menos, 6.6
  more than más que, 6.5
morning la mañana, 2.4
  in the morning por la mañana, 2.4; de la mañana, 6.2
  this morning esta mañana, 2.4
mother la madre, 4.1
motorcycle la moto, 3.5
mountain la montaña, 6.4
mouse el ratoncito, 4.3
movie la película, 1.2
movies el cine, 1.5
Mr. señor (abbreviation Sr.), 1.3
Mrs. señora (abbreviation Sra.), 1.3
music la música, 1.4
musician el / la músico(a), 2.1
mustache el bigote, 4.4
my mi(s), 3.6

N

name el nombre, 5.1
  my name is . . . me llamo . . . , 1.1
  What is your name [fam.] ? ¿Cómo te llamas?, 1.1
near cerca de, 6.3
necklace el collar, 6.1
necktie la corbata, 6.1
to **need** necesitar, 1.4
neighbor el / la vecino(a), 5.5
nervous nervioso(a), 3.4
never nunca, 2.4
new nuevo(a), 3.5
news las noticias, 4.5

newspaper el periódico, 2.3
next que viene, 4.6
  next month el mes que viene, 4.6
  next year el año que viene, 4.6
  next to al lado de, 6.3
Nicaraguan nicaragüense, 5.3
nice simpático(a), 2.2
  nice to meet you mucho gusto, 1.1
  the weather is nice hace buen tiempo, 6.4
night la noche, 2.4
  at night de la noche, 1.3; por la noche, 2.4
  last night anoche, 5.3
nine nueve, 1.3
  nine hundred novecientos(as), 4.3
nineteen diez y nueve, 1.3
ninety noventa, 3.3
ninth noveno(a), 3.2
no no, 1.2
North American norteamericano(a), 5.3
not no, 1.2
notebook el cuaderno, 1.4
nothing nada, 1.2
November noviembre, 4.6
now ahora, 2.3
number número, 3.1
  telephone number el número de teléfono, 3.1
nurse el / la enfermero(a), 4.2

O

o'clock: at one o'clock a la una, 1.3

  at (two) o'clock a las (dos), 1.3
October octubre, 4.6
of de, 2.3
  of the del (de + el), de la, 2.3
office la oficina, 3.3
OK de acuerdo, 2.6
old viejo(a), 2.2; **(object)** antiguo(a), 3.5
older mayor, 4.1
on en, 3.2
one uno, 1.3
  one hundred cien, 3.3; ciento, 4.2
to **open** abrir, 5.2
or o, 1.4
orange anaranjado(a), 3.6
ounce la onza, 6.6
our nuestro(a), 5.4
outdoors al aire libre, 6.4
outside afuera, 3.3
overcoat el abrigo, 6.1
owner el / la dueño(a), 4.2

P

to **pack (suitcases)** hacer las maletas, 3.1
page la página, 1.4
Panamanian panameño(a), 5.3
pants los pantalones, 6.1
panty hose las pantimedias, 6.1
paper el papel, 1.4
Paraguayan paraguayo(a), 5.3
parakeet el periquito, 4.3
parents los padres, 4.1
park el parque, 1.5
party la fiesta, 1.5
passport el pasaporte, 3.1
pastry el pastel, 2.5

to **pay** pagar, 5.6
pencil el lápiz, 1.4
penguin el pingüino, 4.3
permission el permiso, 5.6
Peruvian peruano(a), 5.3
**physical: physical educa-
tion** la educación
física, 1.4
pick-up truck la ca-
mioneta, 6.3
picture la foto, 1.5
pink rosado(a), 3.6
place el lugar, 1.5
plaid de cuadros, 6.2
to **plan** pensar (ie), 2.6
planear, 5.4
plastic el plástico, 5.2
to **play** jugar (ue) **(game)**,
1.2; tocar **(instru-
ment)**, 1.5
playing: playing cards
las cartas, 4.5
plaza la plaza, 3.2
please por favor, 5.1
pocket el bolsillo, 5.2
police officer el / la mujer policía, 4.2
politician el / la polí-
tico(a), 2.1
polka-dotted de lunares, 6.2
popular popular, 2.1
post office el correo, 5.1
postcard la tarjeta
postal, 3.5
poster el cartel, 3.5
pound la libra, 6.6
to **practice** practicar, 1.2
to **prefer** preferir (ie), 4.5
to **prepare** preparar, 2.5
pretty bonito(a), 3.5
problem el problema, 5.6
professor el / la profesor / a, 4.2
program el programa, 4.5
to **promise** prometer, 5.6
Puerto Rican puertorri-
queño(a), 5.3
punctual puntual, 2.1
purple morado(a), 3.6

Q

question la pregunta, 1.4
to ask a question
hacer una pregunta, 1.4

R

rabbit el conejo, 4.3
radio (as a medium) la
radio, 1.4; **(set)** el radio, 3.5
raincoat el impermeable, 6.1
raining: it's raining
llueve, 6.4
to **read** leer, 1.2
to **receive** recibir, 3.1
record el disco, 1.2
rectangular rectangular, 5.2
red rojo(a), 3.6
refrigerator el re-
frigerador, 3.6
relative el / la parien-
te(ta), 4.1
to **remember** recordar (ue), 3.1
to **remove** quitar, 5.6
to **rest** descansar, 1.2
restaurant el restaurante, 1.5
restroom el servicio, 3.3
to **return** regresar, 4.6
rice el arroz, 2.5
to **ride** montar, 1.2
to ride a bicycle montar en bicicleta, 1.2
to ride horseback
montar a caballo, 1.5
right la derecha, 3.3
to the right a la derecha, 3.3
right? ¿verdad?, 2.5
ring el anillo, 6.1
river el río, 6.4
room (of a house) el
cuarto, 3.6
bathroom el baño, 3.6
dining room el co-
medor, 3.6
living room la sala, 3.6
round redondo(a), 5.2

S

rubber la goma, 5.2
rug la alfombra, 3.6
to **run** correr, 1.2
Russian ruso(a), 5.3;
(language) el ruso, 5.3

sad triste, 3.4
sailboat el velero, 5.4
sailing: to go sailing
pasear en velero, 5.4
salad la ensalada, 2.5
Salvadoran sal-
vadoreño(a), 5.3
sandals las sandalias, 6.1
sandwich el sandwich, 2.5
Saturday el sábado, 2.6
to **save** ahorrar, 3.1
to **say** decir (i), 5.5
I say digo, 5.5
it's said se dice, 5.2
You don't say! ¡No me
digas!, 1.6
scared: to be scared
tener miedo, 6.5
scarf la bufanda, 6.1
school la escuela, 1.5
science(s) las ciencias, 1.4
science fiction la ciencia
ficción, 4.5
**science fiction pro-
gram** el programa
de ciencia ficción, 4.5
sea el mar, 5.4
second segundo(a), 3.2
to **see** ver, 1.2
let's see a ver, 1.6
to **seem: seems** parece, 4.1
it seems that . . . parece que . . . , 4.3
to **sell** vender, 5.6
to **send** mandar, 5.1
September septiembre, 4.6
to **set: to set the table**
poner la mesa, 5.6
seven siete, 1.3
seven hundred sete-
cientos(as), 4.3
seventeen diez y siete, 1.3
seventh séptimo(a), 3.2

seventy setenta, 3.3
several varios(as), 5.5
shame: What a shame!
   ¡Qué pena!, 1.6
she ella, 3.1
shirt la camisa, 6.1
shoes los zapatos, 3.5
shopping center el centro comercial, 1.5
short (object) corto(a), 4.4; **(person)** bajo(a), 2.2
short-sleeved de manga corta, 6.2
shorts (pants) los shorts, 6.1
should deber, 3.1
to **show** enseñar, 5.1
   game show el concurso, 4.5
siblings los hermanos, 4.1
sick enfermo(a), 3.4
side el lado, 6.3
silk la seda, 6.2
silly tonto(a), 2.2
silver la plata, 5.2
since desde, 5.3
to **sing** cantar, 1.5
   singer el / la cantante, 2.1
sir señor (abbreviation Sr.), 1.3
sister la hermana, 4.1
six seis, 1.3
   six hundred seiscientos(as), 4.3
sixteen diez y seis, 1.3
sixth sexto(a), 3.2
sixty sesenta, 3.3
to **skate** patinar, 1.5
to **skateboard** andar en monopatín (m.), 1.2
to **ski** esquiar, 1.5
to **skin-dive** bucear, 5.4
skirt la falda, 6.1
to **sleep** dormir (ue), 3.1
   to sleep outdoors dormir al aire libre, 6.4
sleepy: to be sleepy tener sueño, 6.5
sleeve la manga, 6.2
   sleeveless sin mangas, 6.2

small pequeño(a), 2.2
smart listo(a), 2.2
snake la serpiente, 4.3
sneakers los tenis, 6.1
snowing: it's snowing nieva, 6.4
so-so regular, 1.1
   the weather is so-so hace un tiempo regular, 6.4
soap opera la telenovela, 4.5
soccer el fútbol, 1.2
sociable sociable, 2.1
socks los calcetines, 6.1
soda la gaseosa, 2.5
sofa el sofá, 3.6
soft drink (noncarbonated) el refresco, 2.5
solid (color) de un solo color, 6.2
something algo, 1.2
sometimes a veces, 2.4
son el hijo, 4.1
soup la sopa, 2.5
souvenir el recuerdo, 3.5
Spanish español / a, 5.3; **(language)** el español, 1.4
to **spend (time)** pasar, 5.4; **(money)** gastar, 5.4
sport el deporte, 1.2
   to play sports practicar deportes, 1.2
sports deportivo(a), 6.2
   sports program el programa deportivo, 4.5
spring la primavera, 6.2
square cuadrado(a), 5.2
stadium el estadio, 1.5
stairs la escalera, 3.3
stamp el sello, 3.5
to **stand in line** hacer cola, 5.5
to **start** empezar (ie), 4.5
stereo el estéreo, 3.5
stingy tacaño(a), 2.2
store la tienda, 1.5
story (of a building) el piso, 3.2
stove la estufa, 3.6

straight derecho(a), 6.3
   go straight sigues derecho [fam. sing.], 6.3
straight (hair) lacio, 4.4
strange: How strange!
   ¡Qué raro!, 1.6
street la calle, 3.1
striped de rayas, 6.2
stroll: to go for a stroll dar un paseo, 1.2
student el / la estudiante, 2.1
to **study** estudiar, 1.2
   to study for an exam estudiar para un examen, 1.4
   to study to be a estudiar para, 4.2
suit el traje, 6.1
   gentleman's suit el traje para caballero, 6.1
   lady's suit el traje de dama, 6.1
suitcase la maleta, 3.1
summer el verano, 6.2
sun el sol, 6.4
to **sunbathe** tomar sol, 5.4
Sunday el domingo, 2.6
sunglasses los anteojos de sol, 6.1
sunny: it's sunny hace sol, 6.4
supermarket el supermercado, 2.6
supervisor el / la supervisor / a, 4.2
supper la cena, 2.5
sure seguro(a), 3.4
sweater el suéter, 6.1
to **sweep** barrer, 5.6
to **swim** nadar, 1.2
swimming pool la piscina, 1.5
synagogue la sinagoga, 2.6

T

T-shirt la camiseta, 3.5
table la mesa, 3.6
to **take** llevar, 3.1; tomar, 3.2

to take care of cuidar (a), **4.3**
to take a long time tardar en, **6.6**
to take out sacar, **5.6**
to take pictures sacar fotos, **1.5**
to **talk** hablar, **1.2**
  to talk on the telephone hablar por teléfono, **1.2**
  to talk to hablar con, **1.2**
tall alto(a), **2.2**
tape recorder la grabadora, **3.5**
tea el té, **2.5**
to **teach how to** enseñar a, **5.4**
teacher el / la maestro(a), **1.2**
team el equipo, **5.5**
teeth los dientes, **4.4**
telephone el teléfono, **3.1**
  to talk on the telephone hablar por teléfono, **1.2**
television (set) el televisor, **3.5**
ten diez, **1.3**
tennis el tenis, **1.2**
tenth décimo(a), **3.2**
terrific formidable, **2.1**; estupendo(a), **5.4**
thank: thank you gracias, **1.2**
  thank you for . . . gracias por . . . , **2.1**
thanks: no, thanks no, gracias, **1.2**
that ese (m.), esa (f.), **6.6**
the el (m.), la (f.), **1.4**; los (m.), **1.4**; las (f.), **1.4**
theater: movie theater el cine, **1.5**
their su(s), **4.1**
them ellos (m.); ellas (f.), **3.1**; les [ind. obj. pron.], **4.1**; los [m., dir. obj. pron.], **6.4**; las [f., dir. obj. pron.], **6.4**
then entonces, **2.3**

there allí, **3.3**
there: there is, there are hay, **3.3**
therefore por eso, **5.6**
these estos (m.), estas (f.), **6.6**
they ellos (m.); ellas (f.), **3.1**
thin delgado(a), **2.2**
thing la cosa, **5.2**
to **think: I think that** creo que, **4.2**
third tercero(a), **3.2**
thirsty: to be thirsty tener sed (f.), **6.5**
thirteen trece, **1.3**
thirty treinta, **3.3**
this este (m.), esta (f.), **6.6**
those esos (m.), esas (f.), **6.6**
thousand: one thousand mil, **4.3**
three tres, **1.3**
Thursday el jueves, **2.6**
ticket (admission) la entrada, **5.5**
tiger el tigre, **4.3**
time la hora, **1.3**; el tiempo, **5.5**
  At what time is . . . ? ¿A qué hora es . . . ?, **1.3**
  free time los ratos libres, **4.5**
tired cansado(a), **3.4**
to a, **1.5**
  to the al (a + el), a la, **1.5**
toast el pan tostado, **2.5**
today hoy, **2.4**
tomato el tomate, **2.5**
tomorrow mañana, **2.3**
  the day after tomorrow pasado mañana, **4.6**
tonight esta noche, **2.4**
too también, **1.6**
  too much demasiado, **2.2**
town el pueblo, **2.3**
train el tren, **6.3**
to **travel** viajar, **3.1**
trophy el trofeo, **3.5**
Tuesday el martes, **2.6**
to **turn** doblar, **6.3**

turtle la tortuga, **4.3**
TV la tele, **1.2**
twelve doce, **1.3**
twenty veinte, **1.3**
two dos, **1.3**
  two hundred doscientos(as), **4.2**

U

ugly feo(a), **2.2**
umbrella el paraguas, **6.1**
uncle el tío, **4.1**
to **understand** entender (ie), **2.6**
United States: from the United States estadounidense, **5.3**
unpleasant (person) antipático(a), **2.2**
until hasta, **2.6**
upstairs arriba, **3.3**
Uruguayan uruguayo(a), **5.3**
us nos [obj. pron.], **6.2**
to **use** usar, **1.4**
  to use the computer usar la computadora, **1.5**
used: it's used for . . . sirve para . . . , **5.2**

V

vacation las vacaciones, **2.3**
  to go on vacation ir de vacaciones, **2.3**
to **vacuum** pasar la aspiradora, **5.6**
vacuum cleaner la aspiradora, **5.6**
vegetables las legumbres, **2.5**
Venezuelan venezolano(a), **5.3**
very muy, **1.1**
  very well muy bien, **1.1**
veterinarian el / la veterinario(a), **4.2**
video el vídeo, **3.5**

video game el video-
juego, **2.1**
visit la visita, **5.4**
to **visit** visitar, **1.2**
volleyball el vóleibol, **5.5**

W

to **wait for** esperar, **5.5**
walk: to go for a walk
dar un paseo, **1.2**
to **walk** ir a pie, **6.3**
wall la pared, **3.6**
wallet la billetera, **5.2**
to **want** querer (ie), **1.2**
I want quiero, **1.2**
**I don't want to do any-
thing** no quiero
hacer nada, **1.2**
**I don't want to go any-
where** no quiero ir
a ningún lugar, **1.5**
you [fam.] **want**
quieres, **1.2**
to **wash** lavar, **2.6**
to **watch: to watch TV** ver
la tele, **1.2**
water el agua, **2.5**
to water ski practicar
el esquí acuático, **5.4**
waves (ocean) las olas, **5.4**
way: No way! ¡Qué va!, **1.6**
we nosotros(as), **3.1**
to **wear** llevar, **6.1**
weather el tiempo, **6.4**
**What's the weather
like?** ¿Qué tiempo
hace?, **6.4**
Wednesday el miércoles, **2.6**
week la semana, **2.6**
last week la semana
pasada, **5.3**
weekend el fin de se-
mana, **2.6**
**welcome: you're wel-
come** de nada, **2.1**
well bien, **1.1**; pues, **1.6**
not too well no muy
bien, **1.1**
very well muy bien, **1.1**

what? ¿qué?, **1.2**;
¿cómo?, **1.4**
**What is he / she / it
like?** ¿Cómo es
. . .?, **2.1**
What is it used for?
¿Para qué sirve?, **5.2**
What's it made of? ¿De
qué es?, **5.2**
**What's your phone
number?** ¿Cuál es
tu número de telé-
fono?, **3.3**
when? ¿cuándo?, **2.4**
where: to where?
¿adónde?, **1.5**
Where are you going?
¿Adónde vas?, **2.3**
Where is it? ¿Dónde
está?, **3.2**
which: which (one)?
¿cuál?, **4.5**
white blanco(a), **3.6**
who? ¿quién?, **2.2**
**whose: Whose is it / are
they?** ¿De quién
es / son?, **2.3**
why: Why not . . . ? ¿Por
qué no . . . ?, **2.5**
to **win** ganar, **4.5**
wind: It's windy Hace
viento, **6.4**
window la ventana, **3.6**
winter el invierno, **6.2**
with con, **1.2**
with me conmigo, **5.4**
with you [fam.] con-
tigo, **5.4**
without sin, **6.2**
woman la mujer, **4.2**
wood la madera, **5.2**
wool la lana, **6.2**
word la palabra, **1.4**
work el trabajo, **2.3**
to **work** trabajar, **1.4**
worried preocupado(a), **3.4**
worse peor, **6.5**
to **write** escribir, **1.4**
to write a check hacer
un cheque, **5.1**

writer el / la escritor / a,
2.1

Y

year el año, **4.6**
last year el año pa-
sado, **5.3**
next year el año que
viene, **4.6**
What year were you
[fam.] **born?** ¿En
qué año naciste?,
5.3
yellow amarillo(a), **3.6**
yes sí, **1.1**
yesterday ayer, **5.3**
**the day before yester-
day** anteayer, **5.3**
you [fam.] tú, **3.1**; [fam.
pl.] vosotros(as), **3.1**;
[formal] usted, **1.3**;
[pl.] ustedes, **3.1**
young joven, **2.2**
young people los
jóvenes, **4.3**
younger menor, **4.1**
your tu, **3.6**; [formal]
su(s), **4.1**

Z

zero cero, **1.3**
zoo el parque zoológico,
4.3

Grammar Index

Grammar Index